디자이너's PRO
실무 포토샵

이혜진

문수민

신승희

지음

디자이너's PRO 실무 포토샵

Designer's PRO Practical Photoshop

초판 발행 · 2022년 11월 15일

지은이 · 이혜진, 문수민, 신승희
발행인 · 이종원
발행처 · (주)도서출판 길벗
출판사 등록일 · 1990년 12월 24일
주소 · 서울시 마포구 월드컵로 10길 56(서교동)
대표전화 · 02)332-0931 | **팩스** · 02)323-0586
홈페이지 · www.gilbut.co.kr | **이메일** · gilbut@gilbut.co.kr

기획 및 책임 편집 · 정미정(jmj@gilbut.co.kr)
디자인 · 장기춘 | **제작** · 이준호, 손일순, 이진혁
영업 마케팅 · 전선하, 차명환, 박민영 | **영업관리** · 김명자 | **독자지원** · 윤정아, 최희창

편집 진행 · 앤미디어 | **전산 편집** · 앤미디어
CTP 출력 및 인쇄 · 교보피앤비 | **제본** · 경문제책

ISBN 979-11-407-0157-5 03000
(길벗 도서번호 007123)

정가 27,000원

독자의 1초까지 아껴주는 정성 길벗출판사
길벗 IT단행본, IT교육서, 교양&실용서, 경제경영서
길벗스쿨 어린이학습, 어린이어학

페이스북 www.facebook.com/gilbutzigy
네이버 포스트 post.naver.com/gilbutzigy

머리말

Lee Hyejin

저자 · 이혜진
직업 · 디자인닷 대표
이력 · 홍익대학교 시각디자인 석사 졸업
그래픽 디자인 스튜디오 디자인닷 운영

우리가 디자인을 하려는 목적은 어디에 있을까요? 아마도 다른 사람들에게 본연의 이미지를 전달하고 효과적으로 소통하며 공유하기 위함입니다. 이러한 소통은 대중이 빠르고 쉽게 좋은 이미지를 오해 없이 받아들이고 이해해야 합니다. 긍정적인 이미지 전달을 목적에 두고 머릿속 상상과 창의력을 펼쳐 내는 데에 좋은 프로그램이 함께 한다는 것은 어찌 보면 매우 다행스러운 일이며 또 힘이 되는 일입니다. 포토샵은 출시된 이후 거의 매년 새로운 기능들이 추가되면서 점점 진화하고 있습니다. 이제 포토샵으로 할 수 없는 작업은 거의 없다고 해도 과언이 아닙니다. 그렇다면 우리는 늘 진화하는 기능을 쫓기에 바빠야 할까요? 기능은 늘 기초 지식에서 가지를 뻗어 가며 발전하는 것이고, 결과물은 늘 창의력을 바탕에 두고 있습니다. 디자인은 늘 한 끗 차이로 판가름이 나며, 좋은 디자인은 대중의 시선을 끌고 주의를 집중시켜 오랜 기억에 남게 합니다. 기본에 충실하면서 창의력을 끌어 내는 노력을 멈춰선 안 됩니다.

기본에 충실하며 단순하다는 것은 명쾌하며 분명하다는 것으로 해석할 수 있습니다. 복잡하고 화려한 기능들이 때로는 본질을 해할 수 있으며, 포토샵은 창의성을 발현하는 가장 좋은 수단이 되어야만 합니다. 디자인이 분명 창조적인 에너지를 끌어내는 노력임에는 분명하나 그 끝은 언제나 객관적이고 간결하게 작업물을 만들어야 대중의 마음에 오래 남기를 바라는 마음에 도달할 수 있게 됩니다.

디자이너라는 이름으로 20년이 넘는 노하우를 담아 누구나 한 번쯤은 디자인을 하려는 의도에서 열어봤을 포토샵을 통해 독자에게 가능한 한 큰 힘이 되도록 그동안 작업한 프로젝트를 바탕으로 꼭 알아야 하는 정보들로 엮었습니다. 앞으로 이 시대를 함께 걸어 나갈 디자이너에게 힘이 되길 진심으로 바랍니다.

저자 **이혜진**

저자 · 문수민

직업 · 제주대학교 융합디자인학과 전임교수
일러스트레이터

이력 · 홍익대학교 대학원 시각디자인 졸업
다수 디자인 전시 참여

그래픽 디자인은 시각 콘텐츠로 아이디어와 경험을 계획하고 시각적으로 투사하는 디자인 영역을 말합니다. 오늘날 그래픽 디자인은 모든 비즈니스에 있어서 필수적인 부분이 되었습니다. 또한 테크놀로지와 미학, 창의적인 사고를 결합함으로써 사회 전반에 걸쳐 중요한 역할을 책임지고 있습니다. 당장 TV를 켜면 나타나는 화면 속 이미지, 거리의 광고 디자인 등 어디서든 그래픽 디자인을 찾아볼 수 있으며, 우리의 삶 속에서 다양한 형태로 자리 잡고, 커뮤니케이션 역할을 하고 있습니다.

과연 좋은 그래픽 디자인이란 무엇일까? 디자이너는 무엇보다 상대를 설득할 수 있는 메시지를 계획하는 것을 가장 우선으로 해야 합니다. 그다음, 메시지 안에서 이미지를 매력적으로 합성 또는 가공하거나 드로잉을 하여 표현하는 등 다양한 형태의 이미지 구현 방식을 채택하게 됩니다. 이때 가장 잘 활용할 수 있는 프로그램이 바로 포토샵입니다. 여러 이미지를 보정하고 합성해 새로운 이미지로 만들어 내는 일, 사진을 선명하게 하고, 디테일을 살리거나, 색상 강도 조정은 물론 웹툰까지 그릴 수 있습니다.

현대 사회에서 소비자가 구매하는 상품들은 포장되지 않은 경우가 거의 없습니다. 그렇다면 제품을 포장하는 이유는 무엇일까요? 패키지의 의미는 과거 단순히 제품을 보호, 수송하는 역할에서, 현재 제품 보호는 물론, 마케팅 역할을 수행하는 기업 경영의 일부로 인식되고 있습니다. 패키지 디자인은 현대 사회의 산업 전반에서 소비자의 구매 동기를 자극하는 마케팅 도구로 중요한 기능을 하고 있습니다.

패키지를 디자인하기 위해서는 '왜(Why)?'에 대한 '이유(Reason)'를 표현해야 합니다. 왜 이 제품의 지기 구조 형태가 이런 모양을 하게 되었는지, 왜 그 색을 사용했는지 등 명확한 이유가 있는 디자인을 한다면 목적에 맞는 전략적인 패키지 디자인을 완성할 수 있습니다. 소비자의 눈높이가 올라가고, 요구하는 사항이 많아지면서 디자이너의 고민이 늘어나지만, 그만큼 패키지 디자인은 진화하고 있습니다.

저자 **문수민**

Shin Seunghee

저자 · 신승희
직업 · (주)더블에스텍 대표
이력 · 한양여자대학교 빅데이터과 겸임교수

아름답게 꾸미는 능력(Beautify)에 더해 '능력 있는' 웹 디자이너에게 요구되는 역량은 이전과 확연히 달라졌지요. 이전에는 디자이너를 향해 크리에이티브 역량을 중점으로 바라봤지만, 이젠 디자인 업계에서도 '소통 및 협업 능력'이 중요해졌습니다. 이제 웹 디자이너라는 통칭으로는 부족하여, UX 디자이너(사용자 경험 디자이너, User eXperience), UI 디자이너(사용자 인터페이스 디자이너, User Interface), 인터랙션 디자이너(상호 소통 디자이너, Interaction), 웹 퍼블리셔(개발자와 웹 디자이너 중간 단계의 프론트엔드 디자이너, Web Publisher) 등으로 세분화되고 그들의 역할도 조금씩 다릅니다.

프로젝트를 시작할 때 자신을 통역사로 생각하고 빠르게 프로토타입으로 표현해 보세요. 제각기 다른 언어로 떠드는 사람들이 어떤 이야기를 하고 있는지 통역하여 '바로 이런 말이죠~'하며 하나의 페이지로 그려서 보여 준다고 생각하는 것입니다. 사용자, 클라이언트, 프로젝트 기획자 등 각자 목표하는 바가 다르고, 모두 자신만의 언어로 이야기합니다. 프로토타입을 만들어 소통하는 과정에서 얻은 피드백은 빠르게 수렴하여 다시 검증해야 합니다. 우리는 좋은 아이디어를 선별하고, 불가능하거나 결이 맞지 않는 아이디어를 걸러내고 단단한 중심을 갖을 수 있도록 훈련해야 합니다. 부정적인 피드백을 공격하는 것으로 듣지 않고, 열린 마음으로 수렴해야 합니다.

웹/앱에서 우리는 관점을 새롭게 할 수 있는 문제를 발견하고 해결해야 합니다. 고객이 인식하지 못하는 문제까지 풀어내어 긍정적인 고객 경험을 만들 수 있습니다. 진짜 문제라고 정의한 것(가설 세우기)을 프로토타입으로 만들어 검증하고, 빠르게 실패하는 과정에서 배우는 것이 생깁니다. 혁신은 바로 이때 일어나는 것을 잊지 마세요.

저자 **신승희**

디자인 프로젝트는 협상과 결정의 행위가 지속적으로 반복되는 회의, 견적서와 계약서 등을 포함한 문서,
디자인 시안과 수많은 관계자들의 의사 결정을 거쳐 완성됩니다.

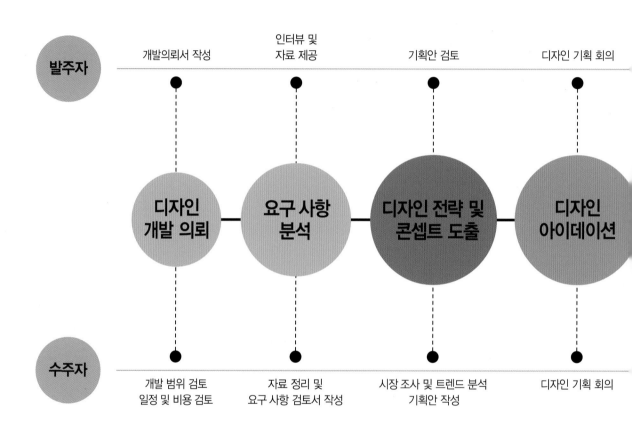

발주자

개발의뢰서 작성 　　인터뷰 및
　　　　　　　　　자료 제공 　　　기획안 검토 　　　디자인 기획 회의

디자인
개발 의뢰 　요구 사항
분석 　디자인 전략 및
콘셉트 도출 　디자인
아이데이션

수주자

개발 범위 검토
일정 및 비용 검토 　자료 정리 및
요구 사항 검토서 작성 　시장 조사 및 트렌드 분석
기획안 작성 　디자인 기획 회의

❶ 디자인 개발 의뢰

클라이언트의 직접적인 발주 요청에 의해 개발이 진행됩니다. 디자인 개발 범위와 일정 계획에 따라, 또는 해당 상품의 시장 규모, 생산 과정 등 사업 전반에 관련된 내용에 따라 예산이 달라질 수 있습니다.

❷ 요구 사항 분석

디자인 프로젝트 진행 첫 단계는 클라이언트의 요구 사항을 명확히 파악하는 일입니다. 어떠한 이해 관계자들이 있고 이들의 요구 사항이 무엇인지 파악하는 것에서 출발하며, 기획자와 의뢰자의 의사소통은 필수적이고 매우 중요합니다.

❸ 디자인 전략 및 콘셉트 도출

디자인 개발을 위해서 시장 조사와 소비자 조사를 통한 분석 결과를 바탕으로 디자인 전략을 세운 다음, 이에 따른 디자인 콘셉트를 도출합니다. 이를 통해 디자인 개발의 방향 설정과 최종 디자인 도출까지 체계적으로 진행할 수 있습니다.

❹ 디자인 아이데이션

누구를 대상으로 어떤 디자인을 어떻게 제공할 것인가를 구체적으로 고민하는 단계입니다. 앞에 도출된 디자인 전략과 콘셉트를 다양한 데이터를 활용해 구체화합니다.

디자인 프로세스란 제작자(Designer) - 소비자(Consumer) - 의뢰자(Client)의 트라이앵글 안에서 디자인 결과물을 만들어 내기까지 관련된 모든 활동을 단계별로 그린 설계도라고 할 수 있습니다. 트라이앵글 안에서 이루어지는 커뮤니케이션 과정을 가장 중요하고 넓은 의미의 디자인 프로세스라고 정의할 수 있습니다.

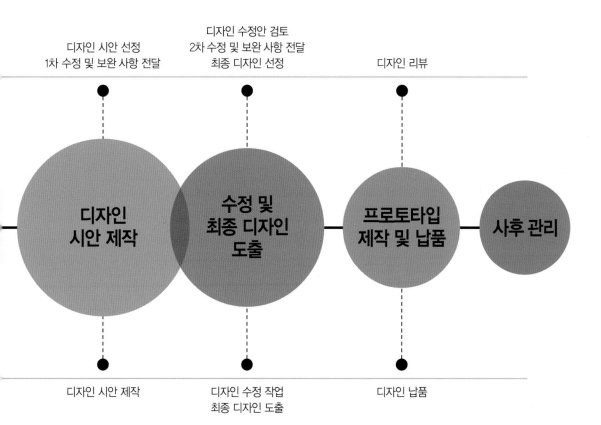

⑤ 디자인 시안 제작

확정된 디자인 콘셉트를 바탕으로 디자이너가 시안을 제작합니다. 클라이언트는 디자인 콘셉트와 방향성에 맞는 디자인인지 검토 후, 시안 선정에 대한 의사 결정을 합니다.

⑥ 수정 및 최종 디자인 도출

디자인 시안 중 하나를 확정했다면 2~3차례 수정과 보완 단계를 거쳐 최종 디자인 결과물을 도출합니다. 디자인을 실제 제작이나 적용하기 전, 꼼꼼히 검수합니다.

⑦ 프로토타입 제작 및 납품

디자이너는 제작한 프로토타입이 문제가 없는지를 확인한 후, 프로토타입의 제작과 점검(재료와 가공법 확인)을 통해 본격적으로 발주와 생산 준비를 할 수 있습니다.

⑧ 사후 관리

최종 디자인 결과물이 납품되었다면 프로젝트는 완료되었다고 볼 수 있으며, 최종 디자인 데이터 및 결과물은 데이터베이스화하여 정리합니다. 최종 디자인은 2차 콘텐츠 제작 등에 활용할 수도 있으므로, 작업 완료 후 사후 관리에도 신경써야 합니다.

실무에서 꼭 필요한 이론과 실무 예제를 담았습니다.
이론을 익히고 작업을 시작하기 전 프로젝트 과정을 미리 확인해 보세요.

이론

그래픽 디자인부터 패키지 및 웹&앱 디자인까지
디자이너가 꼭 알아야 할 디자인의 기본 이론에 대해 살펴봅니다.

프로젝트

미리 만들 프로젝트를 확인하고,
프로젝트에 담긴 디자이너의 기획 의도와 구성, 표현 방법에 대해 알아봅니다.

다양한 실무 프로젝트 예제와 실무에서 꼭 알아야 할 내용과 주의할 점 등을 TIP과
디자이너의 노하우로 담았습니다. 직접 따라 하면서 감각을 익혀 보세요.

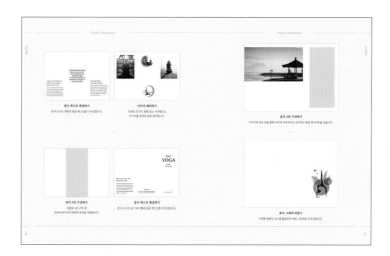

시뮬레이션

프로젝트를 만들기에 앞서 어떤 기능과 효과를
사용하였는지 세부적으로 과정을 미리 확인해 봅니다.

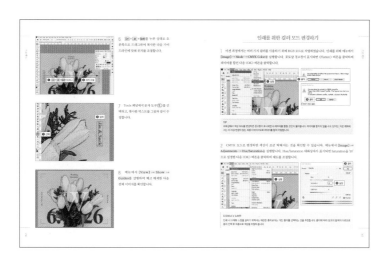

따라하기

인쇄 디자인부터 패키지 및 웹&앱 디자인까지 디자인 분야별로
직접 따라 하는 실습 과정을 통해 전반적인 실무 프로젝트 과정을 알아봅니다.

Part 4 — 프로젝트 효율적 정보 제공을 위한 웹&앱 디자인

예제 및 완성 파일 사용하기

이 책에서 사용된 예제 파일과 완성 파일은 길벗 홈페이지(http://www.gilbut.co.kr/)에서 다운로드할 수 있습니다. 홈페이지에 접속한 후 검색란에 해당 도서 이름을 입력하고 <검색> 버튼을 클릭합니다. 도서가 표시되면 [자료실] 탭을 선택하여 자료실 항목에서 예제 및 완성 파일을 다운로드한 다음 압축을 풀어 사용합니다.

Part 1

실전 감각의
업그레이드,
디자인 기본기

디자이너는 프로그램의 기능을 잘 활용해야 할 뿐만 아니라 디자인적인 감각을 익히는 것도 중요합니다. 디자이너로서 기본기를 다지지 않고서는 아무리 포토샵을 잘 활용한다 해도 소비자들의 마음까지 살 수 있는 디자인 결과물을 만들기란 결코 쉽지 않은 일입니다. 여기에서는 꼭 알아야 할 디자인의 기본에 대해 알아보고, 디자이너가 실전에서 활용할 수 있는 여러 가지 표현 방법을 디자인 분야별로 담았습니다.

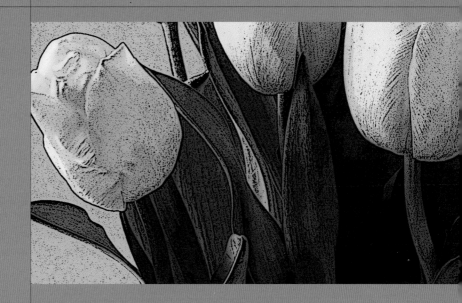

by Photoshop

이론

CHAPTER 01

시각적인 전달을 위한 그래픽 디자인

그래픽 디자인은 우리의 일상 곳곳에서 편의를 위해, 아름다운 예술 작품으로, 산업과 자본의 결합물로서
그 영역을 점차 확장해 가고 있습니다. 디자이너라면 기본적으로 알아야 하는 그래픽 디자인의 본질에 대해 이해하고,
디자이너가 실무 작업을 통해 결과물을 완성해 가는 과정을 알아봅니다. 또한 다양한 작품 감상을 통해서
디자이너에게 꼭 필요한 시각적 표현 능력을 키울 수 있도록 합니다.

그래픽 디자인

'그래픽 디자인'은 특정 메시지와 이를 전달하려는 대상자에게 걸맞은 매체를 선택하여 표현 또는 제작하는 창의적인 과정을 말합니다. '그래픽'은 '쓰다'라는 뜻의 그리스어 '그라피코스(Graphikos)'에서 유래되었으며, 현재 '그래픽 디자인'이라는 용어는 매우 넓은 의미로 사용되고 있습니다. 여러 시각 디자인에 종사하는 예술적 혹은 전문적 활동과 연구 영역을 지시할 때 쓰이며, 그래픽 디자인 영역을 통틀어서 '시각 전달 디자인(Visual Communication Design)'이라고도 지칭합니다. 특정 아이디어나 메시지를 시각적으로 묘사하기 위하여 언어, 기호, 그림 등의 조합을 사용하는 다양한 디자인 방법론이 있으며, 이를 타이포그래피, 일러스트레이션, 사진, 레이아웃 등이라 표현하기도 합니다.

그래픽 디자인 과정은 주로 의뢰인의 프로젝트를 디자이너가 완성하는 관계로 성립됩니다. 이러한 커뮤니케이션 작업 과정과 더불어 그 디자인의 최종 결과물 자체 또한 그래픽 디자인이라 표현합니다. 그래픽 디자인이 사용되는 분야로는 아이덴티티 디자인, 일러스트레이션, 인포그래픽, 인쇄 디자인, 패키지 디자인, 웹&앱 디자인 등이 있으며, 최근에는 인쇄물뿐 아니라 TV 광고, 애니메이션, 영화 등의 디자인까지 그래픽 디자인 영역에 포함시켜 보다 넓은 개념으로 쓰이기도 합니다.

▲ 1920-30년대 유럽의 아트 포스터 ⓒUnsplash   ▲ 컴퓨터 그래픽 기술을 통해 표현한 3D 그래픽 디자인 작품 ⓒYash Bindra

그래픽 디자인 활용 분야

오늘날, 그래픽 디자인은 거의 모든 비즈니스 분야에 활용되고 있습니다. 그래픽 디자인은 기술과 미학, 창의적인 사고를 결합하여 전하고자 하는 메시지를 사람들에게 인상적으로 전달하는 역할을 합니다. 누군가는 손에 들고 있는 과자 패키지를 보면서, 누군가는 모바일 앱이나 TV 광고를 통해 메시지를 전달 받으며 그래픽 디자인을 통해 소통하고 있습니다.

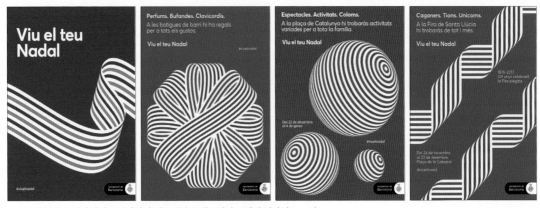

▲ 바르셀로나 크리에이티브 디렉터인 베로니카 푸에르테의 그래픽 디자인 포스터

1 | 아이덴티티 디자인

기업들은 각자 전달하고자 하는 메시지를 가지고 있습니다. 고객들에게 자신들의 이야기를 들려주기 위해 기업은 아이덴티티 디자인이라는 수단을 활용합니다. 아이덴티티 디자인은 눈에 보이지 않는 기업 또는 브랜드 정체성에 대해, 이미지나 형상, 색상을 통해 표현하고 소비자에게 전달하는 역할을 합니다. 즉, 브랜드의 얼굴 역할을 하는 대표적인 그래픽 디자인 유형 중 하나입니다. 비주얼 아이덴티티 디자이너는 여러 가지 시각 매체에서 사용할 수 있는 다양한 디자인 요소들을 만들어야 하며, 모든 종류의 그래픽 디자인에 대해 전반적인 이해를 가지고 있어야 합니다.

▲ 다양한 타입과 이미지의 아이덴티티 디자인 ⓒUnsplash

2 | 인쇄 디자인

예전에는 인쇄물이 뉴스와 정보를 제공하는 주요한 매체였습니다. 인쇄 산업은 책, 신문, 잡지, 카탈로그를 비롯한 수많은 인쇄물을 대량으로 만들어 내면서 호황을 누렸습니다. 하지만 시대가 변하고, 기술의 발전으로 인쇄 디자인 분야도 빠른 속도로 디지털화되고 있습니다. 인쇄 디자인이라고 모든 결과물이 책이나 잡지, 표지 디자인 등을 기반으로 하는 것은 아니지만, 대체로 이러한 출판과 홍보물 관련 디자인을 인쇄 디자인이라고 합니다. 인쇄 디자인은 주로 포토샵, 일러스트레이터, 인디자인과 같은 크리에이티브 프로그램을 통해 제작됩니다. 따라서 디자이너는 인쇄 디자인과 관련된 소프트웨어를 능숙하게 다룰 수 있어야 합니다. 또한 인쇄물을 다루는 디자이너는 좋은 레이아웃과 그리드, 타이포그래피 계층 구조와 색상 등 디자인 기본 원리에 대해 깊이 있게 탐구하고 연구하는 자세를 갖추어야 합니다. 또한, 인쇄 시스템 및 프로세스에 대한 사전 지식과 종이에 대한 이해도 역시 디자이너가 갖추어야 할 역량에 속합니다.

▲ 다양한 레이아웃의 인쇄 디자인 ⓒUnsplash

3 | 패키지 디자인

패키지에는 두 가지 역할이 있습니다. 하나는 보관 및 유통, 판매 과정에서 제품을 보호하는 기능과 또 다른 하나는 소비자와 직접적으로 커뮤니케이션을 하는 기능입니다. 패키지 디자인 개발 과정에는 인쇄 프로세스에 대한 전문 지식은 물론이고, 산업 디자인과 제조 과정에 대한 깊은 이해도 필요합니다. 특히 패키지 디자인 개발에서 가장 주요한 것은 소비자들의 눈길을 끄는 창의성과 혁신성이라고 볼 수 있습니다. 상품 패키지 디자이너들은 트렌드에 민감해야 하고, 경쟁 제품들에 대해서도 계속해서 모니터링해야 합니다. 매장 진열대에 놓인 자사의 상품이 경쟁사의 제품과 색상, 형태 등 조형적인 면에서 소비자들 눈에 더 잘 띄도록 연구를 지속해야 합니다.

▲ 다양한 형태의 패키지 디자인 ⓒStudio Otwarte

4 | 사진과 일러스트레이션

얼핏 보면 사진과 일러스트레이션은 완전히 다른 두 세계일 수도 있지만, 광고나 포스터 등 그래픽 디자인 영역의 작품들을 살펴보면 삽화나 이미지가 빠지지 않습니다.

'사진'은 시각 정보 전달을 목적으로 사용하는 그래픽 디자인 도구로, 주로 사실성을 표현하는 데 유리한 요소입니다. 사진을 가공하여 사용하는 경우도 있지만, 일반적으로 극적인 표현보다는 사실을 직관적으로 전달하는 방식으로 소비자들에게 어필하는 그래픽 디자인 요소로 활용되고 있습니다.

▲ 재료 또는 제품 이미지를 직관적으로 전달하는 사진 ⓒUnsplash

'일러스트레이션'은 최근 기업 마케팅에 있어서 효과적인 수단으로 주목 받는 그래픽 도구가 되었습니다. 일러스트레이션은 현실을 있는 그대로 재현하는 사진의 표현 방식과 달리 표현 대상에 대한 시간과 공간의 제약을 받지 않고, 비현실적인 형태나 개념적인 대상까지도 표현할 수 있습니다. 사진보다 더욱 친근하고 따뜻한 느낌으로 소비자들에게 감성적으로 다가갈 수도 있습니다. 따라서 최근 기업에서 추구하는 감성 마케팅에 적합한 그래픽 디자인 요소로 활용되고 있습니다.

▲ 작가의 표현을 통해 친근하고 감성적인 전달이 가능한 일러스트 ©문수민

5 │ 웹&앱 디자인

웹&앱 디자인은 그래픽 디자인에서 가장 상호 활동적인 분야입니다. 특히 모바일 산업은 매우 빠르게 성장하고 있습니다. 기업들은 앱을 통해 자신들의 콘텐츠와 서비스를 제공하기 시작했습니다. 모바일 앱 디자인이 뛰어나다면, 그 앱과 사용자 사이에서 좋은 관계를 형성할 수 있습니다. UI(사용자 인터페이스)는 사용자가 어떤 기기나 앱과 상호 작용하는 방식으로, UI 디자인은 사용하기 쉽고, 사용자 친화적인 경험을 제공할 수 있는 인터페이스를 디자인하는 것입니다. UI 디자인은 사용자의 시각적인 경험과 함께 버튼, 메뉴, 마이크로 인터랙션과 같은 화면 위에 펼쳐지는 그래픽 요소의 디자인에 초점을 맞춥니다. 미학적인 매력과 기술적인 기능성 사이에서 균형을 맞추는 것이 UI 디자인의 역할입니다. UI 디자이너는 앱이 작동하는 방식을 결정하는 UX(사용자 경험) 디자이너 및 UI 개발자들과 긴밀하게 협업합니다.

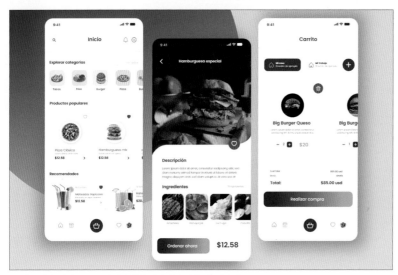

▲ 사용자가 서비스를 보다 편리하게 이용하기 위한 앱 디자인 ©unblast

6 | 광고 디자인

광고 디자인은 크게 두 분야로 나눌 수 있습니다. 하나는 포스터, 광고판, 전단지, 카탈로그 등 인쇄기를 통해 만들어지는 형태의 인쇄 광고이고, 다른 하나는 TV나 스마트폰에서 볼 수 있는 각종 배너, 동영상 광고, 소셜 네트워크의 프로모션 게시물과 같은 디지털 광고입니다. 오늘날 광고 디자인은 주위 어디에서나 쉽게 찾아볼 수 있습니다. 광고 디자이너는 참신한 아이디어로 좋은 광고 디자인 결과물을 만들기 위해 소비자의 행동 패턴에 대한 연구를 하고, 제품과 서비스에 대해서도 면밀히 파악하고 있어야 합니다. 광고 디자이너는 뛰어난 의사소통 능력과 문제 해결 능력, 그리고 시간 관리 능력 또한 갖추고 있어야만 합니다.

◀ 뉴욕 거리의 화려한 옥외 광고
이미지 ©Unsplash

기본을 알면 쉬워지는 그래픽 디자인 테크닉

모든 영역에 기본이 있듯 그래픽 디자인에도 기본이 되는 미적 형식원리가 있습니다. 고대 이집트 및 그리스 시대를 거쳐 르네상스에 이르기까지 제시된 수많은 미적 형식원리는 근대 미학자들에 의해 대략적인 정리를 이루었습니다. 이를 두고 '조형 원리' 또는 '디자인 원리'라고 합니다. 이러한 원리들은 독립적으로 나타나는 것이 아닌 상호 보완적인 관계를 갖고 형식적 요소나 감각적 요소의 영향에 의해 총체적으로 나타납니다. 디자이너는 이와 같은 디자인 원리를 지속적으로 의식하면서 디자인 결과물에 적용해야 합니다.

1 | 통일(Unity)

구성의 원리 중 통일은 시각적으로 구성하는 요소들이 다양하지만 산만하지 않고 전체적으로 질서를 이루면서 하나의 완성된 조합체로 느껴지는 심리적 상태를 말합니다. 형태나 성질이 서로 공통되는 부분이 많으면서 대립적이지 않으면 통일성을 가지게 됩니다. 그러나 구성 요소가 서로 이질적이거나 극단적으로 변화에 치우칠 때는 혼란과 무질서가 초래되니 주의해야 합니다. 반면 통일에 지나치게 치중하면 단조롭고 무미건조해지기 쉬우므로 적당한 변화와 통일이 조화를 이루어야 합니다.

2 | 변화(Variety)

변화란 통일과 대치되는 개념으로 변화의 가치를 미학적으로 표출시키는 것을 말합니다. 즉 비례 혹은 비율이라는 규칙적 운동을 자연 그대로 나타내기보다는 또다른 형태의 구성으로 주제를 더욱 강하게 표출시키는 것을 말합니다. 하지만 필요 이상의 복잡한 변화는 통일이라는 질서와 정리가 없다면 구성이 산만해질 수 있으며, 주체성마저 약해질 수 있습니다. 따라서 알맞은

변화는 통일의 영역을 침해하지 않는 범위 내에서 이루어져야 변화의 가치를 얻을 수 있으며 그 필요성도 느끼게 됩니다.

3 | 균형(Balance)

균형은 둘 이상의 요소 사이에 시각적으로 느끼는 무게감이나 공간감 등이 적절한 분배를 통해 안정감과 명쾌한, 심리적 감성을 느끼는 것을 말합니다. 균형은 선, 면, 형, 크기, 방향, 재질감, 색채, 명도 등 시각 요소의 배치량과 성질 등의 결합에 의해 표현되며 동적 균형(Dynamic Balance)과 정적 균형(Static Balance)으로 구분할 수 있습니다. 균형이 무시되었을 때는 시각적 감정이 불안하고 초조감을 느끼게 됩니다. 균형은 질서와 안정, 통일감을 느낄 수 있게 하는 요소입니다.

4 | 율동(Rhythm)

율동은 각 요소와 요소 또는 부분의 규칙적, 불규칙적인 반복에 근거를 두어 어떤 질서를 부여하느냐에 따라 이어지는 흐름과 움직임을 구성하고 만들어 낼 수 있는 원리입니다. 각 요소들의 강약이나 단위의 장단이 일정한 규칙을 가지고 연속되는 운동을 말합니다. 율동의 시각적인 자극은 요소 하나하나의 크기, 형태, 색채, 구성에 대하여 통일되기는 어려우나 공통으로 느낄 수 있는 시각 특징을 가질 때도 발생합니다. 디자인 구성에서 율동이 없을 때는 부드러운 질서와 운동감을 느끼지 못하게 되어 화면이 딱딱하고 어색한 느낌이 듭니다.

5 | 동세(Movement)

동세는 특정한 방향을 향하거나 이동의 느낌으로 페이지의 활력을 주는 것으로, 운동, 변화, 활기, 동작, 동감, 이동 등을 의미합니다. 예를 들어 인물이나 동물의 움직임 표현에서부터 작가의 감동, 감정의 움직임을 색채, 형, 필체를 통하여 외적으로 나타낼 수 있습니다. 동세를 나타내기 위해서는 방향, 각도, 잔상, 거리나 특징적인 요소를 고려해야 합니다.

6 | 비례(Proportion)

비례는 일반적으로 가로와 세로, 높이와 깊이, 작고 큰 것 등 둘 이상의 어떤 양적 요소들 사이의 관계로, 규칙적으로 운동의 변화를 주어서 부분과 전체의 관계를 좀 더 풍부하게 하는 변화를 뜻합니다. 고대 건축가들은 분할을 신비한 미의 상징으로 생각하여 건물의 시각적 비례를 중요시했다고 합니다. 대표적인 비례는 역시 황금분할(Golden-Section)이며, 시각적으로 가장 조화를 이루는 1.618:1의 비를 뜻합니다. 황금분할은 시각예술에서 여전히 중요한 역할을 하고 있습니다.

7 | 강조(Emphasis, Accent)

강조란 어떤 화면이나 공간에서 배치, 형태의 크기, 색채 등을 통해 의도적으로 파격적인 효과를 주어 단조로움을 깨뜨리고, 주의를 환기하고 집중시키는 것, 즉 시각적 자극으로 특정 부분을 강하게 표현하는 것을 말합니다. 강조 그 자체로는 불균형을 만들지만 강한 시각적 자극은 시선을 집중시키고 흥미를 유발하는 효과가 있습니다.

8 | 조화(Harmony)

평면, 공간, 사물 자체 등 전체적인 균형미를 일반적으로 '조화'라고 합니다. 이는 두 가지 이상의 요소가 서로 분리되거나 배척하지 않고 감각적인 효과를 극대화하여 발휘하는 것을 의미합니다. '유사 조화'는 같은 성격을 가진 요소들이 조합된 것으로 서로가 동일하지 않아도 서로 닮은 형태의 모양, 종류, 의미, 기능끼리 연합하여 한 조가 되는 것을 의미하며, '대비 조화'는 서로 다른 요소들의 결합으로 서로가 다른 것을 강조하면서 조화를 이루는 것을 의미합니다. 대비가 클수록 서로의 성격이 뚜렷하므로 대비 조화는 광고나 강한 시각적 요소가 필요할 때 사용되는 경우가 많습니다.

9 | 대비(Contrast)

대비는 단위형, 즉 형태나 색채 같은 요소에 대비를 주어 변화를 일으키는 원리를 말합니다. 시각적 구성 요소들 사이에 반대되는 성질을 대치시켜 긴장감을 자아내거나 어떤 극적인 효과를 만들어 냅니다. 대상의 크기나 형태의 지각에서 모양이나 크기에 대하여 나타나는 대비 착시, 보색 또는 가까운 관계에 있는 두 가지 색상에서 나타나는 색채 대비(Color Contrast), 밝기 정도에 따른 명도 대비(Brightness Contrast) 등 많은 대비가 존재하고 있으며 대비는 또 다른 조화를 이끌어 내는 한 가지 요소가 될 수 있습니다.

CHAPTER 02

상업 디자인의 핵심, 패키지 디자인

상품 패키지는 제품을 담거나 둘러싸는 용기와 포장의 기능만 있는 것이 아니라,
제품 속성을 알리는 중요한 커뮤니케이션 매체입니다. 패키지 디자인은 기업의 제품을 시장에 내놓는
최전선의 전방위 디자인(Design of Avant Garde)이라고 표현할 만큼, 디자인 효과에 대해 고객 선호도,
매출 변화 등으로 가장 먼저 감지할 수 있는 상업적 성격이 매우 강한 디자인 분야입니다.

상품을 돋보이게 하는 패키지 디자인

패키지 디자인(Package Design)은 제품을 담는 용기나 포장을 만들고 디자인하는 활동으로, 제품 관리의
일부분이라 할 수 있습니다. 패키지(Package)는 보통 포장이라고 하며, 제품의 정체성을 분명하게 나타냅
니다. 또한, 소비자가 제품을 구매하도록 구매 욕구를 유발하며, 제품을 안전하게 운반하는 보호 기능을 갖
습니다.

패키지는 산업 발달과 더불어 제품 개발에 필수 요소로 자리 잡았습니다. 패키지의 의미도 제품을 보호, 수
송하는 역할과 동시에 마케팅 역할을 수행하는 기업 경영의 일부로 인식되고 있습니다. 과거의 패키지 디자
인과 현대의 패키지 디자인 개념은 상당히 다릅니다. 초기 산업 사회에서 포장의 역할이란 단지 제품을
안전하게 담는 기능이 목적이었지만, 산업이 발달하고 물자가 풍요로운 현대 사회에서는 패키지 디자인의
역할이 과거보다 훨씬 광범위하게 확대되고 있습니다. 특히 감성 디자인의 가치는 다양하고 까다로운 소비
자 취향을 만족시키기 위해 그 어떤 제품의 가치 요소보다 중요해졌고, 다른 상업 요소보다 브랜드 경쟁력
을 갖추기 위한 효과적인 수단으로 여겨지고 있습니다.

현대 사회에서 패키지 디자인은 구매자와 제품이 직접 소통할 수 있는 최후의 미디어입니다. 셀프 서비스
가 범람하는 오늘날에는 제품이 눈에 잘 띄고, 호기심을 유발하며 어떠한 내용인지 명확하게 알 수 있어야
합니다. 결과적으로 제품에서 구매 욕구를 높일 수 있는 패키지 디자인의 역할이 강조됩니다.

패키지 디자인의 시각적 요소를 파악하라

패키지 디자인에서 시각적인 효과를 연출하는 디자인 요소를 파악해 봅니다. 패키지 디자인에 있어 첫 번째로 꼽는 디자인 필수 요소는 브랜드 로고입니다. 그리고 제품 속성을 전달하는 데 필수 요소인 색은 디자인의 깊이와 강조를 나타낼 뿐 아니라 감정까지도 전달합니다. 일러스트를 활용하면 다채롭고 독특한 표현 방식으로 사람들의 이목을 집중시키는 데 탁월한 효과를 줄 수 있으며, 사진은 사실성을 표현하는 데 충실한 도구로 활용됩니다. 캐릭터는 특정 인물이나 동물, 사물의 형태를 고유 성격으로 시각화하여 만든 것으로, 예쁘고 귀여운 느낌으로 소비자들에게 친근하게 다가갈 수 있다는 장점이 있습니다. 타이포그래피는 '글자의 시각적 활용법'을 말하며 패키지 디자인에서 '의미 전달'의 영양적인 측면과 시각적이고 미적인 측면을 가집니다. 레이아웃은 최초의 아이디어 스케치와 같은 접근 방식으로 계획과 준비에 의한 디자인 요소들을 배열하는 것을 말합니다. 이처럼 다양한 특징을 가진 패키지 디자인 요소들을 조화롭게 사용하여 활용할 수 있어야 합니다.

1 │ 패키지의 핵심, 브랜드 로고

패키지에서 브랜드 로고는 제품의 아이덴티티를 표현하는 가장 중요한 시각 요소 중 하나입니다. 브랜드를 통한 소비자와의 소통에서 시각적인 각인 효과를 가장 강하게 연출할 수 있는 방법으로 브랜드 로고를 활용합니다. 패키지 디자인에서 브랜드 로고는 제품에 대한 정체성을 전달할 뿐만 아니라 다른 패키지 디자인 요소들과 함께 개성을 표현하는 중요한 그래픽 요소로 작용합니다. 개성이 강하고 제품 특성과 어울리는 브랜드 로고 형태가 포장 디자인에 적용되면 그 어떤 브랜드 소재보다 강력하게 전달됩니다.

브랜드 로고는 단순히 브랜드 네임의 정보를 시각적으로 전달하는 1차적인 기능에 머무르지 않고 브랜드 인지도를 향상시킵니다. 나아가 제품 판매에도 영향을 주며, 제품과 소비자를 연결하는 중요한 역할을 합니다.

2 | 소비자와의 소통 도구, 색

색은 패키지 디자인에서 제품 속성을 전달하는 데 가장 효과적인 필수 요소입니다. 디자이너가 소비자들과 소통하기 위해 자주 사용하는 도구로, 디자인의 깊이와 강조를 나타낼 뿐 아니라 감정까지도 전달합니다. 또한, 전체적인 디자인 분위기를 만들고 사람들의 관심을 이끕니다. 색을 이해하고 각각의 색상이 무엇을 의미하는지 이해하는 것은 디자이너들에게 매우 중요한 자세입니다.

색이 상징하는 주요 특징은 보편성에 의해 나타나며, 색이 갖는 상징성은 지역적이고 사회 문화적 요인들에 의해 이루어질 뿐만 아니라 다양한 심리적 요인 등 여러 복합적인 영향을 받습니다.

패키지 디자인에서 색이 갖는 우선적인 기능은 감성적인 역할을 증대시키기도 하지만 물리적으로는 제품의 종류를 표시하는 용도로 활용됩니다. 예를 들어, 같은 제품군에서 종류에 따라 특징을 나타내기 위한 코드 역할합니다. 현대 사회에서 색은 매우 넓은 영역에서 사용되고, 목적과 효율성을 높이기 위해 다양하게 쓰입니다. 제품의 아이덴티티를 확립하거나, 하나의 제품군에서 각각의 제품을 차별화하는 방법으로도 사용합니다. 하나의 제품군에는 순한 맛, 매운맛, 강한 맛, 그리고 저칼로리나 무가당 등 다양한 제품들을 표현해야 하는데, 이때 색을 사용하면 쉽게 소통할 수 있습니다.

색은 소비자에게 연상 작용을 일으키며, 브랜드를 기억하고 구분하는 결정적 요인입니다. 파란색의 코카콜라와 초록색이 아닌 스타벅스 로고 마크를 상상할 수 있나요? 상징적인 색은 시장에서 브랜드 이미지를 더욱 강화합니다. 이런 색의 지배적인 특성이 판매 시장에서 커다란 장점으로 작용합니다. 따라서 제품의 아이덴티티를 나타내는 색은 쉽게 바뀌어서는 안 됩니다. 부득이하게 변화를 주어야 할 경우에는 오랜 기간에 걸쳐 소비자가 느끼지 못할 정도로 서서히 변화시켜야 합니다. 코카콜라의 로고 타입이 개선되는 것은 당연한 현상일지도 모르지만, 빨간색 로고가 갑자기 파란색으로 변화되는 것은 받아들이기 어렵습니다.

❶ 스타벅스의 초록

스타벅스는 자연의 색인 초록색을 인테리어와 로고에 적용하여 이곳을 찾는 사람들로 하여금 안정감과 포근함을 느끼게 합니다. 기존 커피색인 갈색에서 벗어나 초록 마케팅으로 성공을 이뤘습니다.

❷ 티파니앤코의 스카이 블루

주얼리 명품 브랜드 티파니앤코(Tiffany&Co.)의 브랜드 색은 스카이 블루입니다. 멀리서도 한눈에 알아볼 수 있을 정도로 브랜드 색을 차별화하여 소비자에게 특별한 인상을 남깁니다. 티파니앤코는 다른 분야에 비해 제품 차별화 전략 진행이 어려운 주얼리의 단점을 브랜드 색으로 승화했고, 주얼리 명품 브랜드로서 포지셔닝 구축에 성공했습니다.

❸ 안나수이의 보라

안나수이를 떠올리면 '여성스럽다, 우아하다, 유니크하다'는 이미지가 가장 먼저 떠오릅니다. 매장은 보랏빛으로 가득 차 있어 소비자들은 시선을 빼앗기고 금세 신비스러운 느낌에 매료됩니다. 안나수이는 독립적인 컬러 마케팅과 동시에 차별화된 아이디어로 독특한 브랜드 이미지를 형성하고 있습니다.

3 │ 시선을 사로잡는 일러스트

패키지 디자인의 다양한 시각 요소 중 일러스트는 다채롭고 독특한 표현 방식으로 사람들의 이목을 집중시키는 데 탁월한 효과를 보입니다. 최근 기업 마케팅에서도 일러스트 패키지가 효과적인 수단으로 주목받고 있습니다. 디자인 중심 사회에서 사람들은 아름다움을 추구하는 경향이 짙어졌습니다. 패키지에서도 마찬가지로 디자인의 중요성이 높아졌습니다. 마케터들은 기존 제품이 소비자에게 긍정적인 이미지를 보여 주지 못하면 패키지를 개선하는 것으로 브랜드 이미지를 높일 수 있다고 생각했습니다.

최근 국내·외 많은 기업이 패키지 디자인에 일러스트를 활용하여 기업의 브랜드 이미지를 부각하고 기업이나 제품의 인지도를 높이는 데 효과를 본 사례들이 늘고 있습니다. 일러스트는 현실을 있는 그대로 재현하는 사진과 달리 표현 대상에 대한 시간과 공간의 제약을 받지 않고, 비현실적인 형태나 개념적인 대상까지도 표현할 수 있습니다. 이러한 특성은 곧 소비자가 일러스트를 통해 상상의 날개를 펼칠 수 있도록 무한한 표현의 가능성을 보여 줍니다. 또한, 무엇보다 작가의 재해석을 바탕으로 독창적이고 주관적인 표현과 아름다움을 나타내어 독특한 매력을 보여 줍니다. 사진이나 컴퓨터 그래픽보다 더욱 친근하고 따뜻한 느낌으로 소비자들에게 감성적으로 다가갈 수도 있습니다. 최근 기업에서 추구하는 감성 마케팅에 맞아떨어지는 디자인 요소로도 작용합니다.

4 │ 사실적인 표현력과 빠른 전달력, 사진

사진은 일러스트처럼 시각 정보 전달을 목적으로 사용하면서도 사실성을 표현하는 데 충실한 요소입니다. 극적인 표현보다 사실을 전달하는 방식으로 소비자들에게 접근할 수 있는 가장 전통적인 도구로 활용됩니다.

사진은 제품 이미지를 시각적으로 전달하는 요소로, 패키지에서 가장 많이 사용하는 표현 방법입니다. 사물을 실제적이고 현장감이 느껴지도록 재현하는 특징이 있습니다. 이것은 곧 사람들에게 시각적으로 매우 효과적인 의사소통의 도구라는 뜻입니다. 현대인들에게 눈으로 '본다'는 것은 가장 원초적인 감각입니다. 시각 이미지는 누구나 이해하기 쉽고 간편하게 접근할 수 있는 이미지이므로 보는 사람에게 믿음을 주기에는 그 어떤 표현보다 효과적입니다. 갓 딴 싱그럽고 먹음직스러운 과일 사진은 소비자에게 인위적인 그래픽보다 직접적이고 빠르게 전달됩니다. 현장감 있는 사진은 식품류나 내용물 확인에 있어 패키지 디자인 전략에서 가장 신뢰도가 높은 요소로 활용되고 있습니다.

또한, 사진은 그 어떤 디자인 요소보다 빠른 정보 전달력을 가집니다. 사진을 활용한 표현 방식은 다양한 제품군을 차별화할 수 있을 뿐만 아니라 맛이나 향 또는 제품 속성을 문자보다 빠르고 명확하게 전달합니다. 다양한 종류의 과일 주스 제품이나 파스타 제품을 구분하여 패키지를 제작할 때도 제품 사진은 문자보다 훨씬 빠르고 간결한 방식으로 소비자들에게 전달됩니다.

현대 사회와 같이 다양하고 빠르게 변하는 시장 환경에서 일일이 문자 정보를 읽어야만 이해할 수 있다면 소비자는 매우 불편할 것입니다. 따라서 쉽고 빠르게 제품에 대해 정확한 정보를 전달하는 것은 생산자 입장에서 중요하게 다뤄야 할 문제입니다. 사진 이미지를 활용한 디자인 소통은 복잡하고 어려운 설명을 간편하게 전달할 수 있는 가장 확실하고 효율적인 방법입니다.

▲ 사진을 통해 재료의 속성을 빠르고 정확하게 전달

▲ 생산자의 사진을 사용함으로 제품에 대한 신뢰감을 높이는 효과를 얻을 수 있음

5 | 직관적인 정보 제공, 타이포그래피

타이포그래피는 패키지에서 의미 전달의 '기능적'인 측면과 '시각적이고 심미적'인 측면의 두 가지 역할을 담당합니다. 시각적으로 아름답고 정확한 정보 전달이라는 매우 중요한 기능을 모두 담당해야 하기 때문에 그만큼 다루기 어렵고 까다롭습니다. 패키지 디자인에서 타이포그래피는 제품에 대한 정체성을 전달할 뿐만 아니라 다른 디자인 요소들과 함께 좋아 보이는 그래픽의 중요 요소로 작용합니다. 흔히 유명 브랜드 로고 타입을 보거나 브랜드 네임을 들으면 바로 그 제품이 떠오르고 자연스럽게 그 특성도 생각납니다. 그러나 타이포그래피는 단순히 시각적으로 좋아 보이는 것에 그쳐서는 안 됩니다. 전달하고자 하는 메시지를 잃은 타이포그래피는 글자가 아니므로 이점을 유의하여 디자인해야 합니다.

패키지에서 타이포그래피는 제품명을 쉽게 인식할 수 있도록 가독성이 높아야 합니다. 아무리 멋진 문자 디자인이라도 쉽게 읽을 수 없다면 목적성에 어긋나기 때문입니다. 다시 말해 제품 특성을 이해시킬 수 있는 정보 전달 기능을 말하며, 이를 통해 브랜드 네임에 대한 형상이 소비자 기억에 깊이 인식되는 강력한 연상 작용으로 연결됩니다.

▲ 제품 브랜드를 시각적으로 표현하기 위한 타이포그래피

▲ 제품의 정보전달을 위한 타이포그래피

6 | 다양한 요소의 배열, 레이아웃

패키지 디자인에서 레이아웃이란 최초의 아이디어 스케치와 같은 접근 방식으로, 계획과 준비에 의한 브랜드 디자인과 색상 설정, 일러스트, 사진, 캐릭터, 타이포그래피 등을 배열하는 것입니다.

좋은 레이아웃은 과연 어떤 기준으로 평가할까요? 좋은 레이아웃을 위한 일련의 기준은 이렇습니다. 시선을 유도해야 하며 흥미를 유발해야 합니다. 언어적인 요소보다 시각적인 요소가 표현되어야 하며, 주제를 읽거나 보기 쉽도록 단순하고 질서 있게 다루어야 합니다.

패키지 디자인 레이아웃을 할 때는 먼저, '제품의 가장 큰 장점은 무엇인가?', '가장 강조 할 점은 무엇인가?'를 정확하게 인식해야 합니다. 중요도에 따라 미리 5단계 정도의 우선순위를 정하고 답을 구하는 것이 기능적인 레이아웃 디자인에 효과적입니다. 레이아웃은 정확한 분석을 통해 차별화 포인트를 설정하고, 인식 후에는 전략적으로 이루어야 합니다. 디자인 요소의 형태와 크기를 정하고 이러한 요소들을 어떻게 배열하고 정리하느냐에 따라 나타나는 반응과 결과는 크게 달라지기 때문입니다. 패키지 디자인 특성상 입체적이고 일정하게 정해진 틀 안에서 이 모든 표현이 이루어져야 한다는 제약은 일반 디자인과는 다르게 고도의 레이아웃 전략을 필요로 합니다. 제품명과 일러스트레이션, 사진과 같은 일반적인 요소 외에도 법적 문안과 표기 사항, 주의 표시 등 패키지 디자인에서 레이아웃을 이루는 시각 요소는 상당히 많습니다. 여러 가지 조형 요소가 배치되어야 하는 패키지 디자인에서 레이아웃은 내용물 특성과 개성에 따라 표현 전략이 세심하게 연구되어야 합니다. 독창적인 배열 방식에 따른 레이아웃이나 철저하게 소비자 시선을 고려한 차별화된 디자인이 포인트가 될 수도 있습니다. 다양한 디자인 요소가 종합적으로 원활한 조화를 이루며 레이아웃되어야만 만족할 만한 패키지 디자인을 완성할 수 있습니다.

▲ 제품 용기의 입체적 특성을 활용한 레이아웃 디자인

◀ 그리드 활용이 돋보이는
레이아웃 디자인

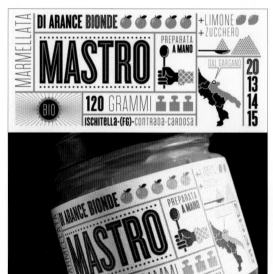

CHAPTER 03

사용자의 만족스러운 경험을 디자인하는 웹&앱 디자인

**어떤 '메시지'를 어떻게 전달해야 사용자의 경험(UX)을 긍정적으로 형성하고, '가독성'을 높이기 위해
도구인 색, 타이포, 그리드, 그래픽 요소를 활용하는 방법에 대해 알아보겠습니다.
우선 우리는 디자인을 통해 메시지를 전달 받은 사용자가 긍정적인 경험을 극대화하도록
사용자 경험부터 꼭 알고 있어야 할 웹&앱 디자인의 개념에 대해 알아보겠습니다.**

메시지 전달이 디자인의 생명이다

웹&앱 디자인은 보이지 않는 문제를 발견하는 것부터 시작합니다. 사용자가 인지하지 못하는 문제를 찾아
내 해결책을 제시하고, 중요한 메시지를 체계적이고 보기 좋게 정리하여 전달하는 디자인입니다. 웹&앱 디
자인 분야는 수학과 마찬가지로 먼저 문제를 깊이 생각하고, 개념과 공식을 이해하며 기억하고 있을 때 문
제 풀이가 보다 유리해집니다. 주관적인 해석을 열어 놓는 예술과는 달리, 보이지 않는 문제를 발견하고 구
조적으로 문제를 해결하는 능력이 곧 디자인 실력으로 연결되는 분야이기 때문입니다.

신입 디자이너의 태를 벗어나기 시작하면 주어진 디자인을 잘 해 내는 것에서 그치지 않고, 만족시켜야 할

주체들이 많아집니다. 디자인 산출물을 향한 평가와 수시
로 바뀌는 디자인 콘셉트, 잦은 수정 요청으로 지치지만
디자인을 바라보고 있는 이들을 만족시켜야 합니다. 디자
이너가 프로젝트의 리더와 같은 입장에서 큰 그림을 그리
고, 관련 주체들을 설득하며 이끌어 갈 수 있다면 위의 문
제들을 가볍게 만들 수 있습니다. 클라이언트와 소통하는
과정에서 원하는 부분을 이해해 반영할 수 있다면 많은
문제들이 해결됩니다.

잘 된 웹&앱 디자인을 위해서 염두에 두어야 할 2가지는 바로 '메시지'와 '가독성'입니다. 사용자가 만족스
러운 경험을 하기 위해서는 우선 들리게 말해야 합니다.

클라이언트의 "디자인을 왜 이렇게 했나요?"라는 질문에 메시지를 전달하고 가독성을 높이기 위한 의도로 디자인했다고 답할 수 있습니다. 클라이언트가 끄덕일 수 있는 이유를 디자인에 녹여 봅니다.

▲ 웹&앱 디자인 시 중요한 2가지

> "OO의 메시지를 전달하기 위해서 OO 콘셉트로 디자인했습니다. 이런 색을 사용해 OO의 전달력을 높였고, 이러한 서체를 선정했습니다. 전체적인 레이아웃을 이렇게 잡았으며, OO을 통해 사용자들은 이러한 경험을 하게 될 것입니다."

사용자와 함께 디자인하라

웹 사이트와 모바일 앱을 개발하는 궁극적인 이유는 전달하고자 하는 메시지를 보다 많은 사용자에게 도달하게 하여 긍정적인 '사용자 경험(UX : User eXperience)'을 만들기 위해서입니다. 긍정적인 경험을 하기 위해서는 주체적이고 알맞은 메시지를 끊임 없이 전달해야 합니다. 사용자의 만족과 브랜드의 충성도는 제품과 서비스가 제공하는 가치에 더해 독특하고 감성적인 기억을 통해 발생합니다. 오래도록 기억되는 만족스러운 사용자 경험은 비즈니스의 성공을 불러옵니다. 사람을 깊게 이해하여 직·간접적으로 느끼고 생각하는 지각과 반응, 행동 등을 고려하여 총체적으로 사용자 경험을 디자인하여 최종적으로 사람을 진실로 배려하는 것이 목표입니다. 긍정적 사용자 경험을 위해 디자인 시 주의할 점을 알아보겠습니다.

1 | 정보의 계급화가 되어 있는가

사용자가 고민하지 않도록 정보의 명확한 계층 구조가 만들어져 있는지 확인합니다. 사용성 측면에서 통상적으로 이용하는 형식은 따르되 디자인 요소를 통해 개성을 표출하고 콘텐츠가 한눈에 명확하게 구분되도록 페이지를 나눠야 합니다.

2 | 분량은 적절한가

화면의 글은 인쇄물보다 가독성이 15% 이상 떨어집니다. 사용자에게 메시지가 전달되지 않는 이유는 읽을 내용이 많고 주변에 배너와 유혹이 많기 때문입니다. 쉽게 읽을 수 있는 분량인지 확인해야 합니다.

3 | 사이트의 목적이 명확한가

브랜드 이름 자체가 하는 일을 설명하거나 아주 유명한 브랜드인 경우를 제외하고는 웹 사이트나 앱에서 달성할 수 있는 목표를 제시하고 명확하게 출발점을 알 수 있도록 해야 합니다. 또한 사용자의 관점에서 이 사이트를 통해 얻을 수 있는 정보와 중요한 임무가 무엇인지 명확하게 알려야 합니다.

4 | 그래픽 요소는 사용자 중심적인가

그래픽 요소는 장식적인 역할보다는 실질적인 콘텐츠로 가치가 있어야 합니다. 콘텐츠와 전혀 관련성이 없는 그래픽으로 인해 중요한 콘텐츠는 관심을 빼앗기지 않도록 유의해야 합니다.

5 | 피드백 반영은 즉각적인가

웹 사이트를 개발할 때 '기획 → 디자인 → 개발 → 검증 → 출시'의 프로세스 단계를 거쳐 그랜드 오픈 후 사용자의 피드백을 반영하는 것이 매우 중요합니다. 개발 프로세스의 처음으로 돌아가 기획부터 다시 하기에 시간이 상당히 소요되어 사용자의 경험을 빠르게 개선하는 데 문제가 있습니다. 개발 시간의 효율을 높이기 위해 '프로토타입(Prototype)'의 제안하는 방법론을 소개합니다. 2000년대 초반부터 지금까지 주목 받아 온 '린앤애자일 UX 디자인 방법론(Lean & Agile UX)'에 따르면 바로 정식 개발하는 것이 아니라 '프로토타입'을 제작하여 UX를 점검합니다. 이어 곧바로 피드백 내용을 반영하고 다시 디자인하는 방식으로 개발 시간을 단축하며 점진적으로 개선해 나갈 수 있습니다.

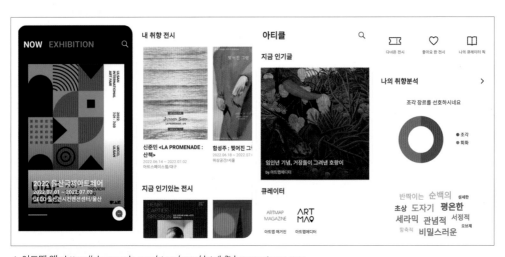

▲ 아트맵 앱 : https://play.google.com/store/apps/details?id=com.artmap.app

6 | 메시지 전달이 명확한가

사용자의 긍정적인 경험을 위해서는 사용자가 원하는 정보를 정확하게 전달해야 합니다. 무슨 말을 하려는지 알 수 없는 디자인은 존재 목적을 상실했다고 할 수 있습니다. 일관된 메시지를 전달하기 위해 웹 페이지에서 불필요한 소음을 줄이고, 유용한 콘텐츠를 더욱 부각시킬 수 있도록 디자인해야 합니다.

TIP

UX 디자이너가 알아야 할 15가지 원칙

다음은 어도비(Adobe)에서 발표한 모든 UX 디자이너가 알아야 할 15가지 원칙입니다.

1. UX는 UI 그 이상입니다.
2. 대상을 파악하세요.
3. 여러분은 사용자가 아닙니다.
4. 짧은 주의 지속 시간에 맞춰 디자인을 조정하세요.
5. UX 프로세스는 유동적입니다.
6. 실제 제품을 제작하기 전에 프로토타입을 만드세요.
7. 디자인할 때 실제 콘텐츠를 사용하세요.
8. 단순함과 일관성을 유지하세요.
9. 기억보다 인지가 더 중요합니다.
10. 사용 및 접근 가능하도록 디자인하세요.
11. 혼자서 문제를 해결하려고 하지 마세요.
12. 한 번에 전부 해결하려고 하지 마세요.
13. 오류 수정보다 예방이 더 쉽습니다.
14. 유익한 피드백을 제공하세요.
15. 극단적인 재디자인을 피하세요.

사용자의 경험을 발명하라

1 | 사용자 경험에 귀 기울여라

제품과 서비스를 사용하며 상호 작용을 통해 얻은 만족감과 기억까지 상품의 특징으로 내재화됩니다. 모든 사람이 동일하게 느끼는 것이 아니라 지극히 주관적이기 때문에 어떤 지각 반응이 있는지 디자이너는 사용자의 의견에 귀 기울여야 합니다.

사용자와 직접 대면하는 접점에 있는 UI(User Interface)를 유용하고 편리하게 디자인하고, 웹 사이트에 대한 총체적인 경험이 만족스러울 수 있도록 UX, 즉 사용자 경험에 가치를 두고 관리해야 합니다. UX는 인터랙션, 사용성, 정보의 구조와 인간 공학까지 여러 분야를 포괄하면서도 명확한 영역이 없으며, 평가에 대해서도 객관적으로 입증할 수 없는 것이 사실입니다. 결국 사용자 경험은 사용자에 귀속된 개념으로 상품에 내재되어 있는 것이 아닙니다.

2 | 진실로 공감할 메시지를 찾아라

누군가와 이야기할 때 상대방이 누군지에 따라 필요한 대화를 생각하고 적절하게 주고 받으며 '대화'를 합니다. 웹 사이트를 통한 대화도 마찬가지입니다. 시각적인 대화, 비쥬얼 커뮤니케이션(Visual Communication)은 사용자와 시각적인 매체를 통해 '대화'를 시도합니다.

보이지 않는 대상과 대화를 시도하기 위한 방법론으로 '디자인씽킹'을 소개합니다. 스탠포드 d.school과 혁신적인 컨설팅 기업 IDEO가 협력하여 만든 창의적 문제 해결 방법으로, 사용자에 대해 깊은 공감으로부터 문제를 발견하고 해결한 문제를 프로토타입으로 만들어 빠르게 사용자 피드백을 테스트하는 방법론입니다. 스탠포드의 디자인과 관련 없는 과목까지 모든 과목에 도입되었을 뿐 아니라 학생의 부모님

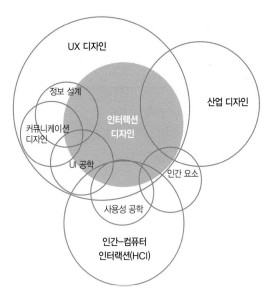

▲ 사용자 경험(UX) 디자인의 관계(Creative Convergence Capstone Design with PBL)

까지 모셔와 교육하고 있는 방법론입니다. 현재 IBM, Google 등 미국 실리콘밸리의 글로벌 기업들이 경영 혁신의 일환으로 활용하고 있습니다.

❶ 디자인씽킹?

디자인씽킹은 문제의 내용에 대한 공감, 문제에 대한 통찰과 해결 방안의 창조성, 문제와 해결 방안의 적절성에 대한 합리적 추론을 융합하여 해결하는 과정입니다.

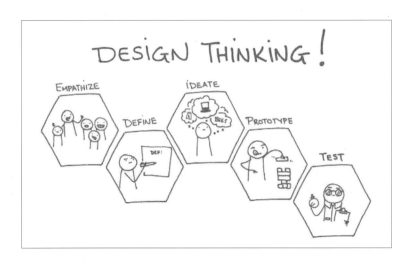

❷ 디자인씽킹 프로세스

1. 공감하기(Empathize) : 사용자 입장에서 깊이 공감하고 영감 얻기

2. 문제 정의하기(Define) : 새로운 관점에서 진짜 문제 찾아내기(진실의 순간 찾기)

3. 아이디어 내기(Ideate) : 질보다 양, 많은 양의 아이디어 도출하기

4. 프로토타입(Prototype) : 추상적인 아이디어를 구체적으로 표현하기

5. 테스트(Test) : 프로토타입에 대한 의견을 받고 반복 개선하기

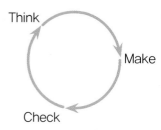

시장 조사부터 시작하는 일반적인 프로젝트 개발 과정과는 사뭇 다릅니다. 여기서 주목해야 하는 부분은 사용자의 깊은 공감으로부터 문제를 발견한다는 것이고, 완제품을 만들기 전에 빠르게 시제품(프로토타입)을 만들어 피드백을 반영하는 테스트 과정을 중요하게 생각한다는 것입니다.

▲ 출처 : Plattner, H., Meinel, C., & Leifer, L. (Eds.). (2015). Design thinking research: Making design thinking foundational. Springer.

3 │ 마음에 깊이 새기도록 메타포를 표현해라

사용자가 어떤 경험을 하는지 깊이 공감하고 해결하고자 하는 문제에 대해 디자인을 통해 대화를 시도한다면 고객은 마음의 문을 열고 바라볼 것입니다. 다루는 문제를 시각적인 은유법으로 해결점을 표현하는 디자인적 연결 고리가 '메타포'입니다.

파티룩을 찾는 고객 입장에서 '예쁜 옷'을 찾는 상황을 생각해 보겠습니다. 고객에 따라 예쁘다는 기준이 다르고 상황에 따라 필요한 옷이 다릅니다. '여기에 예쁜 옷이 있어요!'라고 외치는 상점보다는 핫 핑크 색상의 '잘 놀고 잘 나가는! 언니들이 하는 옷 가게!'라고 메시지를 전달하는 상점에 눈길이 가게 됩니다.

이것이 메시지가 제대로 전달되는 상황입니다. 여기에서는 잘 노는 언니의 콘셉트와 핫 핑크 색상이 메타포로 사용되었습니다. 순수한 느낌의 연분홍으로 표현했다면 전달력이 반감되었을 것입니다.

고객이 원하는 대상에 대해 직접적으로 표현하면 전달력이 약합니다. 고객이 원하는 그 대상을 은유적으로 표현할 수 있는 디자인적 연결 고리가 필요합니다. 즉, '메타포(Metaphor)'는 사람들 마음 속에 깊이 새겨지도록 시각적으로 표현하는 은유법입니다. 메시지를 전달하기 위한 메타포를 찾고 디자인에 표현하는 과정이 디자인의 총체입니다. 지금부터 디자인의 생존 방법인 메타포에 대해서 자세히 알아보겠습니다.

❶ 페르소나의 공감대 형성

메타포를 찾기 위해서는 사용자에 대한 깊은 이해가 필요합니다. 사용자의 감정을 분석하는 것에서 확대하여 인간 이해의 관점으로 바라보면 사용자가 경험하고 느낀 것이 무엇인지 이해할 수 있습니다. 가상의 인물, 즉 '페르소나(Persona)'를 설정하고 인간으로 완전히 '공감'할 때, 비로소 그 경험을 디자인할 수 있습니다. 페르소나를 만드는 이유는 사용자에게 세부적으로 집중하기 위해서입니다. 특정 고객이 무엇을 좋아하고 어떻게

· 이름	박민영	
· 나이	27살	
· 직업	회계 사무직 2년차 사이버대학 미용학과 학생	
· 성격	친구들이 많고 조용하며 차분함	
· 상황	친구 결혼식갈 때 입을 옷을 찾음	
· 문제점	뚱뚱한 하체 튀는 것을 싫어함 은근히 날씬하고 예쁘게 보이는 옷	

▲ 페르소나 분석

이용하는지, 문제 사항이 무엇이며 니즈(Needs)에 대해 구체적으로 떠올려 봅니다. 백만 명을 만족스럽게 하기는 어려워도 몇 명의 사람에게 공감대를 맞추는 것은 쉽습니다.

❷ 메타포를 찾기 위한 방법 - 8단계 디자인 메서드

사용자가 어떤 상황에 놓여 있는지 분석하여 적절한 메시지를 설정하는 것이 중요합니다. 타깃 사용자를 20~30대 여성과 같이 넓은 고객층으로 잡으면 모호해지지만, 구체적인 페르소나를 설정하고 이를 분석하여 꼭 맞는 메타포를 찾아낼 수 있습니다.

'8단계 디자인 메서드'는 고객의 입장과 서비스를 제공하는 입장을 동시에 살펴보면서 상황에 맞는 콘텐츠를 바라볼 수 있도록 도와 줍니다. 오프라인에서 디자인 스튜디오로 수업을 진행할 때는 몇 시간이 걸리는 작업이며, 기업 프로젝트에는 좋은 아이디어가 나올 때까지 몇 주가 걸리기도 합니다.

▲ 현대카드 CEO 정태영 회장 'Over the record' 中 이미저리(Imagery)

우선 A4 용지와 연필을 준비해 종이를 8칸으로 나눕니다. 연필을 잡고 종이에 직접 사각사각 그리면 우리의 뇌가 활성화되는 것을 느낄 수 있습니다.

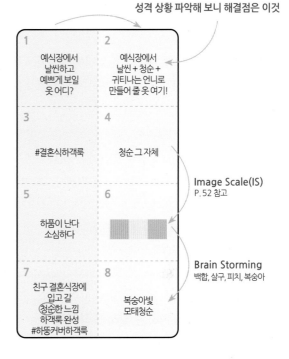

성격 상황 파악해 보니 해결점은 이것

1 예식장에서 날씬하고 예쁘게 보일 옷 어디?	2 예식장에서 날씬 + 청순 + 귀티나는 언니로 만들어 줄 옷 여기!
3 #결혼식하객룩	4 청순 그 자체
5 허품이 난다 소심하다	6
7 친구 결혼식장에 입고 갈 청순한 느낌 하객룩 완성 #하동커버하객룩	8 복숭아빛 모태청순

Image Scale(IS)
P. 52 참고

Brain Storming
백합, 살구, 피치, 복숭아

첫 번째 칸에 '① 고객의 열망'을 파악해 고객이 필요로 하는 것이 무엇인지 분석합니다.

두 번째 칸에 고객의 열망에 맞는 '② 메시지'를 설정하여 고객에게 열망에 대한 해결점을 제시합니다.

고객은 이 상품을 찾기 위해 검색창에 특정 '③ 검색 키워드'를 예상해 보고, 검색 결과에서 한마디로 표현할 수 있는 우리의 '④ 키워드'는 무엇인지 생각해 봅니다. '④ 키워드'를 이미지 스케일(Image Scale : 색채가 가지는 느낌을 형용하는 문자와 대조하여 색채가 가진 감성을 구분하는 객관적인 통계)에 대조하면 통계적으로 단어가 갖는 느낌을 '⑥ 색상'으로 선정할 수 있습니다.

'⑤ 장애물'에서 고객이 갖는 문제점에 대해 분석합니다. '⑦ 혜택 및 자랑거리'는 이 상품을 통해 '⑤ 장애물'을 어떻게 해결하고 고객이 어떤 혜택을 가져갈 수 있을지 적습니다. 한마디로 주변에 자랑거리를 만드는 것입니다. 최종적으로 이 모든 걸 표현할 수 있는 '⑧ 메타포'가 탄생합니다.

위쪽은 8단계 디자인 메서드를 통해 아이디어를 발전시킨 예입니다. 페르소나 기반으로 사용자 스토리를 분석하면 웹 사이트 기능의 우선순위와 그 기능들이 어떻게 이용되는지, 사용자는 웹 사이트를 어떻게 보고 있는지 등을 알 수 있습니다.

지금까지 가독성을 높이기 위해 시각적인 은유인 '메타포'를 사용하는 이유에 대해 알아봤습니다. 메타포를 통해 사용자의 경험을 긍정적으로 형성하고 메시지를 효율적으로 전달할 수 있습니다. 이제 메타포를 디자인에 적용하는 방법인 색부터 타이포그래피, 그리드, 그래픽 요소까지 구체적으로 알아보겠습니다.

디자인은 색의 언어로 말한다

고객의 마음으로 전달할 메시지를 결정하고 메타포를 개념적으로 정리하였다면 이제 디자이너는 실제 디자인에 들어가기 앞서 메타포를 표현하기 위한 자료를 수집해야 합니다. 색은 메타포를 표현하기에 훌륭한 도구입니다.

색은 기분 좋게 분위기를 띄우기도 하고, 정숙하며 딱딱한 분위기를 만들기도 합니다. 파스텔 톤은 부드럽고 온화한 느낌을 주고, 강렬한 빨간색은 열정과 행동, 확신을 주기도 합니다. 강력한 어조로 외치는 듯이 설득하고자 할 때 부드러운 파스텔 톤의 색상으로 말한다면 메시지 전달이 약해질 것입니다. 또한 엄마의 포근한 품을 표현하고자 할 때 강렬한 장밋빛 색상 또한 어색합니다. 이제부터 색을 통해 감정과 메시지를 전달할 수 있도록 색의 언어에 대해 알아보겠습니다.

1 | 아이덴티티를 표현하는 컬러를 정의하라

만일 코카콜라가 콜라 자체의 검은색을 살려 메인 컬러를 정의했다면 탄산음료의 상쾌하고 청량한 느낌을 전달할 수 있었을까요? 상품을 필요로 하는 고객의 니즈(Needs)를 반영할 수 있는 컬러를 고민하고, 사용자에게 전달하려는 메타포가 충분히 인식될 수 있도록 색상이 돋보이는지 점검해야 합니다. 결국 웹 사이트의 주제인 상품의 가치를 높일 수 있는 색상을 신중하게 선택해야 합니다. 코카콜라의 빨강, 삼성의 파랑, 카카오의 노랑, 네이버의 초록을 떠올려 보세요. 이처럼 아이덴티티(Identity, 정체성)를 표현하기 위한 메인 컬러가 정의되어 있는지 살펴보아야 합니다.

2 | 어떤 감정을 전달하는 컬러인가

사용자가 웹 사이트에 방문할 때 기대하는 바가 채워진다면 관심을 가지고 더 들여다보고 싶어 할 것입니다. 웹 사이트에서 드러내려고 하는 주된 생각이 바로 '콘셉트(Concept)'입니다. 예를 들어, '첫사랑의 달콤한 추억'의 콘셉트를 가진 웹 사이트를 색상 메타포를 통해 전달하려면 연분홍색 벚꽃잎이 눈처럼 날리는 이미지, 새콤달콤한 레모네이드 색상의 로고와 내비게이션, 몽실몽실한 구름 색의 아이콘 등을 통해 표현할 수 있습니다. 콘셉트를 표현할 때 색상의 선택은 매우 중요합니다.

▲ 네이버 NOW(https://play.google.com/store/search?q=NAVER+NOW&c=apps)　　　▲ 빙그레(www.bing.co.kr)

3 │ 색의 언어로 말하라

우리가 무엇인가 바라볼 때 제일 먼저 시야에 들어오는 것은 색상(Hue)입니다. 빠르고 강하게 감정을 일으키는데, 디자인에서 첫인상을 좌우하는 중요한 요소입니다. 색상은 따뜻하고 차가운 느낌의 온도감도 있고, 맛있는 음식, 아름다운 꽃, 초록 자연의 편안함과 같이 고유의 뉘앙스를 가집니다.

색상이 가지는 고유의 느낌을 우리가 일상적으로 사용하는 언어와 매핑한 이미지 스케일(Image Scale)을 확인해 보세요. 웹 사이트에 적용한 색상 배색만 확인하여도 디자인이 말하고자 하는 느낌을 쉽게 읽을 수 있습니다. 이제부터 인쇄 매체와는 달리 PC와 모바일 디바이스에서 보이는 색의 특징에 대해 알아보겠습니다.

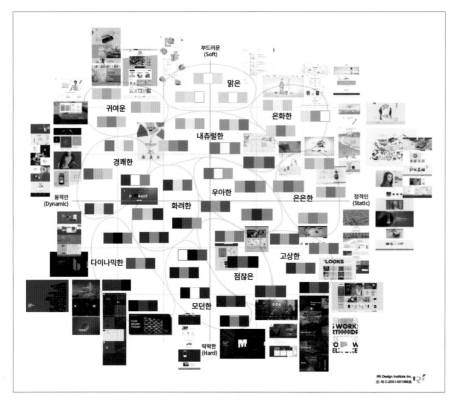

▲ IRI Design Institute Inc. 연구 자료를 토대로 웹 사이트와 매핑

❶ 톤 앤 매너(Tone&Manner)

비슷한 뉘앙스를 풍기는 색조(명도 + 채도)에서 드러나는 기분이나 느낌을 톤(Tone)이라고 합니다. 본래 음악 용어로, 같은 톤의 색은 색상이 바뀌어도 그 감정 효과는 동일합니다. 톤 앤 매너는 색상의 분위기, 방향, 표현법 등을 전체적으로 하나의 콘셉트를 가지고 표현하는 것을 말합니다.

❷ 빛의 색 RGB

비 온 뒤 높은 하늘에 비친 무지개는 공중에 떠 있는 물방울에 빛이 통과하면서 빛의 색이 눈에 보이는 것입니다. 빨강(Red), 초록(Green), 파랑(Blue)을 '빛의 3원색'이라고 하는데 이 빛을 여러 비율로 겹칠 때 다양하게 색을 만들 수 있습니다.

빨강 + 초록 = 노랑, 빨강 + 파랑 = 진분홍, 파랑 + 초록 = 청록
빨강 + 초록 + 파랑 = 흰색
흰색 = 노랑 + 청록 = 노랑 + 진분홍 = 청록 + 진분홍 ← 서로 보색

낮에 볕이 밝을 때는 눈부신 하얀 빛이고, 밤에는 빛이 사라져 깜깜합니다. 이와 같이 빛의 색은 빨강, 초록, 파랑을 더할수록 흰색이 됩니다. 잉크나 물감은 섞일수록 검은색이 되는 것과는 다른 현상입니다. 이때 노랑과 청록을 겹치면 흰색, 진분홍과 노랑을 겹쳐도 흰색, 청록과 진분홍을 겹쳐도 흰색이 되는데, 이렇게 흰색을 만드는 두 가지 색을 서로 '보색'이라고 합니다.

보색은 색상환(Hue Circle)에서 서로 대응하는 위치의 색으로 찾을 수 있습니다. 색상환은 색을 보기 편하게 구분해서 둥글게 원으로 배열한 것을 말하며, 흰색, 회색, 검은색과 같은 무채색은 색상환에 포함되지 않습니다.

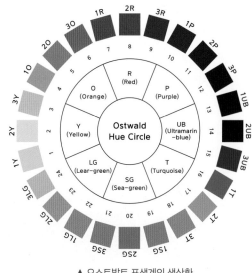

▲ 오스트발트 표색계의 색상환

❸ 화면에서 구현하는 색

모니터와 스마트폰의 종류는 천차만별입니다. 장비들이 서로 색을 표현함에 있어 상호 전환하며 동일한 색을 표현할 수 있도록 하는 것을 '색 관리(Color Management)'라고 합니다. 화면의 색역을 얼마나 표현할 수 있는지를 '색 재현율'이라고 하며, 제조사마다 색 재현율은 조금씩 차이가 납니다.

▲ 실제 녹색의 html 색상 값 #03c75a

▲ 화면 캡처 확대 비교 : 애플(좌) #5bc467, 안드로이드 (우) #5ac468

사진 편집의 정교한 색 관리를 위해서는 캘리브레이션(Calibration) 장비로 화면의 색상을 맞추기도 합니다. 사용자 환경마다 웹 페이지 색상이 동일하게 보이기 위해서는 가장 많이 사용하는 장비에서 색상이 무너지지 않는지 별도로 테스트해야 합니다.

포토샵에서 디자인할 때 색 프로 파일을 일반 모니터 기준에 맞춰 작업합니다. sRGB(Standard RGB)는 디스플레이의 '표준 색역'이라고 부르며, 디지털 장비에서 효과적으로 색을 표현할 수 있도록 제한적으로 색의 범위를 정한 규약입니다. 정교한 사진 편집 작업에는 광색역을 표현하는 adobe RGB, Prophoto RGB가 필요합니다.

▲ sRGB와 Adobe RGB 프로 파일의 색역 비교

포토샵과 인터넷에 업로드한 사진, 사진 미리 보기 프로그램에서 보이는 색감의 차이가 나는 이유가 프로 파일의 설정 때문입니다. 웹 디자인에서는 범용적으로 사용하는 sRGB 프로 파일을 사용해 디자인하는 것이 좋습니다.

❹ 포토샵에서 sRGB를 세팅하는 방법

메뉴에서 [Edit] → Color Settings를 실행하여 Color Settings 대화상자가 표시되면 Working Spaces의 RGB를 'sRGB IEC61966-2.1'로 지정한 다음 〈OK〉 버튼을 클릭합니다.

❺ 웹 안전 색(Web Safe Color)

모든 기기의 화면에서 색이 동일하게 보이고 왜곡되지 않도록 맺은 규약을 '웹 안전 색(Web Safe Color) 시스템'이라고 합니다. 유채색 210가지, 무채색 6가지로 총 216색으로 구성된 컬러 시스템은 색을 안전하게 표현할 수 있습니다. 다만 디자인에 실제로 사용하기에는 색이 극도로 부족하여 자연스러운 컬러 표현에 한계가 있습니다.

❻ 숫자로 표현하는 웹 디자인의 색

HTML에서 컬러를 표현할 때 색 이름, RGB, HEX, HSL, RGBA, HSLA 값으로 지정할 수 있습니다. 색 이름이 지정된 Orange는 다음의 표와 같이 색상 값을 표시하며, 모두 같은 색으로 화면에 표현됩니다. 퍼블리싱할 때는 흔히 RGB(또는 RGBA), HEX 코드 값을 사용하며, 퍼블리서가 다루기 편한 것으로 사용하면 됩니다.

색 이름	RGB	HEX	HSL	RGBA	HSLA
Color	RGB (Red, Green, Blue)	#rrggbb	HSL(Hue, Saturation, Lightness)	RGBA(Red, Green, Blue, Alpha)	HSLA(Hue, Saturation, Lightness, Alpha)
Orang	RGB (255, 165, 0)	#ffa500	HSL(39, 100%, 100%)	RGBA (255, 0, 0, 1)	HSLA(39, 100%, 100%, 1)
				RGBA(255, 0, 0, 0.5)	HSLA(39, 100%, 100%, 0.5)

▲ HTML에서 지원하는 140개의 색 이름(www.w3schools.com/colors/colors_names.asp)

RGB(Red, Green, Blue)

RGB는 각 색상 위치에 0~255의 10진수 색상 값을 넣어 표시합니다. 'RGBA(Red, Green, Blue, Alpha)'는 Alpha 값이 적용되어 0~1 값으로 투명도를 표현할 수 있습니다.

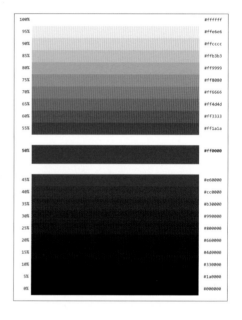

#rrggbb

HEX 코드는 10진수 RGB 값을 16진수로 변환하여 #rrggbb로 표현합니다. rr은 빨강(Red), gg는 초록(Green), bb는 파랑(Blue)을 16진수 값 00부터 ff로 나타냅니다(10진수 0부터 255와 같은 값). 빨간색인 #ff0000에서 Red 값은 가장 큰 수인 ff이고 Green 값과 Blue 값은 가장 낮은 수인 00으로 빨강 빛만 들어 있는 색입니다.

포토샵의 Color picker 대화상자 또는 스포이트 도구로 HEX 코드를 추출할 수 있습니다.

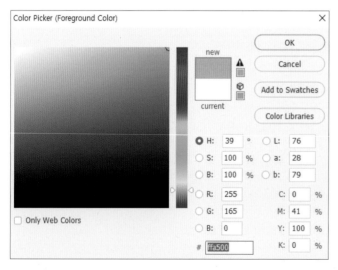

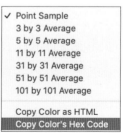

타이포로 리듬감을 표현하라

인쇄된 지면에서 디지털 기기로 활동 영역을 넓힌 활자는 소리 없는 커뮤니케이션의 열쇠를 지니고 있습니다. 전하고자 하는 메시지가 없는 웹 사이트는 없습니다. 웹 디자인의 핵심 목적은 '의사 전달'입니다. 인쇄된 활자와 다른 특성을 가지고 있는 화면의 활자에 대해 알아보겠습니다.

1 | 모든 이야기가 외치고 있진 않은가

어느 것도 중요하지 않은 것이 없어 하나하나 공들여 강조하고 있지는 않은가요? 모든 것을 강조하는 것은 어떤 것도 강조하지 않는 것과 같습니다. 모든 이야기를 큰 소리로 외치고 있다면 시끄러운 시장판과도 같아 메시지 전달이 되지 않습니다. 상대적으로 덜 중요한 것의 목소리를 낮추세요. 중요한 정보가 한눈에 들어오게 되고 사용자의 가슴에 메시지가 정확히 전달됩니다.

2 | 모든 이야기가 속삭이고 있진 않은가

일관되게 소리지르는 것보다는 나은 상황이지만 관심을 받고 있어야만 가능합니다. 모든 이야기가 속삭이고 있어도 탁월한 매력이 있다면 괜찮습니다. 그러나 무관심한 사용자에게도 관심을 받으려면 충분하지 않습니다. 이 사이트에서 얻을 수 있는 이익이 무엇인지 알려야 합니다.

3 | 어떤 이야기가 먼저 들리는가

웹 사이트에 방문한 사용자에게 전달하고 싶은 이야기가 무엇인가요? 딱 한 마디만 할 수 있다면 무슨 말을 꺼내고 싶은지 생각해 봅니다. 그 이야기가 이 사이트의 '핵심 메시지'입니다. 사용자가 '핵심 메시지'를 제일 먼저 들을 수 있도록 디자인되어 있는지 확인합니다.

 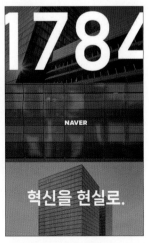

▲ 윤디자인그룹(www.yoondesign.com)   ▲ 네이버 1784(1784.navercorp.com)

4 | 글의 가독성 높이기

좋은 타이포그래피는 사용자가 흥미를 잃지 않고 '읽기'를 쉽게 만들어 줍니다. 웹 사이트의 콘텐츠를 읽을 때는 '글자 자체의 가독성(Legibility)'과 '글 전체의 가독성(Readability)' 두 가지 측면으로 바라봐야 합니다.

❶ 서체의 수는 4개 이하로 사용하라

웹 사이트가 짜임새 있어 보이려면 사용하는 서체의 수를 최소한으로 유지하고, 웹 사이트 전반에 걸쳐 동일하게 적용해야 합니다. 한 번에 많은 스타일의 서체를 사용하면 전문성이 없어 보이며 레이아웃이 흐트러져 보입니다.

본문용 서체는 시스템 서체(컴퓨터에 기본으로 설치된 서체)를 사용하거나 고딕 계열로 지정합니다. 사용자는 여러 웹 사이트를 이동하며 표준 서체에 더 익숙하기 때문에 더 빨리 읽을 수 있습니다.

좋은 타이포그래피는 가독성이 높습니다. Noto Sans

좋은 타이포그래피는 가독성이 높습니다. 나눔바른고딕

좋은 타이포그래피는 가독성이 높습니다. 돋움(시스템 서체)

제목용 또는 몰입용 서체는 브랜드 이미지와 조화롭고 포인트가 될 만한 서체 1~2종을 제한하여 지정합니다. 본문용으로 지정한 서체의 폰트 패밀리(Font Family)를 활용하는 것도 좋은 방법입니다. 이때 서체가 많아지지 않도록 유의해야 합니다. 영문을 표현할 때는 영문 전용 서체를 사용하는 것이 좋으며, 몰입용 서체와 서로 조화로운 쌍을 이루도록 지정합니다.

❷ 다양한 크기에서도 잘 보이고 폰트 패밀리가 있는 서체 선택하라

대부분의 UI에서 다양한 크기의 텍스트 요소가 필요합니다. 같은 서체 안에서 다양한 두께가 디자인되어 있어 활용하기 좋은 폰트 패밀리를 기본 서체로 지정하면 일관성 있으면서도 어떤 크기나 두께에서도 잘 보이는 텍스트 요소를 디자인할 수 있습니다.

❸ 저작권에 유의하라

창작자가 오랜 노력과 시간을 들여 그에 따른 결실로 맺어진 창작물의 가치를 인정하기 위해 '저작권법'으로 이를 보호하고 있습니다. 허락 없이 무단으로 사용하거나 배포하지 않도록 유의해야 합니다. 저작권 무료라고 표기되어 있어도 사용 범위의 허용치는 서체마다 달라 제약이 따르기 때문에 저작권과 사용 기준을 꼼꼼히 살펴보고 사용해야 합니다.

저작권에 구애 받지 않고 자유롭게 사용할 수 있는 서체를 '오픈폰트 라이선스(OFL : Open Font License)'라고 합니다. OFL을 선언한 서체는 서체 자체를 판매하는 것이 아니라면 모든 상업적 이용이 자유롭습니다. 네이버 나눔폰트가 대표적인 OFL 폰트이며, 웹 폰트로 자주 이용합니다. 웹용 또는 출판물, 유튜브 동영상의 자막은 물론 로고 작업에도 자유롭고, 앱에 사용할 수도 있으니 저작권 걱정 없이 마음껏 사용할 수 있습니다.

5 | 웹 폰트

기본 OS에 설치된 서체, 즉 시스템 서체만 활용하여 웹 사이트를 구성하면 창의적인 표현에 제약이 생깁니다. 모든 브라우저 환경에서 시스템 서체 이외에 추가적으로 지정하는 서체가 동일하게 보이도록 하는 것이 '웹 폰트(Web Font)'입니다.

시스템 서체 외의 서체를 적용하면 이미지로 저장해 웹 사이트를 코딩해야 하기 때문에 꼭 필요한 요소에만 적용해야 합니다. 웹 폰트는 서버에 저장된 글꼴 파일을 사용자가 웹 사이트에 방문할 때 자동으로 다운로드하여 지정한 글꼴을 적용시키기 때문에 용량이 커져 사이트가 무거워집니다. 웹 폰트마다 용량이 다르기 때문에 적용하려는 서체의 용량을 계산하여 500kb 이하로 구성할 수 있도록 계획하는 것이 좋습니다.

구글 웹 폰트 서비스

일반적으로 웹 폰트는 일반 폰트 파일(ttf)을 웹 폰트 파일 형식(eof, woff, woff2)으로 변환한 파일을 자체 서버에 업로드하여 @font-face로 적용합니다. '구글 웹 폰트(Google Web Fonts)'는 이 과정을 간편하게 적용할 수 있는 웹 서비스입니다.

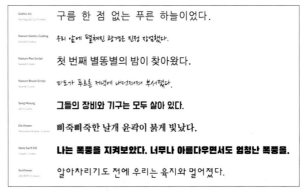

▲ 구글 웹 폰트에서 제공하는 한글 서체

fonts.google.com

과거에는 한글 서체를 Early Access를 통해 제공하였으나 정식 서비스로 이동하여 더욱 다양한 한글 웹 폰트를 제공하고 있습니다. 저작권은 OTF를 선언하여 사용에 제약 없이 자유롭습니다.

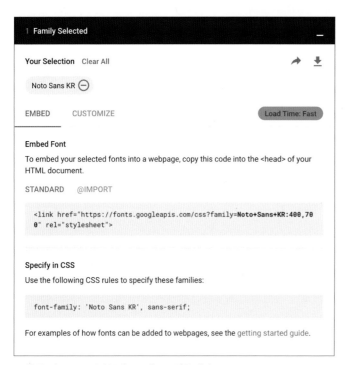

▲ 웹 폰트 'Noto Sans'의 두께 400과 700 적용 예시

6 | 아이콘 폰트

웹 사이트에서 자주 사용하는 아이콘을 모아 서체 파일로 만들어 웹 폰트 방식으로 서버에 업로드하여 아이콘 이미지를 사용하는 것을 아이콘 폰트(Icon Font)라고 합니다. 마치 폰트처럼 아이콘을 사용할 수 있어 이미지 용량을 크게 줄일 수 있고 사용에 편리합니다. 아이콘 폰트는 벡터 그래픽(Vector Graphic)으로 크기를 크게 또는 작게 마음대로 조절하여도 선명한 화질을 유지하며, 색상도 일반 웹 폰트처럼 CSS에서 속성을 변경하여 사용할 수 있습니다.

상업적인 용도로 사용할 수 있도록 서비스를 제공하는 대표적인 폰트어썸(Font Awesome, www. fontawesome.com)을 소개합니다. 이외에도 구글에서 제공하는 구글 머티리얼 아이콘(Google Material Icons, www.material.io/tools/icons), 폰트엘로(Fontello, www.fontello.com) 등을 참고합니다.

Font Awesome

폰트어썸은 대표적인 아이콘 폰트 서비스이며, GPL(General Public License : 사용자들이 자유롭게 공유하고 내용을 수정하도록 보증하는 것) 라이선스를 따르고 있습니다. 무료 사용 아이콘은 현재 2,009개나 되고, 꾸준히 업데이트하여 16,000여 개의 아이콘을 제공하고 있습니다.

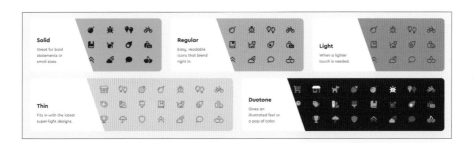

```
<link rel="stylesheet" href="https://use.fontawesome.com/releases/v5.6.3/css/all.css">
```

HTML의 〈head〉 영역 안에 위의 소스를 추가하여 아이콘 폰트를 사용할 수 있습니다.

```
<i class="fas fa-coffee"></i>
```

〈body〉 영역의 원하는 위치에 〈i〉 태그를 통해 아이콘 폰트를 적용할 수 있습니다. CSS를 통해 아이콘 크기를 변경하고, 넓이를 고정하며, 리스트 아이콘, 아이콘 테두리 및 들여쓰기, 회전 애니메이션, 아이콘 반전 또는 회전 효과, 아이콘 겹치기 효과를 적용할 수 있습니다.

7 | 글에 강약 만드는 방법

표정 없는 글에 강약을 부여하여 생생한 리듬감을 만들 수 있습니다. 처음 글꼴을 선택할 때는 다양한 두께로 제작된 폰트 패밀리를 선택합니다. 문자 속성의 'Bold' 아이콘을 클릭하는 것보다 글꼴 스타일을 두꺼운 글꼴로 변경하면 글꼴의 아름다움을 잘 표현할 수 있습니다.

❶ 단락을 나누고, 행간과 자간, 장평 조절하기

글꼴 크기의 변화와 행간, 자간, 장평의 미세한 조절로 분명한 차이를 느낄 수 있습니다. 줄과 줄 사이에 숨쉴 틈을 만들고, 읽는 호흡에 맞춰 줄 바꿈을 하는 것도 좋습니다.

오로지 끈기와 결단만이 힘을
발휘한다. 당신의 미래를 만드는 것은
당신 자신이다. 우리 세대의 가장 큰
발견은 인간은 태도를 바꿈으로써
삶을 변화시킬 수 있다는 것이다.

오로지 끈기와 결단만이 힘을 발휘한다.
당신의 미래를 만드는 것은 당신 자신이다.

우리 세대의 가장 큰 발견은 인간은 태도를
바꿈으로써 삶을 변화시킬 수 있다는
것이다.

행간 : 줄과 줄 사이의 여백

자간 : 글자와 글자 사이의 여백

장평 : 글자 한 자의 넓이(가로의 폭과 세로의 길이)

❷ 제목 만들기

한 단락의 문장이 세 줄을 넘어가면 꼭 제목을 추가합니다. 본문보다 180~220% 커져야 구조적으로 제목으로 인식됩니다.

세세하게 읽지 않아도 한눈에 단락의 전체 내용을 파악할 수 있습니다. 어떤 내용이 펼쳐질지 명확하게 인식한 다음에야 자세한 내용을 읽고 싶은 욕구가 생기기 때문입니다.

오로지 끈기와 결단만이
힘을 발휘한다.

당신의 미래를 만드는 것은 당신 자신이다.
우리 세대의 가장 큰 발견은 인간은 태도를
바꿈으로써 삶을 변화시킬 수 있다는 것이다.

❸ 소제목 만들고 대제목 강조하기

본문을 한 번 더 요약하여 쉽게 읽힐 수 있도록 소제목을 만듭니다. 본문을 요약한 느낌이 나도록 문장 형태를 구절로 변경합니다. 소제목은 대제목의 가독성을 방해하지 않으면서 그 자체로 강조되어야 합니다. 굵기의 변화를 주거나, 본문의 120~150% 크기 정도로 설정하는 것이 적당합니다.

웹 페이지에서 글자 주변에 이벤트 배너와 함께 상품을 홍보하여 번쩍이면 대제목의 힘이 약해지므로 대제목을 조금 더 강조합니다. 글꼴 크기를 키우고, 굵기를 조절해 봅니다.

오로지 끈기와 결단만이
힘을 발휘한다

당신의 미래를 만드는 것은 당신 자신

우리 세대의 가장 큰 발견은 인간은 태도를
바꿈으로써 삶을 변화시킬 수 있다는 것이다.

**오로지 끈기와 결단만이
힘을 발휘한다**

당신의 미래를 만드는 것은 당신 자신

우리 세대의 가장 큰 발견은 인간은 태도를
바꿈으로써 삶을 변화시킬 수 있다는 것이다.

❹ **색상 적용하여 강조하기**

원하는 색감의 포인트 컬러로 정적인 문자에 생동감을 부여할 수 있습니다.

**오로지 끈기와 결단만이
힘을 발휘한다**

당신의 미래를 만드는 것은 당신 자신

우리 세대의 가장 큰 발견은 인간은 태도를
바꿈으로써 삶을 변화시킬 수 있다는 것이다.

오로지 끈기와 결단만이
힘을 발휘한다

당신의 미래를 만드는 것은 당신 자신

우리 세대의 가장 큰 발견은 인간은 태도를
바꿈으로써 삶을 변화시킬 수 있다는 것이다.

❺ **네거티브로 변화 주기**

글자에 바탕색을 적용하고 글자의 색을 반전시켜 보다 집중력을 높일 수 있습니다. 중요한 키워드에 포인트 컬러를 사용하여 주목시키는 것도 좋은 방법입니다.

**오로지 끈기와 결단만이
힘을 발휘한다**

당신의 미래를 만드는 것은 당신 자신

우리 세대의 가장 큰 발견은 인간은 태도를
바꿈으로써 삶을 변화시킬 수 있다는 것이다.

**오로지 끈기와 결단만이
힘을 발휘한다**

당신의 미래를 만드는 것은 당신 자신

우리 세대의 가장 큰 발견은 인간은 태도를
바꿈으로써 삶을 변화시킬 수 있다는 것이다.

이론

063

레이아웃으로 시선을 사로잡아라

웹 사이트를 디자인하기 앞서 웹 페이지의 구조와 연결성을 확인하기 위해 선을 이용하여 윤곽을 잡는 와이어 프레임(Wire Frame : 화면 설계도)을 제작합니다. 사용자의 요구 사항이 잘 반영되었는지 파악하고 콘텐츠와 기능 요소, 디자인의 콘셉트를 세우기 위한 전략을 세우는 과정입니다. 사용자가 경험할 내용을 가시적으로 확인할 수 있기 때문에 매우 중요합니다.

콘텐츠마다 상대적인 중요도가 있어 이에 따라 콘텐츠를 분류하고 배치해야 합니다. 중요도에 따라 콘텐츠가 배치되는 영역의 크기를 계획하여 리듬감을 부여해 봅니다.

1 | 자연스러운 리듬감이 있는가

화면에 '리듬감'을 부여한다는 것은 강조하는 디자인과 덜 강조하는 디자인을 조화롭게 구성하는 것입니다. 모듈의 넓이, 글자 크기와 굵기, 글자 색상과 배경 색상의 조화가 이루도록 '강 - 약 - 중강 - 약'으로 디자인의 강도를 조절하며 리듬감을 부여하면 고객에게 호감을 불러일으킵니다. 또한 시선을 매끄럽게 유도하여 화면에 좀 더 주의를 기울이게 하고, 자연스럽게 변화를 적용한 시각적인 흐름은 경쾌한 리듬감을 만듭니다.

2 | 숨 쉴 여백이 살아 있는가

그렇다면 단락을 나누고 제목과 본문을 구분하기 위해, 문장의 행과 행 사이에 간격을 주어 읽기 좋게 하려고 무엇을 사용할까요? 바로 '여백'입니다. '여백의 미'라는 말이 있듯이 캔버스에 큰 붓으로 하나의 점을 찍고 수천만 원을 호가하는 작품이 있습니다. 이 작품에서 점의 '모양'도 중요하지만 얼마나 환상적으로 점의 위치를 잡았는지가 바로 예술입니다. 점이 찍힌 '위치' 주변에는 점을 최고로 돋보이게 하는 '환상적인 여백'이 있고, 여백의 배율과 크기로 인해 주인공인 점이 더욱 빛을 발합니다.

웹 사이트의 그리드에서도 '여백'을 확인하며 디자인에 흐름을 만듭니다. 여백에 적절한 흐름을 만들어 숨통을 틔우면(반대로 여백의 흐름을 좁혀야 하는 경우도 있음) 디자인이 한층 새로워집니다.

▲ (재)독도재단(www.koreadokdo.or.kr)

▲ 플러스엑스(plus-ex.com)

3 │ 레이아웃과 그리드 시스템

전체적인 큰 틀부터 스케치(기본 요소)하고 세부적으로 꾸미기(꾸밈 요소)를 합니다. 콘텐츠를 배치할 때는 위에서부터 순차적으로 배치하지 않습니다. 무엇보다 가장 중요한 요소는 '내용'이므로 중요도에 따라 내용을 나눈 다음 가장 중요한 콘텐츠를 먼저 배치합니다.

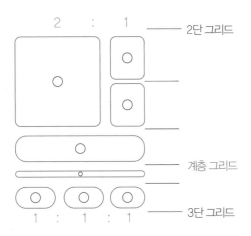

▲ ○ 각각을 '모듈'이라고 한다.

모든 그리드는 질서를 부여하기 위한 것으로 정확한 계산이 필요합니다. '다단 그리드(1단, 2단, 3단 등)'는 웹 사이트처럼 광범위한 정보를 동시에 처리하는 데 사용합니다. '계층 그리드'는 화면을 가로로 나눈 다음 정보의 덩어리를 수평으로 정렬하며, 대표적으로 쇼핑몰의 상품 상세 페이지에 사용합니다. 나눠진 영역을 '모듈'이라고 하며, 각각의 모듈에는 글과 이미지, 영상을 함께 배치합니다.

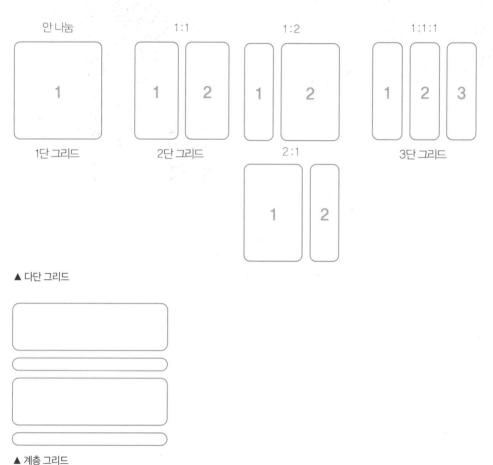

▲ 다단 그리드

▲ 계층 그리드

많은 콘텐츠를 하나의 페이지에서 소화해야 하는 웹 사이트는 계층 그리드 구조 안에서 단을 다양하게 나눕니다. 어떤 계층에서는 2단 그리드로 나누고, 어떤 계층에서는 3단 그리드로 나눕니다. 여러 개의 계층이 모여 통일성을 이루기 위해서는 포괄하는 그리드가 필요합니다.

마법의 숫자 12라는 말이 있듯, 12단 그리드로 나눠 레이아웃을 만들면 복잡했던 화면이 깔끔하게 정리됩니다. 2단, 3단, 4단, 6단으로 화면을 나누어 자유로운 화면 구성에도 그리드를 적용할 수 있습니다. 그리드는 자유롭게 흩어진 레이아웃에서도 시각적으로 화면을 정리하고 일관성을 만듭니다.

▲ 12단 그리드

▲ 자유로운 화면 구성의 그리드(출처 : http://blackestate.co.nz)

4 | 레이아웃 그리는 순서

레이아웃을 그리는 것은 '땅따먹기' 게임과도 같습니다. 전체 레이아웃을 구성하는 헤더(Header)와 바디(Body), 푸터(Footer) 영역을 구성한 다음 각 모듈에 콘텐츠의 중요도에 따라 제목, 설명, 이미지의 세부적인 모듈 레이아웃을 구성합니다.

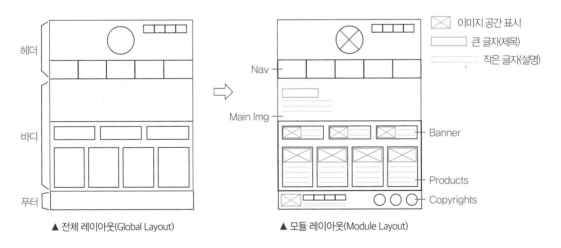

▲ 전체 레이아웃(Global Layout)

▲ 모듈 레이아웃(Module Layout)

5 | 콘텐츠에 계급 매기기

콘텐츠마다 상대적인 중요도가 있어 이에 따라 콘텐츠를 분류하고 배치하여 리듬감을 부여합니다. 사용자마다 선호가 다를 수 있기 때문에 결국 레이아웃은 심미성(보기 좋게)과 기능성(사용 편리) 사이의 적절한 조화가 필요합니다.

모듈 레이아웃(Module Layout)

제목과 소제목, 설명 그리고 이미지를 어떤 레이아웃으로 구성할 것인지 계획하는 단계입니다. 글자만 나열할 수도 있지만 글자에 제목이나 소제목을 넣으면 콘텐츠를 읽기가 한결 수월해집니다. 여기에 콘텐츠를 설명하는 이미지를 곁들이면 글을 더욱 맛깔나게 읽을 수 있습니다. 그러나 모든 콘텐츠에 제목과 설명 이미지를 추가하면 너무 복잡해지므로 얼마나 자세하고 생동감 있게 디자인할 것이냐는 '콘텐츠의 중요도'에 따라 달라집니다.

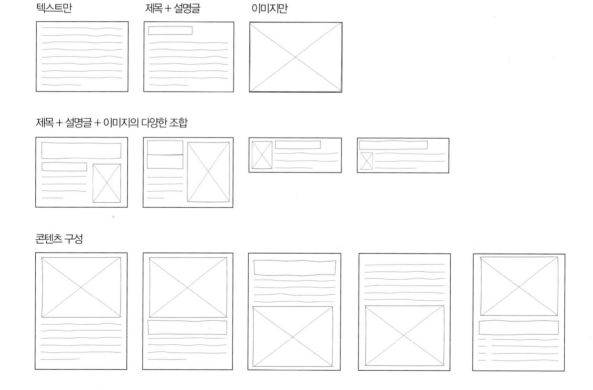

리스트 구성

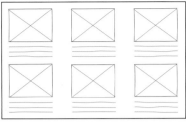 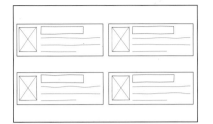

▲ 모듈 레이아웃의 구성 요소

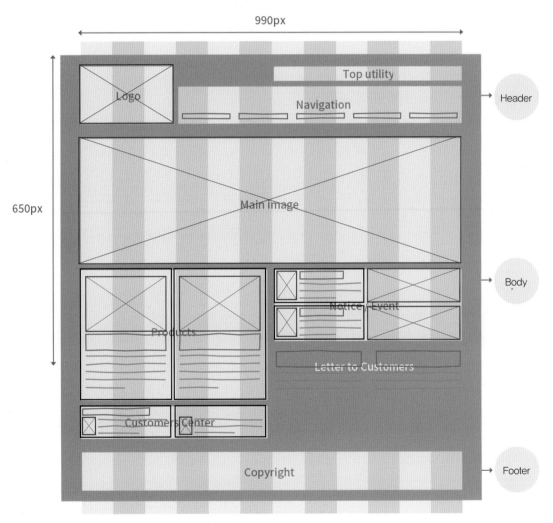

990px

650px

Top utility

Logo

Navigation

Header

Main image

Products

Notice/Event

Body

Letter to Customers

Customers Center

Copyright

Footer

▲ 모듈 레이아웃의 구성 예(태블릿 디스플레이 기준, 1024 × 768 mode)

몸짓 언어로 대화하듯 시각 언어로 대화하라

언어가 통하지 않을 때 하고 싶은 말을 하기 위해 눈빛, 손짓, 발짓을 동원합니다. 시각 언어는 만국 공통어인 몸짓 언어라 할 수 있습니다. 사진과 아이콘 등과 같은 시각적 요소를 통해 대화를 시도하는 것이 디자인입니다.

웹 사이트도 미술 작품과 마찬가지로 멀리 떨어져서 보거나 눈을 게슴츠레 뜨고 보면 조형 요소와 그래픽 원리, 심미적 아름다움을 찾아볼 수 있습니다. 웹 페이지의 콘텐츠 내용이 인식되지 않도록 지그시 바라보면 글자마저 형태적 관점으로 바라 보게 됩니다. 콘텐츠가 조형 요소로 보일 때 무엇을 보아야 할지 알아보겠습니다.

1 | 점, 선, 면으로 이뤄진 형(形)이 아름다운가

위치만 가지고 있는 '점', 2개 이상의 점이 연결된 '선', 점과 선으로 만든 '면', 사물의 외형적인 모양인 '형'은 조형의 기본 요소입니다. 선의 각도에 따라 수평선은 균형감을, 수직선은 상승감을 주며, 대각선은 역동적인 느낌을 전달합니다. 원형, 삼각형, 사각형과 같은 단어에서 사용되는 '형'은 바로 사물의 윤곽과 모양을 나타냅니다. 이런 조형 요소들은 화면에 어떤 크기로 어떻게 배치되는지에 따라 명료하고 질서 있는 느낌을 주거나, 따뜻하며 안정된 감정을 전달합니다.

2 | 여유로움을 느낄 수 있는 공간이 있는가

공간은 실제적인 공간뿐 아니라 공간이 있는 것처럼 느껴지는 심리적인 공간도 표현할 수 있습니다. 거리와 깊이의 표현은 원근감이 있는 것처럼 느끼게 되며 주인공을 돋보이게 합니다. 여유로운 공간에서 활동적인 움직임은 역동성과 긴장감을 주어 디자인을 더욱 생생하게 만듭니다. 상품은 정면보다는 입체감이 느껴지도록 사선이나 상하로 이동하여 촬영할 경우에 강한 동세를 느낄 수 있습니다. 또한 점, 선, 면, 형을 이용한 구성에서도 율동이 느껴지면 움직이는 듯한 인상을 줄 수 있습니다.

3 │ 불균형 속의 균형이 있는가

전체와 부분의 균형을 살펴보고 부분의 크기를 비교합니다. 시각적으로 느끼는 무게감의 평형이 어떤가에 따라 질서와 안정감을 전달하기도 하고, 불균형하여 불안한 느낌을 주기도 합니다. 마음속으로 느끼는 심리적인 무게감은 사물의 위치와 배치, 크기와 비례, 구성 방식에 따라 달라지게 됩니다. 명암, 크기, 색 등을 이용하여 양쪽의 무게감을 감각적으로 맞춰 균형감이 있는지 확인합니다.

4 │ 시각적 리듬감이 있고 서로 조화로운가

성질이 다른 요소들이 서로 차이가 있으면서도 어울리고 전체적으로 통일된 느낌으로 조화로운지 확인합니다. 공통 요소나 반복되는 특징을 파악해 서로 연결하고 형태를 반복하여 연관성을 갖도록 할 수 있습니다. 선과 색, 형태, 크기 등을 일정한 간격을 두고 반복적으로 점점 커지거나 작아져서 시각적 리듬감을 만들면 살아 움직이는 듯한 생명력을 느낄 수 있습니다.

5 │ 중요한 부분이 강하게 표현되었는가

반대되는 요소들이 서로 대립되도록 배치하면 강한 자극 효과를 줄 수 있습니다. 큰 것은 작은 것들 사이에 있을 때 더 크게 보입니다. 또한 조화롭게 통일감 있는 상태에서 규칙을 따르지 않는 변화를 준 대상도 강조됩니다. 중요한 부분을 두드러지게 표현하여 강조하였는지 확인합니다.

▲ JTBC 마라톤(marathon.jtbc.com)

▲ 새미네부엌(semie.cooking)

6 │ 아이콘이 직관적인가

웹 디자인의 그래픽 요소 중 핵심이 되는 것은 '아이콘(Icon)'입니다. 아이콘은 대상의 형태적 특징을 단순하게 표현함으로 정보를 빠르고 정확하게 전달합니다.

플로피 디스크 모양 아이콘의 기능은 '저장'입니다. 초기 플로피 디스크에 저장하던 시절에는 직접적으로 표현한 아이콘이었습니다. 플로피 디스크를 사용하지 않는 현재까지도 이 아이콘은 사람들의 인식 속에 저장 기능을 담당하고 있습니다. 한 번도 플로피 디스크를 본 적이 없는 젊은 사용자들조차 익숙하게 사용합니다.

아이콘에는 프린터 모양의 아이콘과 같이 대상을 직접 표현한 아이콘(Resemblance Icons)과 돋보기 모양의 검색 아이콘과 같은 유추 아이콘(Reference Icons), 기능을 알기 쉬운 시각적 형태로 사용하는 기능적 아이콘(Arbitrary Icons)이 있습니다.

아이콘 작업 시 주의 사항

아이콘은 정보의 내용을 사용자가 한눈에 파악할 수 있도록 함축하고 있는 그림입니다. 아이콘을 작업할 때는 주의할 점에 있습니다. 아래의 예시를 통해 어떤 점을 주의해야 하는지 알아보겠습니다.

❶  ❷ 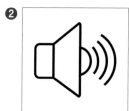 ❸  ❹

❶ **문서 아이콘** : 첫 번째 아이콘에 있는 연필의 끝이 몸체와 어긋나 있습니다.

❷ **스피커 아이콘** : 아이콘의 사운드 라인 간격이 고르지 않아 공간 사용이 부적절하고 일관성이 없습니다.

❸ **운송 아이콘** : 제한된 공간에 구성 요소가 너무 많아 운송에 대한 의미 전달이 어렵습니다.

❹ **꽃 아이콘** : 꽃을 연상할 수 있지만 아이콘으로써 불필요하게 주의를 요구합니다. 사용자는 뭔가 빠진 것처럼 느낍니다.

7 | 모티브로 상상력을 자극하라

모티브(Motive)는 어떤 행동에 대한 동기나 원인, 어떠한 것의 출발점을 의미합니다. 웹 사이트에 응용한다면 브랜드 아이덴티티를 나타낼 수 있는 '시각적 출발점'을 찾는 것입니다.

모티브를 찾기 위해 형태 또는 의미를 통해 접근할 수 있습니다. 조형적으로 점, 선, 면, 원형, 삼각형, 사각형, 유선형 등의 출발점이 되는 형태의 기본을 찾아 그래픽 사용 원리(조화, 대칭, 율동, 동세, 비례, 점증 등)에 따라 적용합니다. 또한 브랜드가 갖는 의미가 어떤 동기에서 유래되었는지 상상력을 자극하는 방식으로 모티브를 표현할 수 있으며, 적용되는 상황에 따라 여러 가지로 해석될 수 있습니다.

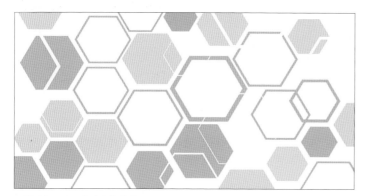

▲ 벌집을 모티브한 기하학 패턴

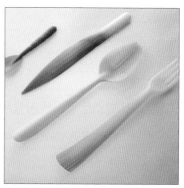

▲ 채소를 닮은 수저

8 | 보더로 인상을 조절하라

상품 목록 영역에서 상품을 진열하기 위해 상품 사진을 예쁘게 담을 프레임, 즉 보더(Border)를 어떻게 처리하는지에 따라 웹 디자인의 전반적인 느낌이 달라집니다.

'직각 모서리 보더'는 플랫하고 모던한 느낌을 줍니다. 다만 상품 사진의 퀄리티에 영향을 많이 받는 특성이 있습니다. '원형 보더'는 형태 자체로 디자인적 요소가 되어 심미성이 높지만, 사각 보더에 비해 상품이 가려지는 영역이 많아 화면 활용 효율이 떨어집니다. '둥근 모서리 보더'는 절충형으로 모던하면서도 부드러운 인상을 전달합니다. 이외에도 굵고 얇은 실선 보더, 그림자 등의 다양한 표현 방법이 있습니다.

▲ 직각 모서리 보더

▲ 원형 보더

▲ 둥근 모서리 보더

9 │ 그래픽 요소로 컬러를 사용하라

컬러를 그래픽 요소로 접근하면 컬러가 가진 색 느낌과 색채 계획과는 달리 웹 디자인에 '컬러 적용'의 방법론적 관점으로 생각할 수 있습니다.

내비게이션과 바디, 모듈에 바탕색(Background Color)으로 적용하는 방법은 배색에 크게 영향을 받으며 전체적으로 웹 사이트의 느낌을 좌우합니다. 또한 문맥상 중요한 키워드와 문구의 글자색(Font Color)에 컬러링하는 방법으로 포인트를 주어 시선을 환기시키며 가독성을 높일 수 있습니다. 오브젝트의 색(Object Color)은 어떤 형태를 가졌느냐가 메시지를 전달하는 데 중요한 역할을 합니다. 사진의 내용이나 퀄리티만 생각하기 쉽지만 사진이 가진 톤이 컬러 차트 색상으로 맞춰지도록 배색 계획을 고려해야 합니다.

▲ 오브젝트에 적용한 컬러

▲ 바탕색과 글자색에 적용한 컬러

10 │인포그래픽으로 흥미를 높여라

인포그래픽(Infographics : Information Graphics)은 복잡한 정보와 데이터, 개념적 지식을 빠르고 쉽게 시각화하는 그래픽 도구입니다. 그래프와 다이어그램과 같은 형태로 사용되어 왔으나, 근래에 쉽게 흥미를 유발할 수 있는 도구로 주목하게 되며 웹과 대중 매체에서 더욱 널리 사용하게 되었습니다.

정보를 실용적인 관점에서 구체적으로 표현하고 전달한다는 점에서 일반적인 아이콘 이미지나 사진과는 구별됩니다. 대상(Target)과 전달 메시지(Knowledge)를 고려하여 적합한 디자인, 글꼴, 크기, 색채 등을 결정하며, 차트, 흐름도, 지하철 노선도 등이 인포그래픽에 포함됩니다.

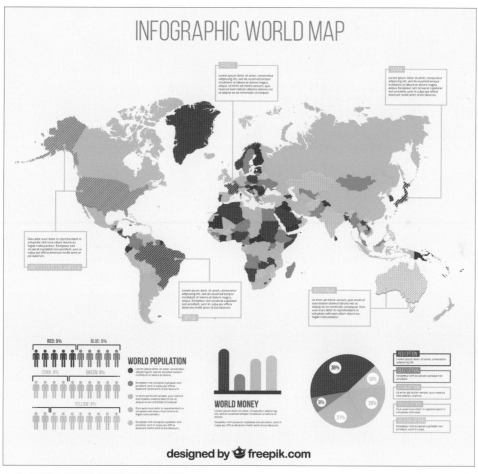

▲ 도식과 일러스트레이션을 활용한 인포그래픽

Part 2

손으로 만지는 퀄리티 있는 인쇄 디자인

인쇄물은 모바일이나 인터넷으로 전해지는 시각적인 부분뿐 아니라 손으로 만지고 느낄 수 있는 감각적인 부분까지 만족시키는 매력이 있습니다. 인쇄는 종이나 비닐, 원단에 이르기까지 여러 부분에 필요하며 후가공을 거쳐 인쇄의 완성도나 퀄리티를 높일 수 있습니다.

이렇게 최종 결과물이 인쇄를 통해 표출된다면 디자인하기에 앞서 작업물의 아웃풋에 대한 디자인 계획이 있어야 합니다. 그래야 색상의 선택부터 작업의 크기까지 목적에 맞춘 작업의 설계를 하게 됩니다. 인쇄를 고려하지 않는다면 실제로 종이에 인쇄를 하고 자르는 과정에서 매우 난감한 일들이 발생할 것입니다. 여기에서는 브랜드 아이덴티티부터 리플릿, 포스터, 엽서 등 다양한 종류의 인쇄와 관련된 디자인을 배워 봅니다.

by Photoshop

프로젝트

CHAPTER 01

필터를 이용하여
픽셀 타입로고 디자인하기

한 번 만들어 놓은 로고는 명함이나 간판 등 여러 곳에 적용됩니다.
포토샵으로 로고를 만들 때는 다양하게 활용될 것을 염두에 두고 크기를 크게 만드는 것이 좋습니다.
픽셀의 형태를 이용하여 독특한 형태의 타입로고를 만들어 적용해 봅니다.

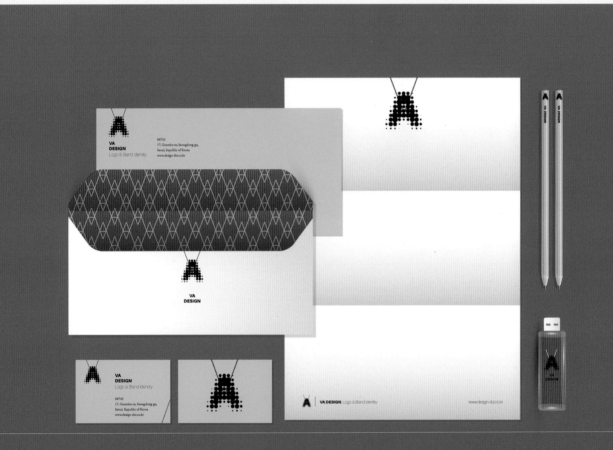

완성파일 02\픽셀 타입로고_완성.psd

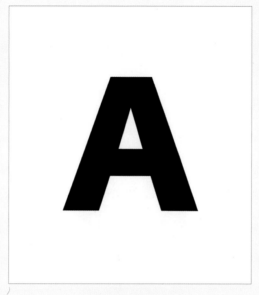

타입로고 만들기

대문자 A를 입력한 다음 텍스트를 이미지화합니다.

—

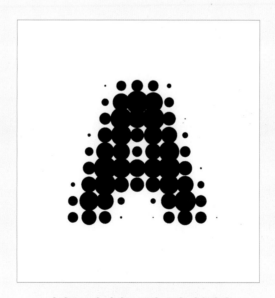

타입로고에 퍼지는 듯한 효과 적용하기

Color Halftone 필터를 설정하여 퍼지는 듯한 효과를 적용합니다.

V 타입 만들고 겹치게 표현하기

대문자 V를 입력한 다음 텍스트를 이미지화합니다. 이미지화한 텍스트는 'Multiply'를 적용하여 겹치게 표현합니다.

로고 이용하여 명함 만들기

왼쪽 상단에 로고를 넣고 오른쪽 하단에 로고를 복사하여 배치합니다. 명함 정보를 가이드라인에 맞춰 입력합니다.

타입로고 만들기

1 새로운 캔버스를 만들기 위해 메뉴에서 (File) → New를 실행합니다. New Document 대화상자가 표시되면 'Print'를 선택하고 'A4'를 선택합니다. Width는 '210mm', Height는 '297mm', Resolution은 '300'인 것을 확인하고, Color Mode를 'CMYK Color'로 지정한 다음 〈Create〉 버튼을 클릭합니다.

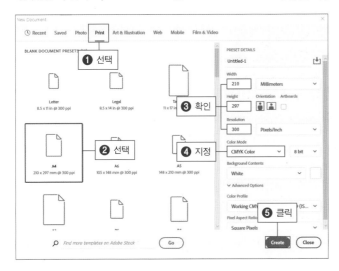

디자이너's 노하우

포토샵에서 로고를 만들 때는 여러 곳에 활용될 것을 염두에 두고 크기를 크게 만드는 것이 좋습니다.

2 Tools 패널에서 문자 도구([T])를 선택하고 'A'를 입력합니다. Character 패널에서 글꼴을 'Aileron', 글꼴 스타일을 'Black', 글꼴 크기를 '400pt'로 지정한 다음 Color의 색상 상자를 클릭합니다. Color Picker 대화상자가 표시되면 C를 '0%', M을 '0%', Y를 '0%', K를 '100%'로 지정한 다음 〈OK〉 버튼을 클릭합니다.

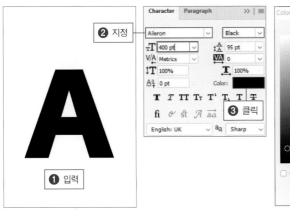

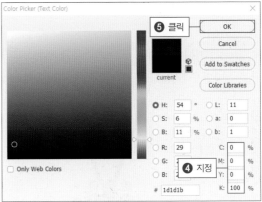

3　Layers 패널에서 'Background' 레이어와 'A' 레이어를 선택합니다. 마우스 오른쪽 버튼을 클릭한 다음 Merge Layers를 실행합니다.

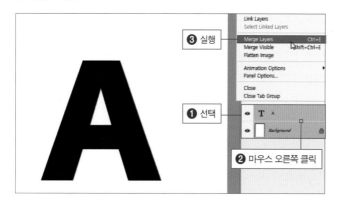

4　메뉴에서 (Filter) → Pixelate → Color Halftone을 실행합니다. Color Halftone 대화상자가 표시되면 Max. Radius를 '100 Pixels'로 설정한 다음 ⟨OK⟩ 버튼을 클릭합니다.

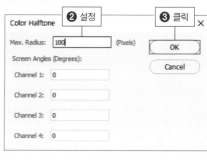

5　Tools 패널에서 문자 도구(T)를 선택하고 'V'를 입력합니다. Character 패널에서 글꼴을 'Aileron', 글꼴 스타일을 'UltraLight'로 지정하고, Color의 색상 상자를 클릭합니다.

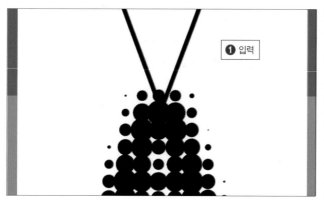

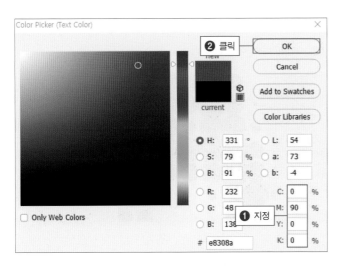

6 Color Picker 대화상자가 표시되면 C를 '0%', M을 '90%', Y를 '0%', K를 '0%'로 지정한 다음 〈OK〉 버튼을 클릭합니다.

7 'V'를 그림과 같이 'A' 텍스트의 중앙으로 이동한 다음 [Ctrl]+[R]을 눌러 눈금자를 표시합니다. 왼쪽 눈금자를 드래그하여 문자 가운데에 가이드라인을 만든 다음 'V' 텍스트를 이동하여 좌우 중심을 맞춥니다.

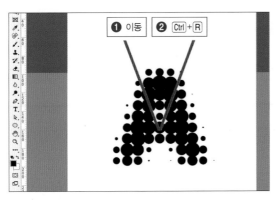

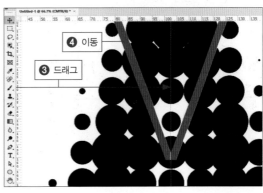

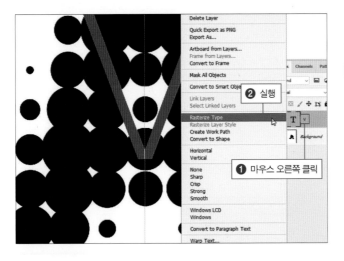

8 Layers 패널에서 'V' 레이어를 선택하고 마우스 오른쪽 버튼을 클릭한 다음 Rasterize Type을 실행합니다.

9 Layers 패널에서 'Background' 레이어의 '자물쇠' 아이콘(🔒)을 클릭하면 레이어의 이름이 'Layer 0'으로 변경되면서 활성화됩니다. 'V' 레이어 위로 드래그하여 이동합니다.

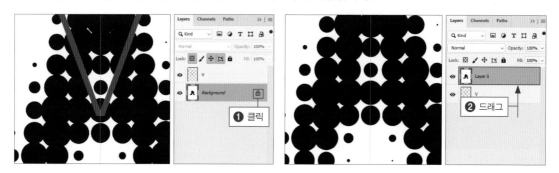

10 Layers 패널에서 블렌딩 모드를 'Multiply'로 지정합니다.

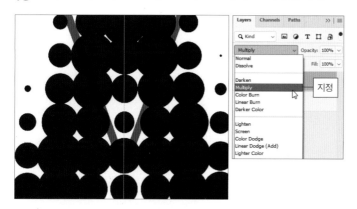

11 두 개의 타입이 겹치면서 숨겨진 'V' 텍스트가 보이는 것을 확인합니다. Ctrl + S 를 눌러 Save As 대화상자가 표시되면 파일 이름을 'VA_logo'로 입력한 다음 〈저장〉 버튼을 클릭합니다.

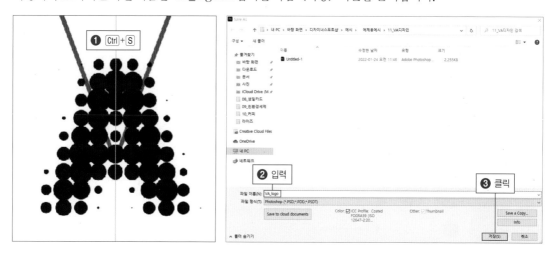

로고를 넣어 명함 만들기

1 앞에서 제작한 로고를 이용하여 명함을 만들어 봅니다. 명함을 만들기 위해 새로운 캔버스를 만듭니다.
메뉴에서 [File] → New를 실행하여 New Document 대화상자가 표시되면 Width를 '85mm', Height를
'55mm', Resolution을 '300', Color Mode를 'CMYK Color'로 설정한 다음 〈Create〉 버튼을 클릭합니다.

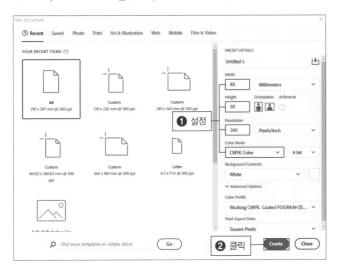

2 Layers 패널에서 'Create new fill or adjustment layer' 아이콘(◉)을 클릭한 다음 **Solid Color**를 실
행합니다. Color Picker 대화상자가 표시되면 C를 '30%', M을 '0%', Y를 '100%', K를 '0%'로 지정한 다음
〈OK〉 버튼을 클릭합니다.

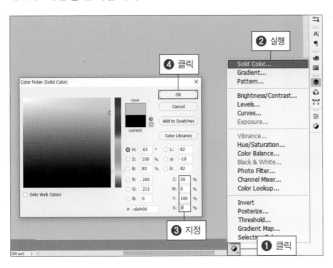

3 인쇄 시 잘려 나가는 도련 영역을 만들기 위해 왼쪽과 상단 눈금자를 드래그하여 사방 끝에 가이드라 인을 만듭니다.

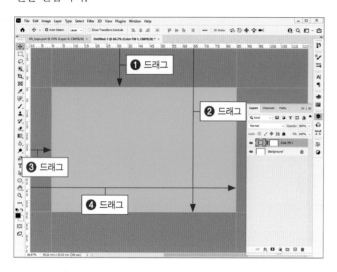

4 명함을 제작하는 데 있어서 도련의 크기는 인쇄소마다 다르므로 크기는 인쇄소를 통하여 먼저 확인 합니다. 메뉴에서 (Image) → Canvas Size를 실행하여 사방 1mm를 넓혀 도련 영역을 만듭니다. Canvas Size 대화상자가 표시되면 Width를 '87mm', Height를 '57mm'로 설정한 다음 〈OK〉 버튼을 클릭합니다.

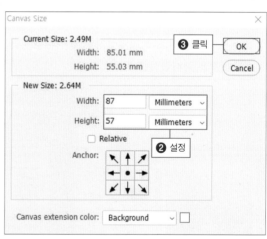

디자이너's 노하우

인쇄물의 경우 도련 작업은 대부분 '3mm'로 적용됩니다. 하지만 명함과 같이 작은 크기의 인쇄물은 대부분 '1mm'의 여백으로 작업합니다. 이러한 부분은 인쇄소마다 다소 차이가 있으므로 작업 전 확인이 필요합니다.

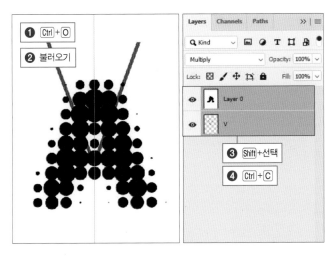

5 Ctrl+O를 눌러 'VA_logo.psd' 파일을 불러옵니다. Layers 패널에서 Shift 를 누른 상태로 모든 레이어를 선택한 다음 Ctrl+C를 눌러 복사합니다.

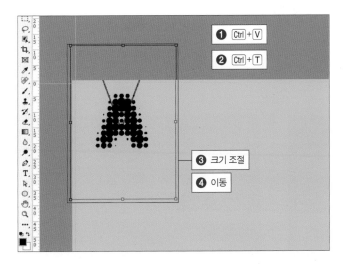

6 작업하던 캔버스로 돌아와 Ctrl +V를 눌러 로고를 붙여 넣고 Ctrl+T 를 눌러 크기를 조절한 다음 명함 왼쪽 상단으로 이동합니다.

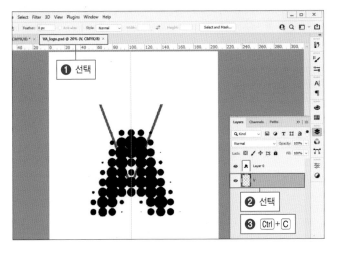

7 다시 'VA_logo.psd' 작업 창을 선택합니다. Layers 패널에서 'V' 레이어만 선택한 다음 Ctrl+C를 눌러 복사합니다.

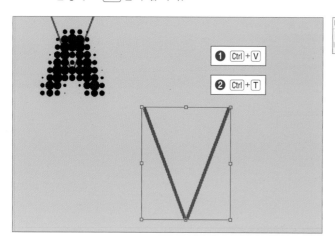

8 작업하던 캔버스로 돌아와 Ctrl+V를 눌러 붙여 넣은 다음 Ctrl+T를 눌러 옵션바에서 W와 H를 '30%'로 설정하고 Enter를 누릅니다.

9 Tools 패널에서 사각형 선택 도구(▢)를 선택하고 'V'의 왼쪽 반을 드래그하여 선택 영역으로 지정한 다음 Delete를 눌러 삭제합니다.

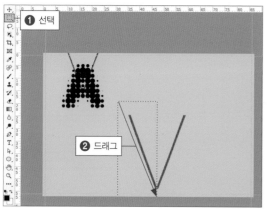
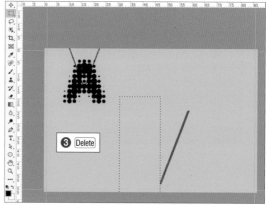

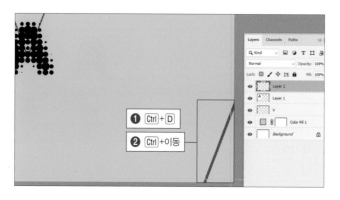

10 Ctrl+D를 눌러 선택 영역을 해제한 다음 Ctrl을 누른 상태로 그림과 같이 이동합니다. 잘려 나가는 도련 영역까지 이동해야 합니다.

명함에 원하는 정보 입력하기

1 왼쪽 눈금자를 드래그하여 34mm 위치에 가이드라인을 만듭니다.

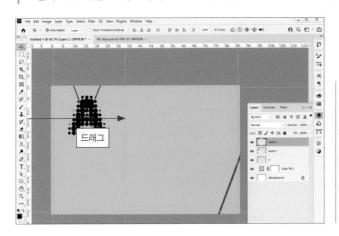

디자이너's 노하우

가이드라인의 기준은 인쇄 면적에 따라 상이합니다. 다만 황금 비율을 생각한다면 어느 정도의 기준점을 삼을지 고민을 덜게 됩니다.

편집 디자인에서 가독성과 시각적인 강조를 위해 가장 익숙해져야 하는 부분이 비례입니다. 시각적으로 가장 조화를 이루는 비례는 1:1.618의 황금 분할이라고 합니다.

2 Tools 패널에서 문자 도구(T)를 선택하고 그림과 같이 입력합니다. Character 패널에서 글꼴을 'Aileron', 글꼴 스타일을 'Black', 글꼴 크기를 '11pt', 행간을 '13pt', 색상을 '검은색'으로 지정합니다.

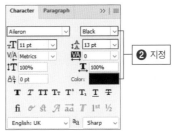

3 하단 텍스트 한 줄을 드래그하여 선택한 다음, Character 패널에서 글꼴을 'Aileron', 글꼴 스타일을 'UltraLight'로 지정합니다.

4 텍스트를 모두 드래그하여 선택한 다음 Paragraph 패널에서 'Left align text' 아이콘(▤)을 클릭합니다.

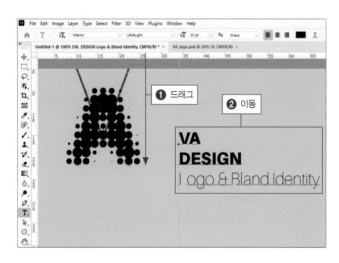

5 상단 눈금자를 드래그하여 로고 하단에 맞게 가이드라인을 만들고, 가이드라인에 맞춰 텍스트를 이동합니다.

6 Tools 패널에서 문자 도구(T,)를 선택하고 명함에 들어갈 내용을 입력합니다.

7 Character 패널에서 글꼴을 'Arno Pro', 글꼴 크기를 '9pt', 행간을 '12pt', 색상을 '검은색'으로 지정합니다.

8 픽셀 형태의 로고를 만들어 넣은 명함 디자인이 완성되었습니다.

디자이너's 노하우

로고를 활용하여 다양한 상품을 제작할 수 있습니다. 편지 봉투, 볼펜, 메모지 등 여러 굿즈에 활용해 봅니다.

타이포그래피를 이용하여
햄버거 브랜드 아이덴티티 디자인하기

BI는 상표 이미지를 시각적으로 단순화하고 체계적인 관리를 통해 제품 전략에서 판매까지
구체화시켜 브랜드에 대한 선호도를 높일 수 있습니다. 상품에 매력을 부여하고 기업 이미지를 높이며
소비자에게 강하게 인식시키는 BI를 만들어 보겠습니다.

완성 파일 02\햄버거 아이덴티티_완성.psd

텍스트 입력하기

위아래 텍스트 길이가 동일하도록 크기를 정하여 'BETTER
BURGER'를 대문자로 입력합니다.

텍스트를 동그랗게 만들기

'Warp' 아이콘을 클릭하고 'Bulge'로
지정하여 텍스트를 동그란 형태로 만듭니다.

선 그리기

사각형 선택 도구로 선을 그리고 각각의 색상을 지정합니다.

선에 물결 효과 적용하기

사각형 선택 도구로 상하 빈 곳에 선을 그리고
Wave 필터를 적용하여 물결 형태로 만듭니다.

텍스트 형태 다듬기

햄버거의 아랫부분을 선택한 다음 자유 변형 상태로 만들고, 'Warp' 아이콘을 클릭하여 텍스트 형태를 다듬습니다.

텍스트 넣기

하단에 텍스트를 입력하고 가운데 정렬하여 마무리합니다.

가이드라인 만들고 배경 색상 채우기

1 새로운 캔버스를 만들기 위해 메뉴에서 (File) → New를 실행합니다. New Document 대화상자가 표시되면 Width를 '300mm', Height를 '300mm', Resolution을 '300', Color Mode를 'CMYK Color'로 설정한 다음 〈Create〉 버튼을 클릭합니다. 메뉴에서 (View) → Rulers를 실행하거나, Ctrl+R을 눌러 눈금자를 표시합니다. 왼쪽과 상단 눈금자를 드래그하여 145mm 위치에 가이드라인을 만듭니다.

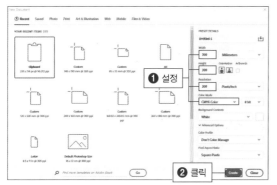
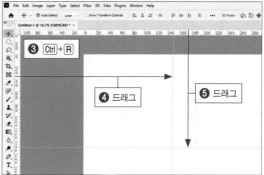

2 Layers 패널에서 'Create new fill or adjustment layer' 아이콘(◑)을 클릭한 다음 Solid Color를 실행합니다. Color Picker 대화상자가 표시되면 C를 '20%', M을 '0%', Y를 '10%', K를 '100%'로 지정한 다음 〈OK〉 버튼을 클릭합니다.

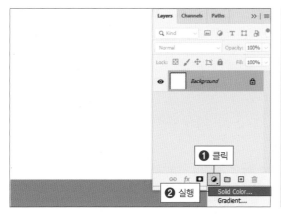
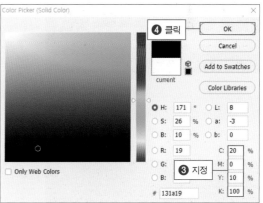

문자 변형하기

1 Tools 패널에서 문자 도구(T.)를 선택하고 'BETTER BURGER'를 입력합니다. Character 패널에서 글 꼴을 'Azo Sans Uber', 글꼴 스타일을 'Regular', 글꼴 크기를 '120pt', 행간을 '100pt', 자간을 '20', 색상을 '흰색'으로 지정합니다.

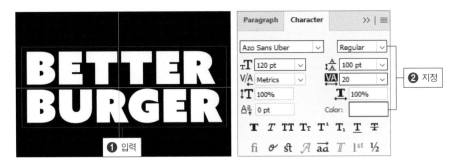

2 'BURGER' 텍스트를 드래그하여 선택한 다음 글꼴 크기를 '116pt'로 지정하여 위아래 텍스트 길이를 맞춥니다.

3 Layers 패널에서 '패널 메뉴' 아이콘(≡)을 클릭한 다음 Convert to Smart Object를 실행하여 텍스트 를 이미지화합니다.

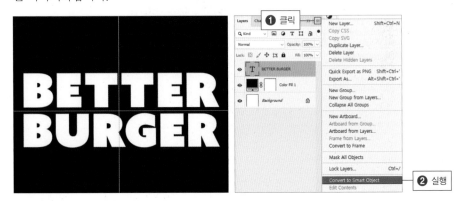

4 Ctrl+T를 누른 다음 옵션바에서 'Warp' 아이콘(⬚)을 클릭합니다.

5 Warp를 클릭한 다음 'Bulge'로 지정합니다.

6 텍스트가 동그랗게 적용된 것을 확인하고 상단 가운데 조절점을 위로 드래그하여 좀 더 동그란 형태를 만듭니다. 형태 변형이 완료되면 Enter를 누릅니다.

7 Layers 패널에서 'BETTER BURGER' 레이어를 선택하고 마우스 오른쪽 버튼을 클릭한 다음 Convert to Layers를 실행합니다. 경고 대화상자가 표시되면 〈Yes〉 버튼을 클릭합니다.

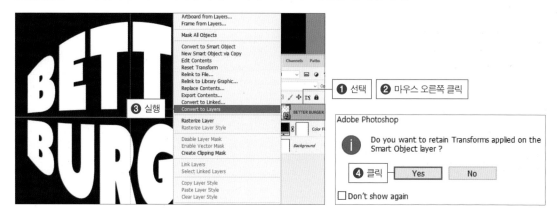

8 상단 눈금자를 드래그하여 35mm 와 265mm 위치에 가이드라인을 만듭니다.

> **TIP**
> 두 줄의 텍스트 사이에 도형을 넣기 위해 두 줄을 분리해야 합니다. 상단과 하단에 35mm의 여백을 남겨 줍니다.

9 Tools 패널에서 사각형 선택 도구(▣)를 선택하고, 'BETTER' 텍스트에 드래그하여 선택 영역으로 지정합니다. Ctrl + Shift 를 누른 상태로 상단 가이드라인에 맞춰 이동합니다.

10   Tools 패널에서 사각형 선택 도구(▣)를 선택하고, 'BURGER' 텍스트에 드래그하여 선택 영역으로 지정합니다. Ctrl+Shift를 누른 상태로 하단 가이드라인에 맞춰 이동합니다. 이동이 완료되었으면 Ctrl+D를 눌러 선택 영역을 해제합니다.

11   Ctrl+T를 눌러 가운데에 오도록 배치합니다.

디자이너's 노하우

작업을 하면서 조금씩 위치가 이동되는 경우가 많습니다. 습관적으로 중심 정렬을 확인하면서 작업을 진행하는 것이 좋습니다.

다양한 색상과 형태의 선 그리기

1 사각형을 그리기 위해 Layers 패널에서 새로운 레이어를 만듭니다. Tools 패널에서 사각형 선택 도구(▣)를 선택하고, 옵션바에서 Style을 'Fixed Size'로 지정하고, Width를 '400px', Height를 '90px'로 설정한 다음, 텍스트 사이에 드래그하여 긴 사각형 영역을 만듭니다.

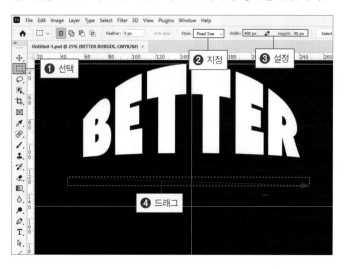

2 Tools 패널에서 전경색을 클릭하여 Color Picker 대화상자가 표시되면 C를 '5%', M을 '25%', Y를 '90%', K를 '0%'로 지정한 다음 〈OK〉 버튼을 클릭합니다.

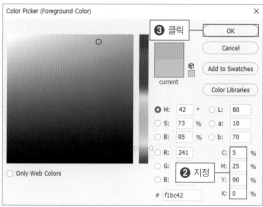

3 Alt+Delete를 눌러 전경색으로 지정한 색상을 채웁니다.

Alt + Delete

Ctrl + Alt + Shift + 드래그

4 Ctrl+Alt+Shift를 누른 상태로 아래로 드래그하여 복사합니다.

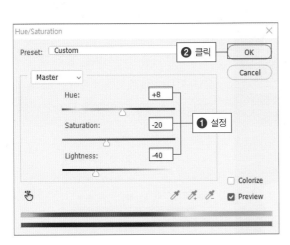

5 메뉴에서 [Image] → Adjustments → Hue/Saturation을 실행합니다.

Hue/Saturation 대화상자가 표시되면 Hue를 '8', Saturation을 '-20', Lightness를 '-40'으로 설정한 다음 〈OK〉 버튼을 클릭합니다.

6 Ctrl + Alt + Shift 를 누른 상태로 갈색 선을 아래로 드래그하여 복사합니다.

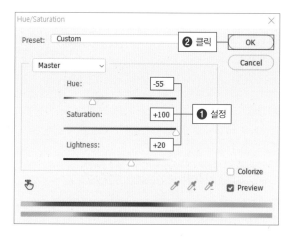

7 메뉴에서 (Image) → Adjustments → Hue/Saturation을 실행합니다.

Hue/Saturation 대화상자가 표시되면 Hue를 '-55', Saturation을 '100', Lightness를 '20'으로 설정한 다음 〈OK〉 버튼을 클릭합니다.

8 빨간색 선을 선택하고 Ctrl + C 를 눌러 복사한 다음 Ctrl + V 를 눌러 붙여 넣습니다. Layers 패널에서 복사된 'Layer 2' 레이어를 확인할 수 있습니다.

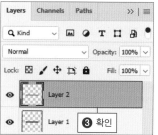

9 Shift를 누른 상태로 빨간색 선을 아래로 드래그하여 이동합니다.

10 Ctrl + U를 눌러 Hue/Saturation 대화상자가 표시되면 Hue를 '100', Saturation을 '20', Lightness를 '8'로 설정한 다음 〈OK〉 버튼을 클릭합니다.

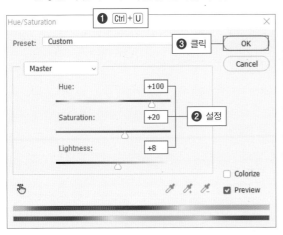

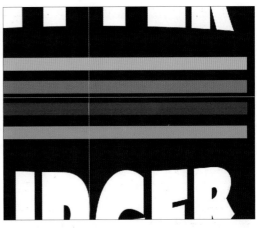

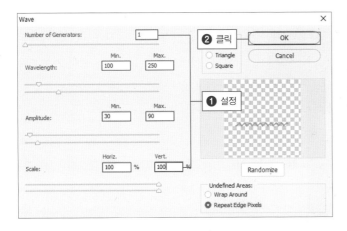

11 물결 모양으로 형태를 변형하기 위해 메뉴에서 (Filter) → Distort → Wave를 실행합니다.

Wave 대화상자가 표시되면 Number of Generators를 '1', Wavelength의 Min을 '100', Max를 '250', Amplitude의 Min을 '30', Max를 '90', Scale의 Horiz를 '100%', Vert를 '100%'로 설정한 다음 〈OK〉 버튼을 클릭합니다.

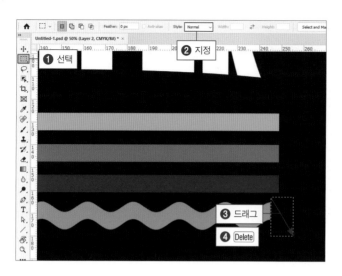

12 Tools 패널에서 사각형 선택 도구
(▢)를 선택하고 옵션바에서 Style을
'Normal'로 지정합니다.
물결 모양 선의 양쪽 끝부분을 드래그하
여 선택 영역으로 지정한 다음 Delete 를
눌러 삭제합니다.

13 Layers 패널에서 'Layer 1' 레이어
를 선택하고 왼쪽 눈금자를 드래그하여
선 양쪽 끝에 가이드라인을 만듭니다.

TIP
선을 그린 레이어를 선택한 다음 가이드라인을
만들어야 선 양쪽 끝에 가이드라인이 붙어 정확
히 만들 수 있습니다.

14 Layers 패널에서 'Layer 2' 레이어
를 선택하고 Ctrl + T 를 눌러 가이드라
인에 맞게 폭을 조절한 다음 Enter 를 눌러
적용합니다.

15 Ctrl 을 누른 상태로 'Layer 2' 레이어의 섬네일을 클릭하여 선택 영역으로 지정합니다. Ctrl + Alt + Shift 를 누른 상태에서 물결 모양의 선을 위로 드래그하여 복사합니다.

16 메뉴에서 (View) → Show → Guides(Ctrl + ;)를 실행하여 가이드라인을 비활성화합니다. Layers 패널에서 'Layer 1' 레이어와 'Layer 2' 레이어를 선택한 다음 Ctrl + T 를 눌러 캔버스 중앙으로 위치를 조절합니다.

TIP

Ctrl 을 이용하여 중심을 맞출 수도 있지만, Ctrl + T 를 사용하면 이미지 외곽으로 사각 테두리가 보이고 모서리를 포함한 8개의 조절점이 보여서 시각적으로 중심을 맞추기가 수월합니다.

자연스럽게 문자 형태 조절하기

1 Layers 패널에서 'BETTER BURGER' 레이어를 선택하고, Ctrl을 누른 상태로 레이어의 섬네일을 클릭하여 선택 영역으로 지정합니다.

2 Tools 패널에서 사각형 선택 도구(▢)를 선택한 다음 Alt를 누른 상태에서 'BETTER' 텍스트를 드래그하여 선택을 해제합니다. 아래쪽 'BURGER' 텍스트만 선택 영역으로 지정되었습니다.

TIP
선택 영역이 지정된 상태에서 Alt를 누른 상태로 드래그하면 해당 부분의 선택 영역이 해제되며, Shift를 누른 상태로 드래그하면 해당 부분의 선택 영역이 추가됩니다.

3 Ctrl+T를 누른 다음 옵션바에서 'Warp' 아이콘(🔲)을 클릭합니다. 하단 조절선을 위로 드래그하여 형태를 납작하게 만듭니다.

TIP
조절선이 보이지 않는다면 옵션바에서 'Guide Options' 아이콘(🔲)을 클릭한 다음 'Always Show Guides'를 선택합니다.

4 가운데 두 개의 가로 조절선도 그림과 같이 위로 드래그하여 조절합니다. 하단 좌우 조절점을 위로 드래그하여 형태를 다듬습니다.

5 전체적으로 완성된 햄버거 아이덴티티 디자인을 확인합니다. 문자 도구(T)로 'BETTER BURGER × BETTER COFFEE'를 입력합니다. Character 패널에서 글꼴을 'CoconPro', 글꼴 스타일을 'BoldExcon', 글꼴 크기를 '60pt', 자간을 '20', Color를 C를 '5%', M을 '25%', Y를 '90%', K를 '0%'로 지정합니다.

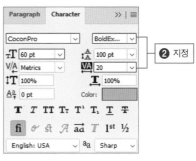

CHAPTER 03

스프레이 효과를 이용한 캐릭터 그림으로 커피 브랜드 아이덴티티 만들기

디졸브를 이용한 스프레이 효과로 그래피티 같은 물감을 흩뿌린 듯한 효과와 물감이 흘러내리는 느낌을 표현한 캐릭터 그림을 그려 커피 브랜드 아이덴티티를 만들어 봅니다.

완성 파일 02\커피 아이덴티티 1_완성.psd, 커피 아이덴티티 2_완성.psd

브러시로 그리기

브러시를 이용하여 크기를 조절하며 캐릭터 얼굴과
번개 모양의 머리를 러프하게 그립니다.

브러시로 스프레이 효과 적용하기

'Soft Round' 브러시를 이용하여 그림 주변으로
번지는 효과를 적용합니다. 'Dissolve'로 지정하고,
Opacity를 '97%'로 설정하여 스프레이 효과를 표현합니다.

스프레이가 흘러내린 효과 만들기

'Kyle's Spatter Brushes' 브러시로 그림 외곽을 클릭하여
번짐 효과를 만듭니다. 'Hard Round' 브러시로 캐릭터
얼굴 아래 스프레이가 흘러내리는 느낌으로 세로선을
그리고, 끝부분을 동그랗게 그려 맺히도록 표현합니다.

캐릭터 눈, 코, 입 그리기

'Hard Round' 브러시로 간단하게 캐릭터의
눈, 코, 입과 나비넥타이를 그립니다.

텍스트 넣기

모자 느낌이 들도록 머리 위쪽 가운데에 텍스트를 넣은 다음 왼쪽 하단에 커피 정보를 넣습니다.

장식 요소 만들어 넣기

다각형 도구로 장식 요소를 만들고 입체감을 살립니다. 안쪽에 원을 그려 텍스트를 넣고 가운데 정렬합니다.

새 캔버스 만들기

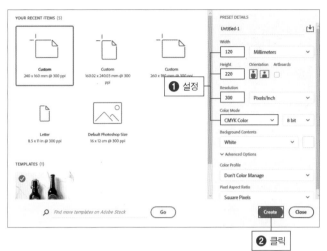

1 새로운 캔버스를 만들기 위해 메뉴에서 [File] → New를 실행합니다.

New Document 대화상자가 표시되면 Width를 '120mm', Height를 '220mm', Resolution을 '300', Color Mode를 'CMYK Color'로 설정한 다음 ⟨Create⟩ 버튼을 클릭합니다.

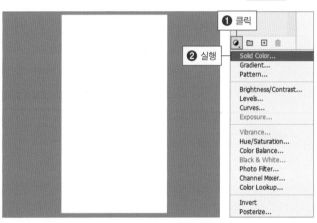

2 Layers 패널에서 'Create new fill or adjustment layer' 아이콘(◕)을 클릭한 다음 Solid Color를 실행합니다.

TIP
'Background' 레이어에 색상을 적용하는 것과 달리 Solid Color를 적용하면 이후 작업에서 배경을 늘리거나 따로 조절할 경우에도 배경에 적용한 색상이 그대로 적용됩니다.

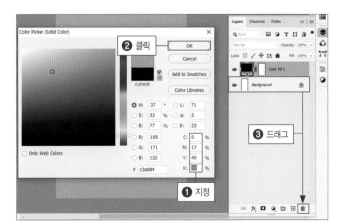

3 Color Picker 대화상자가 표시되면 C를 '0%', M을 '17%', Y를 '40%', K를 '30%'로 지정한 다음 ⟨OK⟩ 버튼을 클릭합니다.

Layers 패널에서 'Background' 레이어를 'Delete layer' 아이콘(🗑)으로 드래그하여 삭제합니다.

브러시로 캐릭터 만들기

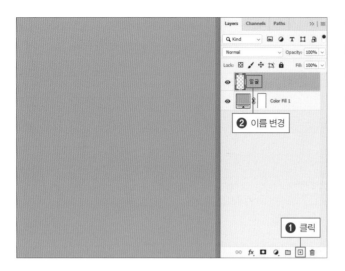

1 Layers 패널에서 'Create a new layer' 아이콘(🔲)을 클릭하여 새로운 레이어를 생성하고, 더블클릭하여 이름을 '얼굴'로 변경합니다.

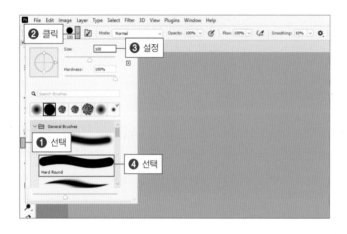

2 Tools 패널에서 브러시 도구(✏️)를 선택합니다. 옵션바에서 Size를 '100px'로 설정한 다음 General Brushes에서 'Hard Round'를 선택합니다.

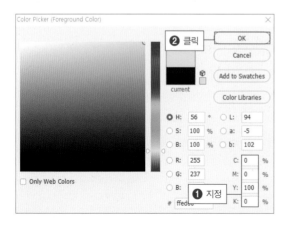

3 Tools 패널에서 전경색을 클릭하여 Color Picker 대화상자가 표시되면 C를 '0%', M을 '0%', Y를 '100%', K를 '0%'로 지정한 다음 〈OK〉 버튼을 클릭합니다.

4 가운데 동그랗게 원을 그리고 안을 채워 얼굴을 그립니다.

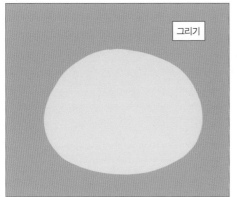

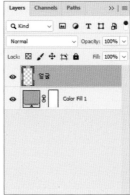

5 옵션바에서 Size를 '30px'로 설정한 다음 원 위에 번개 모양 머리를 그립니다.

6 옵션바에서 Size를 '300px'로 설정하고 General Brushes에서 'Soft Round'를 선택한 다음 그림 주변을 드래그하여 번지는 표현을 듬성듬성 해 줍니다.

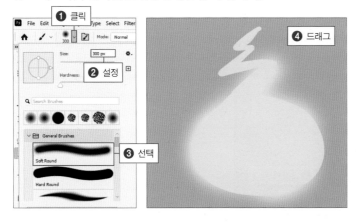

TIP
옵션바에서 브러시의 Size를 조절해 가며 디테일한 부분을 그립니다.

7 Layers 패널에서 블렌딩 모드를 'Dissolve'로 지정하고 Opacity를 '97%'로 설정합니다.

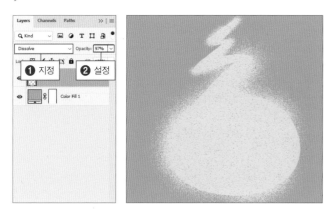

8 옵션바에서 Size를 '300px'로 설정하고 Special Effects Brushes에서 'Kyle's Spatter Brushes-Spatter Bot Tilt'를 선택한 다음 그림 외곽을 클릭하여 번짐 효과를 줍니다.

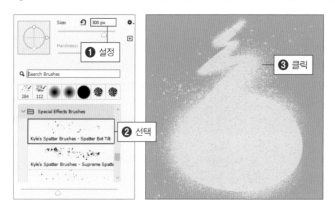

9 옵션바에서 Size를 '30px'로 설정하고 General Brushes에서 'Hard Round'를 선택합니다. [Shift]를 누른 상태에서 아래로 드래그하여 세로선을 그려 스프레이가 흘러내리는 느낌을 표현합니다.

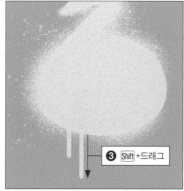

10 끝부분을 동그랗게 그리고 Ctrl+T를 눌러 물감이 맺히는 듯한 자연스러운 느낌으로 조절한 다음 가운데로 위치를 조절합니다.

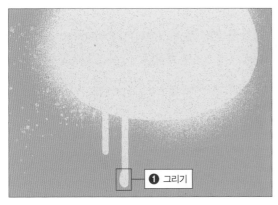

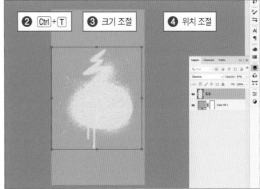

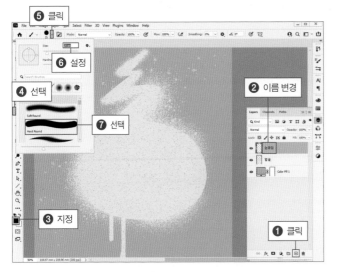

11 Layers 패널에서 'Create a new layer' 아이콘(⊞)을 클릭하여 새로운 레이어를 생성하고, 더블클릭하여 이름을 '눈코입'으로 변경합니다.

Tools 패널에서 전경색을 '검은색'으로 지정한 다음, 브러시 도구(✏️)를 선택합니다. 옵션바에서 Size를 '25px'로 설정하고 General Brushes에서 'Hard Round'를 선택합니다.

12 자연스럽게 눈, 코, 입을 그리고, 나비넥타이도 그려 줍니다.

텍스트 입력하여 배치하기

1 Tools 패널에서 문자 도구(T)를 선택하고 'SMILE WORKS'를 입력합니다. Character 패널에서 글꼴을 'Astounder Squared BB', 글꼴 크기를 '108pt', 행간을 '95pt'로 지정합니다. Paragraph 패널에서 'Center text' 아이콘(≡)을 클릭합니다. Ctrl을 누른 상태에서 텍스트를 캐릭터 가운데로 이동합니다.

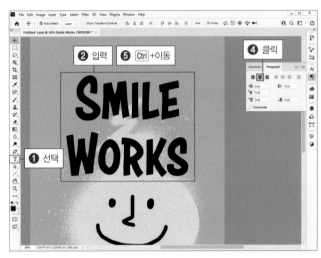

2 Tools 패널에서 문자 도구(T)를 선택하고 'Coffee Co.'를 입력합니다. Character 패널에서 글꼴을 'Aisha Arabic', 글꼴 크기를 '40pt'로 지정한 다음 위쪽 가운데로 이동합니다.

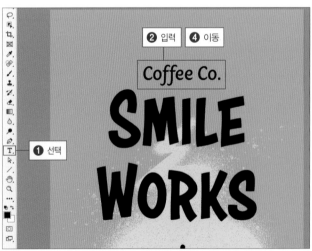

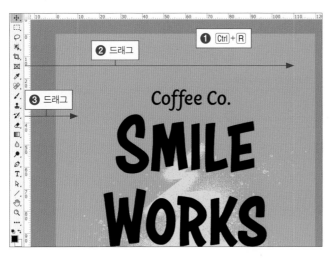

3 [Ctrl]+[R]을 눌러 눈금자를 표시합니다. 왼쪽 눈금자를 드래그하여 10mm와 110mm 위치에 가이드라인을 만듭니다.

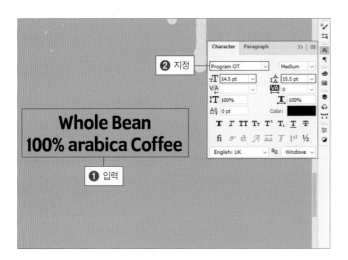

4 Tools 패널에서 문자 도구([T])를 선택하고 캔버스 아래쪽에 그림과 같이 입력합니다. Character 패널에서 글꼴을 'Program OT', 글꼴 크기를 '14.5pt', 행간을 '15.5pt'로 지정합니다.

5 Paragraph 패널에서 'Left align text' 아이콘(≣)을 클릭합니다. [Ctrl]을 누른 상태로 텍스트를 왼쪽 가이드라인에 맞춰 이동합니다.

6 다시 Character 패널에서 '패널 메뉴' 아이콘(▤)을 클릭한 다음 All Caps를 실행하여 텍스트를 대문자로 변경합니다.

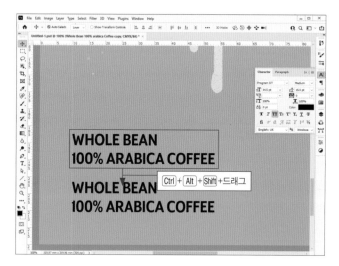

7 대문자로 변경된 텍스트를 Ctrl + Alt + Shift 를 누른 상태에서 아래로 드래그하여 복사합니다.

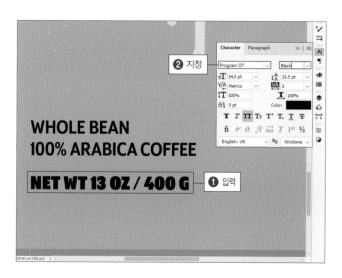

8 복사된 텍스트를 삭제하고 그림과 같이 입력합니다. Character 패널에서 글꼴을 'Program OT', 글꼴 스타일을 'Black'으로 지정합니다.

TIP
같은 Y좌표에 텍스트를 입력하기 위해 새로 텍스트를 입력하지 않고, Shift 를 누른 상태에서 아래로 복사하여 텍스트를 입력합니다.

다각형 모양의 장식 요소 만들기

1 Tools 패널에서 다각형 도구(⬡)를 선택하고 캔버스를 클릭합니다. Create Polygon 대화상자가 표시되면 Width와 Height를 '40mm', Number of Sides를 '20', Star Ratio를 '95%'로 설정한 다음 〈OK〉 버튼을 클릭합니다.

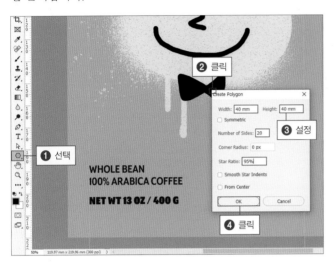

2 다각형 모양이 생성되면 옵션바에서 Fill의 색상 상자를 클릭한 다음 'Color Picker' 아이콘(⬛)을 클릭합니다. Color Picker 대화상자가 표시되면 C를 '85%', M을 '0%', Y를 '45%', K를 '0%'로 지정한 다음 〈OK〉 버튼을 클릭합니다.

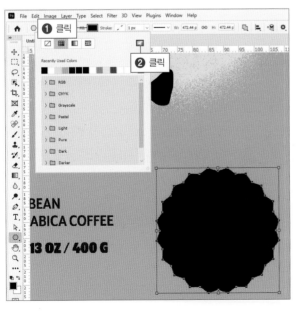

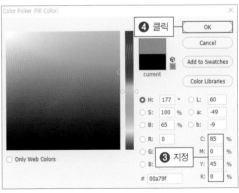

3 색상이 적용된 다각형을 [Ctrl]을 누른 상태로 드래그하여 오른쪽 가이드라인에 맞춰 이동합니다. Layers 패널에서 'Polygon 1' 레이어를 더블클릭합니다.

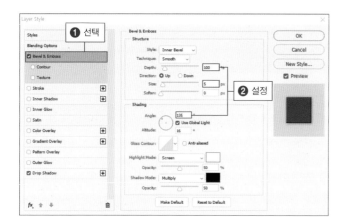

4 Layer Style 대화상자가 표시되면 'Bevel & Emboss'를 선택한 다음 Depth를 '100%', Size를 '5px', Angle을 '135°'로 설정합니다.

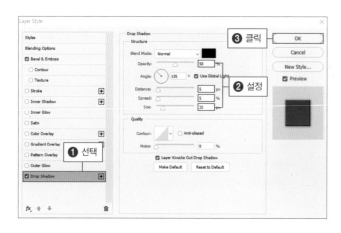

5 'Drop Shadow'를 선택하고 Opacity를 '50%', Distance를 '5px', Spread를 '5%', Size를 '30px'로 설정한 다음 〈OK〉 버튼을 클릭합니다.

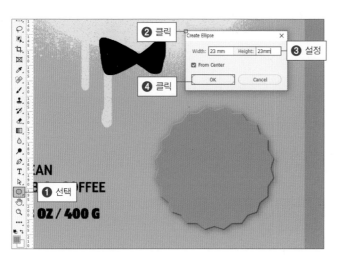

6   Tools 패널에서 원형 도구(◯)를 선택하고 캔버스를 클릭합니다. Create Ellipse 대화상자가 표시되면 Width와 Height를 '23mm'로 설정한 다음 〈OK〉 버튼을 클릭합니다.

7   Ctrl을 누른 상태로 원을 다각형 모양 중앙으로 이동합니다.

8   Tools 패널에서 문자 도구(T)를 선택합니다. 원 테두리에 커서를 가져가 클릭하면 패스를 따라 텍스트를 입력할 수 있습니다. 대문자로 'GUATEMALA'를 입력합니다.

9 Character 패널에서 글꼴을 'Aller Display', 글꼴 크기를 '19pt', 자간을 '-30'으로 지정하고, Color의 색상 상자를 클릭합니다. Color Picker 대화상자가 표시되면 C를 '0%', M을 '0%', Y를 '0%', K를 '0%'로 지정한 다음 〈OK〉 버튼을 클릭합니다.

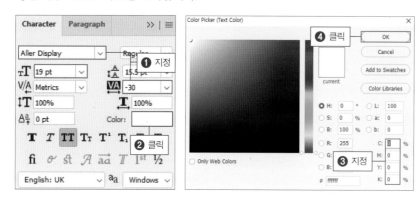

10 패스를 따라 입력된 텍스트의 자간이 일정하지 않습니다. 각각의 글자 사이를 클릭하여 커닝을 조절합니다. 'T'와 'E' 텍스트 사이를 클릭한 다음 커닝을 '-50'으로 지정합니다.

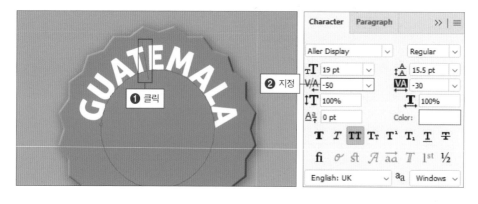

11 상단 눈금자를 드래그하여 다각형 모양 가운데에 가이드라인을 만듭니다. Ctrl을 누른 상태에서 '⊕'와 '⊠' 아이콘의 위치를 조절해 가며 텍스트가 가운데에 놓이도록 조절합니다.

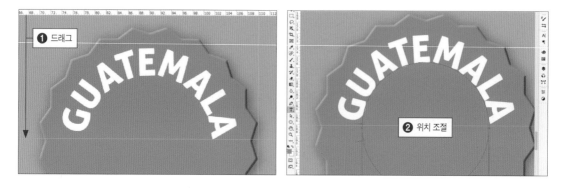

디자이너's 노하우

자간 조절

글자 사이를 조절하는 방법에는 두 가지가 있습니다. 문장 전체의 자간을 조절하는 'Tracking'과 낱자 사이의 자간을 조절하는 'Kerning'으로 구분합니다. 다음과 같이 Tracking은 일정한 값으로 하나의 문장 또는 그 이상의 단락에 적용되며, Kerning은 적용된 자간 값 안에서 각각의 문자의 거리 값을 조절하므로 문자의 특징에 따라 Kerning 값은 다르게 적용됩니다.

12 텍스트를 이동하면서 바뀐 자간 사이가 있다면 그림과 같이 클릭하여 커닝 값을 지정합니다.

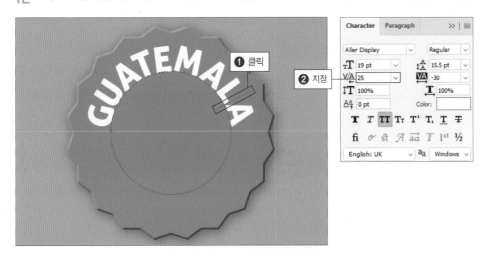

13 Tools 패널에서 올가미 도구(🔲)를 선택합니다. Layers 패널에서 '눈코입' 레이어를 선택한 다음 나비넥타이를 동그랗게 드래그하여 선택 영역으로 지정합니다.

TIP
메뉴에서 (View) → Show → Guides를 실행하여 체크 해제하면 가이드라인이 비활성화됩니다.

14 Ctrl+C를 눌러 복사한 다음 Ctrl+V를 눌러 붙여 넣습니다. Ctrl을 누른 상태에서 다각형 모양으로 이동합니다. Ctrl+T를 누른 다음 크기를 줄여 줍니다. 복사된 나비넥타이가 보이지 않는다면 해당 레이어 위치를 위로 이동해 줍니다.

15 Tools 패널에서 문자 도구(T)를 선택하고 'Roasted Coffee'를 입력한 다음 Character 패널에서 글꼴을 'Aisha Arabic', 글꼴 크기를 '21pt', 행간을 '17pt', 색상을 '흰색'으로 지정합니다.
Paragraph 패널에서 'Center text' 아이콘(≡)을 클릭한 다음 위치를 조절합니다.

16 텍스트와 나비넥타이의 위치를 보기 좋게 조절합니다. 예제에서는 나비넥타이의 크기를 조금 더 작게 줄여 장식 요소를 완성했습니다.

17 상단에 여백을 주기 위해 상단 눈금자를 드래그하여 35mm 위치에 가이드라인을 만듭니다. Tools 패널에서 이동 도구(🕂)를 선택한 다음 Layers 패널에서 '얼굴' 레이어, '눈코입' 레이어, 문자 레이어를 선택하여 가이드라인 아래로 이동합니다.

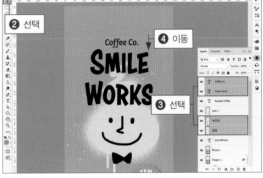

18 완성된 커피 브랜드 아이덴티티를 확인합니다.

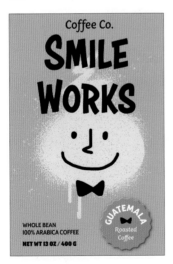

디자이너's 노하우
완성한 디자인에 텍스트와 색상을 변경하여 다양하게 수정해 봅니다. 캐릭터의 얼굴 형태의 이미지를 변경하면 좀 더 다채롭고 재미있는 상품들로 구성할 수 있습니다.

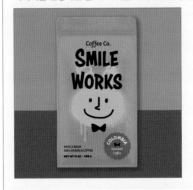

CHAPTER 04

프레임 도구를 활용하여
요가 리플릿 디자인하기

프레임 도구를 이용하면 이미지를 쉽게 마스킹할 수 있고, 프레임 안의 이미지 교체나 편집을 훨씬 편하게 할 수 있습니다.
더욱 강력해진 포토샵 편집 기능을 활용해 리플릿을 디자인해 봅니다.

예제 파일 02\photo-1.jpg ~ photo-5.jpg, photo-leaf1.jpg, photo-leaf2.jpg, photo-main.jpg

완성 파일 02\요가 리플릿 내지_완성.psd, 요가 리플릿 겉지_완성.psd

Yoga is a discipline to
restrain the modula-
tions of the mind

"Yoga is not about the body, it's about the
mind," said the Indian teacher Soma Dutta
over the phone. After asking the writer
about her various yoga experiences, she
said that she found the Korean yoga class-
es lean toward gymnastics and aerobics.

"Great place in the heart of
Ubud, yet amidst nature."
This is what people say
about Taksu Yoga.
It is located in the heart of
Ubud but surprisingly sur-
rounded by nature.

Beautiful Place
Yoga Barn Studio

This is probably the first place that comes
up when you search for 'Ubud Yoga'. The
popular yoga class was founded in 2007.
130 classes are held weekly in 7 studios,
and the curriculum is diverse, including
yoga, dance, meditation, healing, well-
ness, and Ayurvedic spa.

내지 텍스트 편집하기

문자 도구로 제목과 본문 텍스트를 디자인합니다.

이미지 배치하기

프레임 도구로 원형 또는 사각형으로
이미지를 알맞게 잘라 배치합니다.

내지 3단 구성하기

리플릿 3단 구성 중
가운데 페이지의 배경에 색상을 적용합니다.

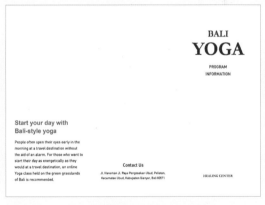

BALI
YOGA

PROGRAM
INFORMATION

Start your day with
Bali-style yoga

People often open their eyes early in the
morning at a travel destination without
the aid of an alarm. For those who want to
start their day as energetically as they
would at a travel destination, an online
Yoga class held on the green grasslands
of Bali is recommended.

Contact Us

Jl. Haneman Jl. Raya Pengosekan Ubud, Peliatan,
Kecamatan Ubud, Kabupaten Gianyar, Bali 60571

HEALING CENTER

겉지 텍스트 편집하기

문자 도구로 표지 타이틀과 본문 텍스트를 디자인합니다.

겉지 3단 구성하기

이미지와 색상 단을 통해 내지와 어우러지는 감각적인 편집 레이아웃을 만듭니다.

———

표지 그래픽 만들기

다양한 블렌딩 모드를 활용하여 메인 그래픽을 디자인합니다.

내지 디자인하기

1 내지 캔버스를 만들기 위해 메뉴에서 [File] → New를 실행합니다. New Document 대화상자가 표시되면 Width를 '297mm', Height를 '210mm', Resolution을 '300', Color Mode를 'CMYK Color'로 설정한 다음 〈Create〉 버튼을 클릭합니다.

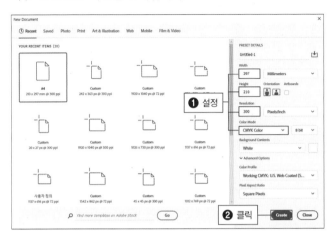

TIP
리플릿은 추후 출력해야 하는 인쇄물이므로 반드시 캔버스를 CMYK 모드로 설정합니다.

디자이너's 노하우
3단 접이 리플릿의 구조는 다음과 같습니다. 이 형태는 A4를 3단으로 접은 형태입니다. 제일 안쪽으로 접혀 들어가는 페이지는 다른 페이지보다 3mm 정도 작게 설정하고, 전체 캔버스 크기는 재단 크기보다 사방으로 3mm를 크게 만들어야 합니다. 캔버스 크기에 3mm씩 여유를 주는 이유는 출력된 인쇄물을 기계로 재단할 때 오차가 발생할 수 있기 때문입니다.

▲ 겉지와 내지 구조

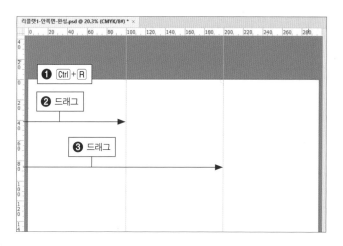

2 먼저 내지를 디자인하기 위해 캔버스에 가이드로 3단 그리드를 구성합니다. Ctrl + R 을 눌러 눈금자를 표시한 다음 왼쪽 눈금자를 드래그하여 100mm와 200mm 위치에 가이드라인을 만듭니다.

TIP
눈금자 단위를 변경하려면 메뉴에서 [Edit] → Preferences → Units & Rulers를 실행합니다. Preferences 대화상자가 표시되면 Rulers에서 원하는 단위로 변경하면 눈금자 단위가 변경됩니다.

3 이번에는 재단선을 나타내는 가이드라인을 만듭니다. 캔버스의 네 모서리에 눈금자를 드래그하여 가이드라인을 만듭니다.

4 메뉴에서 [Image] → Canvas Size를 실행합니다. Canvas Size 대화상자가 표시되면 Anchor를 중앙으로 지정한 상태에서 Width를 '303mm', Height를 '216mm'로 설정한 다음 〈OK〉 버튼을 클릭합니다. 작업 영역 A4 크기에 사방 여백 3mm가 추가되었습니다.

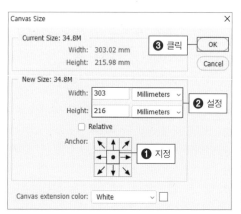

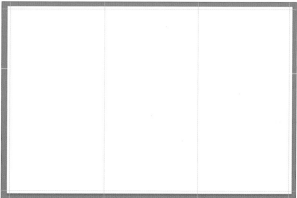

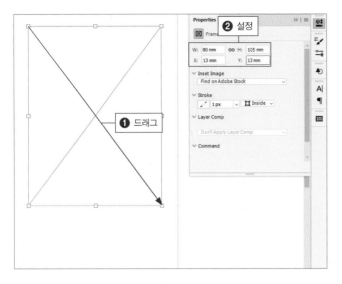

5 Tools 패널에서 프레임 도구(⊠)를 선택한 다음 리플릿 2페이지 상단에 드래그하여 사각형을 그립니다.

Properties 패널에서 W를 '80mm', H를 '105mm', X를 '13mm', Y를 '13mm'로 설정합니다.

> **디자이너's 노하우**
>
> 편집 디자인에서는 그리드를 정하여 오브젝트의 위치를 규칙적으로 정리하는 것이 매우 중요합니다. 되도록 좌표와 수치를 정확히 입력합니다. 여기에서는 여백과 그리드를 고려하여 해당 수치로 설정하였습니다.

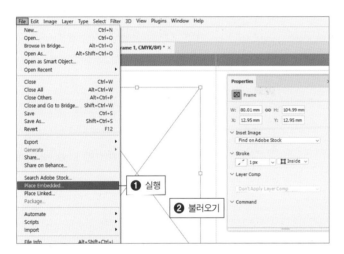

6 메뉴에서 (File) → Place Embedded를 실행하여 02 폴더에서 'photo-1.jpg' 파일을 불러옵니다.

> **TIP**
>
> Place Embedded는 이미지를 문서에 포함한 상태입니다. 반면 Place Linked는 미리 보기처럼 외부 파일과 연결만 된 상태입니다. 파일 유실의 우려가 있을 때는 Place Embedded를 이용해 이미지를 불러옵니다.

7 이미지가 프레임 안에 삽입됩니다. 프레임을 더블클릭하면 안에 있는 이미지를 선택할 수 있습니다. Ctrl+T를 눌러 프레임 안의 이미지 크기와 위치를 조절한 다음 Enter를 누릅니다.

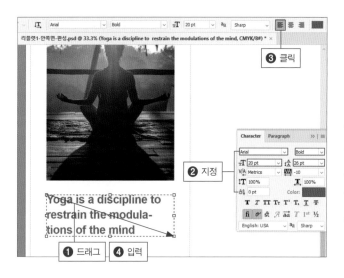

8 Tools 패널에서 문자 도구(T)를 선택하고 본문 제목이 들어갈 부분을 드래그하여 영역을 지정합니다.

Character 패널에서 글꼴을 'Arial', 글꼴 스타일을 'Bold', 글꼴 크기를 '20pt', 행간을 '26pt', 자간을 '-10', 색상을 '갈색'으로 지정합니다. 옵션바에서 'Left align text' 아이콘(≡)을 클릭한 다음 그림과 같이 텍스트를 입력합니다.

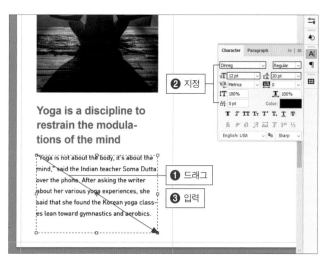

9 하단에 본문이 들어갈 부분을 드래그하여 영역을 지정합니다.

Character 패널에서 글꼴을 'Dinreg', 글꼴 스타일을 'Regular', 글꼴 크기를 '12pt', 행간을 '20pt', 색상을 '검은색'으로 지정합니다. 옵션바에서 'Left align text' 아이콘(≡)을 클릭한 다음 내용을 입력합니다.

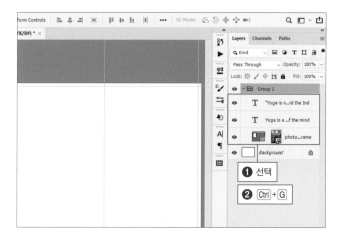

10 2페이지에 디자인이 완성되면 해당 레이어를 모두 선택하고, Ctrl+G를 눌러 그룹으로 지정합니다.

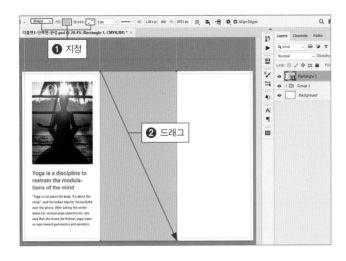

11 Tools 패널에서 사각형 도구(□)를 선택하고 옵션바에서 'Shape'로 지정한 다음 Fill을 C를 '18%', M을 '3%', Y를 '18%', K를 '8%', Stroke를 'No Color'로 지정합니다. 리플릿 3페이지에 드래그하여 사각형을 그려 배경을 만듭니다.

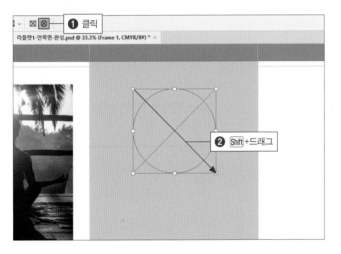

12 Tools 패널에서 프레임 도구(⊠)를 선택하고 옵션바에서 'elliptical Frame' 아이콘(⊗)을 클릭합니다. 3페이지 상단에 Shift를 누른 상태로 드래그하여 정원 프레임을 만듭니다.

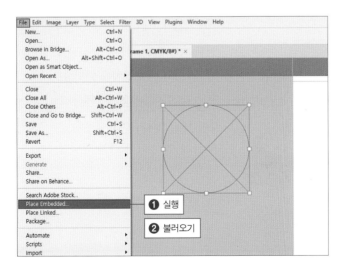

13 메뉴에서 [File] → Place Embedded를 실행하여 02 폴더에서 'photo-2.jpg' 파일을 불러옵니다.

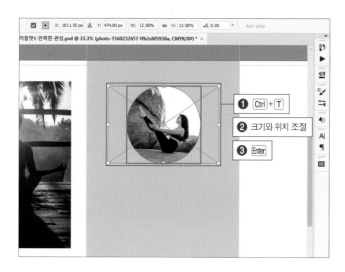

14 프레임 안에 이미지가 삽입되면 Ctrl+T를 눌러 프레임 안의 이미지 크기와 위치를 조절한 다음 Enter를 누릅니다.

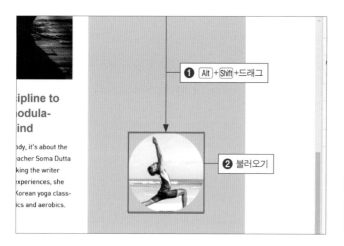

15 Tools 패널에서 이동 도구(⊕)를 선택하고 Alt+Shift를 누른 상태로 원형 프레임을 아래로 드래그하여 복사합니다. 02 폴더에서 'photo-3.jpg' 파일을 불러와 원형 프레임에 삽입합니다.

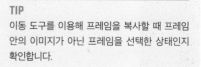

TIP
이동 도구를 이용해 프레임을 복사할 때 프레임 안의 이미지가 아닌 프레임을 선택한 상태인지 확인합니다.

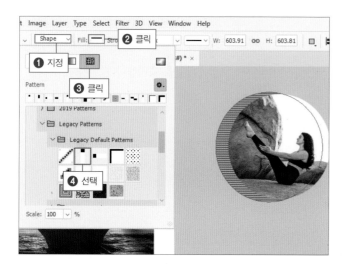

16 Tools 패널에서 원형 도구(◯)를 선택하고 옵션바에서 'Shape'로 지정한 다음 Fill의 색상 상자를 클릭합니다. 'Pattern' 아이콘(▦)을 클릭하고 Legacy Patterns → Legacy Default Patterns에서 'Horizontal Line 1'을 선택합니다.

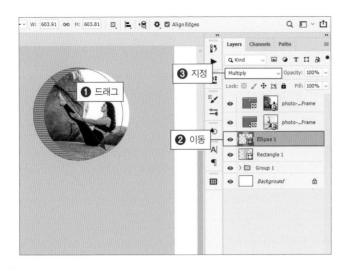

17 상단에 드래그하여 원을 그립니다. Layers 패널에서 'Ellipse 1' 레이어를 이미지 레이어 아래로 이동하고, 블렌딩 모드를 'Multiply'로 지정합니다.

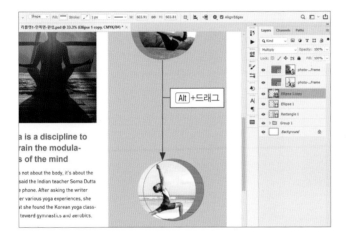

18 Tools 패널에서 이동 도구(⊕)를 선택하고 Alt 를 누른 상태로 원을 아래로 드래그하여 복사합니다.

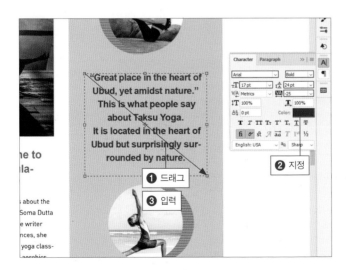

19 Tools 패널에서 문자 도구(T)를 선택하고 본문 텍스트가 들어갈 부분을 드래그하여 영역을 지정합니다.
Character 패널에서 글꼴을 'Arial', 글꼴 스타일을 'Bold', 글꼴 크기를 '17pt', 행간을 '24pt', 자간을 '-25', 색상을 C를 '88%', M을 '41%', Y를 '100%', K를 '45%'로 지정합니다. 옵션바에서 'Center text' 아이콘(≡)을 클릭한 다음 내용을 입력합니다.

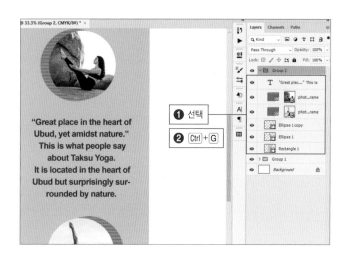

20 3페이지에 디자인이 완성되면 해당 레이어를 모두 선택하고, Ctrl+G를 눌러 그룹으로 지정합니다.

① 선택
② Ctrl+G

21 리플릿 4페이지 디자인은 2페이지와 같은 레이아웃으로 디자인합니다. 프레임 도구(▨)를 이용해 4페이지 상단에 02 폴더에서 'photo-4.jpg' 파일을 불러옵니다.

불러오기

22 내용을 입력하여 4페이지 디자인도 완성되면 해당 레이어를 모두 선택하고, Ctrl+G를 눌러 그룹으로 지정합니다.

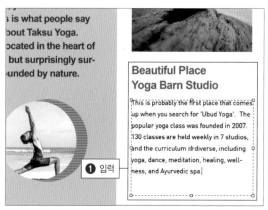

**Beautiful Place
Yoga Barn Studio**

This is probably the first place that comes up when you search for 'Ubud Yoga'. The popular yoga class was founded in 2007. 130 classes are held weekly in 7 studios, and the curriculum is diverse, including yoga, dance, meditation, healing, wellness, and Ayurvedic spa.

① 입력

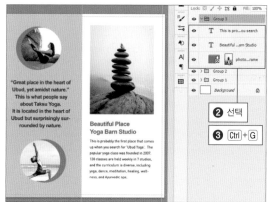

② 선택
③ Ctrl+G

프로젝트

136

겉지 디자인하기

1 겉지 캔버스를 만들기 위해 메뉴에서 (File) → Save As를 실행하여 저장한 다음 Layers 패널에서 모든
레이어를 삭제합니다.

2 겉지는 내지를 뒤집은 구조이므로, 메뉴에서 (Image) → Image Rotation → Flip Canvas Horizontal
을 실행하여 캔버스를 반전합니다.

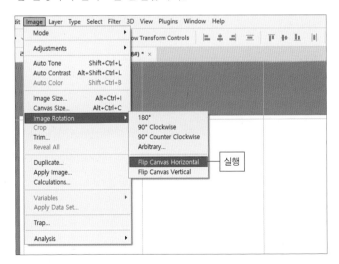

TIP
메뉴에서 (Image) → Image Rotation → Flip Canvas Vertical을 실행하면 상하로도 캔버스를 반전할 수 있습니다.

3 프레임 도구(⊠)를 이용해 리플릿 5~6페이지 상단에 02 폴더의 'photo-5. jpg' 파일을 불러옵니다.
Ctrl+T를 눌러 프레임 안의 이미지 크기와 위치를 조절한 다음 Enter를 누릅니다.

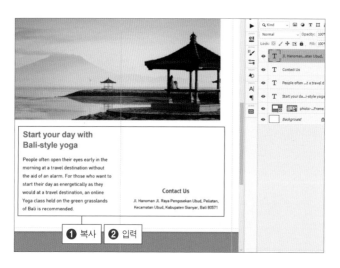

4 5페이지에는 2페이지 또는 4페이지 내용을 복사하여 본문 내용을 입력합니다. 6페이지는 뒤표지로, 하단에 주소를 입력합니다.

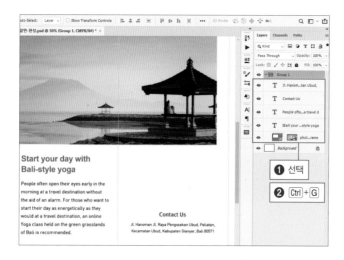

5 5~6페이지에 디자인이 완성되면 해당 레이어를 모두 선택하고, Ctrl+G를 눌러 그룹으로 지정합니다.

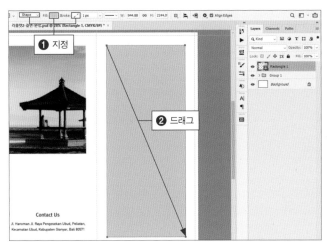

6 Tools 패널에서 사각형 도구(▣)를 선택하고 옵션바에서 'Shape'로 지정한 다음 Fill을 C를 '18%', M을 '3%', Y를 '18%', K를 '8%', Stroke를 'No Color'로 지정합니다. 표지 중앙에 드래그하여 직사각형을 그립니다.

7 메뉴에서 (File) → Open을 실행하여 02 폴더에서 'photo-main.jpg' 파일을 불러옵니다.

8 Tools 패널에서 빠른 선택 도구(☑)를 선택합니다. 인물 이미지를 드래그하여 선택하고, Ctrl+C를 눌러 복사합니다.

9 작업하던 캔버스로 돌아와 Ctrl + V 를 눌러 인물 이미지를 붙여 넣은 다음 표지 중앙에 배치합니다.

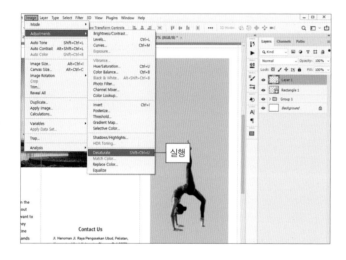

10 인물 이미지에 흑백 효과를 적용하기 위해 메뉴에서 (Image) → Adjustments → Desaturate를 실행합니다.

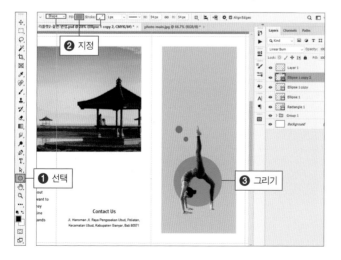

11 Tools 패널에서 원형 도구(◎)를 선택하고 옵션바에서 'Shape'로 지정한 다음 Fill을 C를 '76%', M을 '0%', Y를 '77%', K를 '0%', Stroke를 'No Color'로 지정합니다.

인물 이미지 뒤에 Shift를 누른 상태로 드래그하여 크기가 다른 원 3개를 그립니다.

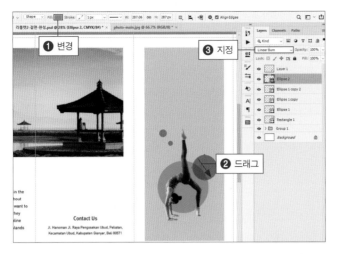

12 옵션바에서 Fill을 C를 '11%', M을 '52%', Y를 '100%', K를 '1%'로 변경하고 드래그하여 중간 크기의 원을 하나 더 그립니다. 블렌딩 모드를 'Linear Burn'으로 지정합니다.

> **TIP**
> Liner Burn은 명도를 감소시켜 기본 색상을 어둡게 만들며, 흰색과 혼합하면 색상 변화가 없습니다. 반드시 Linear Burn이 아니어도 괜찮습니다. 다양한 블렌딩 모드를 활용하여 포토샵 그래픽 효과를 적용해 봅니다.

13 메뉴에서 (File) → Open을 실행하여 02 폴더에서 'photo-leaf1.jpg' 파일을 불러옵니다.
Tools 패널에서 오브젝트 선택 도구(📷)를 선택한 다음 나뭇잎을 드래그하여 선택 영역을 지정하고, Ctrl + C 를 눌러 복사합니다.

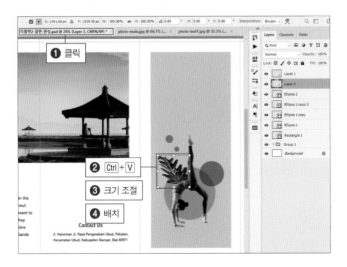

14 작업하던 캔버스로 돌아와 Ctrl + V 를 눌러 붙여 넣습니다. 크기를 조절한 다음 인물 이미지 뒤에 배치합니다.

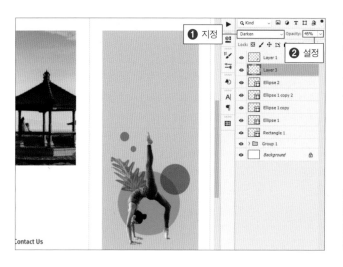

15 Layers 패널에서 블렌딩 모드를 'Darken'으로 지정합니다. 은은한 배경 처리를 위해 Opacity를 '45%'로 설정합니다.

TIP
Darken은 이미지의 색상을 비교하여 더 어두운 색상으로 적용합니다.

16 메뉴에서 (File)→Open을 실행하여 02 폴더에서 'photo-leaf2.jpg' 파일을 불러옵니다.
Tools 패널에서 오브젝트 선택 도구(📷)를 선택한 다음 나뭇잎을 드래그하여 선택 영역을 지정하고, Ctrl+C를 눌러 복사합니다.

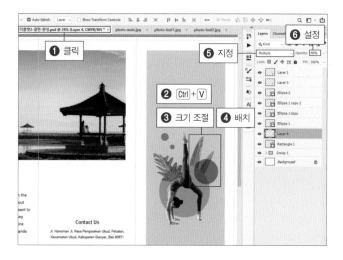

17 작업하던 캔버스로 돌아와 Ctrl+V를 눌러 붙여 넣습니다. 크기를 조절한 다음 원 뒤에 배치합니다.
Layers 패널에서 블렌딩 모드를 'Multiply'로 지정하고 Opacity를 '45%'로 설정합니다.

TIP
Multiply는 어느 색상이든 검은색 부분에는 검은색이 그대로 적용되고, 흰색 부분에는 색상 변화가 없습니다.

18 Tools 패널에서 문자 도구(T.)를 선택하고 옵션바에서 글꼴을 'Garamond', 글꼴 스타일을 'Bold', 글꼴 크기를 각각 '30pt', '62pt', 색상을 C를 '88%', M을 '41%', Y를 '100%', K를 '45%'로 지정합니다. 'Center text' 아이콘(≡)을 클릭한 다음 타이틀을 입력합니다.

19 마지막으로 서브 타이틀과 하단에 원하는 글꼴로 업체명을 입력합니다.

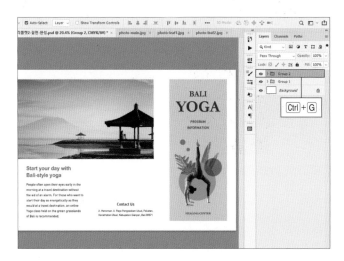

20 표지 디자인이 완성되었으면 해당 레이어를 모두 선택하고, Ctrl+G를 눌러 그룹으로 지정하여 완성합니다.

CHAPTER 05

회화 효과를 이용한
청첩장 디자인하기

일상에서 촬영한 저화질의 형태가 또렷하지 않은 꽃 이미지를 포토샵 미술 회화 효과를 활용하여
일반 청첩장과 차별화된 특별한 청첩장을 만들어 봅니다.

예제 파일 02\튤립.jpg   **완성 파일** 02\청첩장_완성.psd

필터를 사용하여 회화 느낌 살리기

Filter Gallery에서 'Poster Edges' 효과를 적용하여 회화 느낌을 줍니다.

텍스트에 효과 적용하기

튤립에 대문자 텍스트 마스크를 적용한 다음 Layer Style에서 Blend Mode를 'Divide'로 선택하고,
안쪽과 바깥쪽 그림자를 각각 적용하여 입체감을 살립니다.

그림에 가려진 텍스트 만들기

배경과 그림이 붙어 있을 경우 레이어 수정만으로 텍스트 위로 그림이 올라오도록 만들 수가 없습니다.
텍스트를 이미지로 만들고 겹치는 부분의 바깥쪽에 마스크를 적용하여 가려지도록 만듭니다.

바깥 테두리 그리고, 테두리 중앙에 텍스트 넣기

사방 마진을 동일하게 설정하여 그리드를 그린 다음 테두리에 Stroke를 적용하여 만듭니다.
테두리 안쪽을 같은 너비로 삭제한 다음 청첩장 정보를 중앙에 입력합니다.

인쇄를 고려한 도련과 그리드 만들기

1 새로운 캔버스를 만들기 위해 메뉴에서 (File) → New를 실행합니다. New Document 대화상자가 표시되면 Width를 '175mm', Height를 '130mm', Resolution을 '300', Color Mode를 'RGB Color'로 설정한 다음 〈Create〉 버튼을 클릭합니다. 메뉴에서 (View) → Rulers를 실행하여 눈금자를 표시한 다음 캔버스의 네 모서리에 눈금자를 드래그하여 가이드라인을 만듭니다.

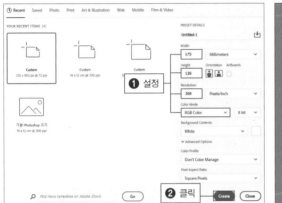 

2 메뉴에서 (Image) → Canvas Size를 실행합니다. 사방 3mm씩 키워야 하므로 가로, 세로 크기에 6mm씩 더합니다. Canvas Size 대화상자가 표시되면 Width를 '181mm', Height를 '136mm'로 설정하고 Canvas extension color를 'Background'로 지정한 다음 〈OK〉 버튼을 클릭합니다. 왼쪽 눈금자를 드래그하여 90.5mm 위치에, 상단 눈금자를 드래그하여 68mm 위치에 가이드라인을 만듭니다.

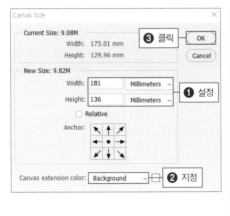 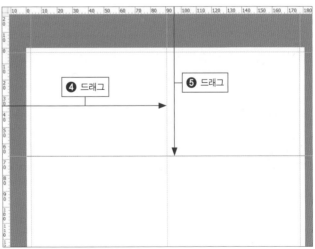

이미지의 배경색 변경하고 회화 효과 적용하기

1 메뉴에서 [File] → Place Embedded를 실행하여 02 폴더에서 '튤립.jpg' 파일을 불러옵니다. 중심 가이드라인에 맞춰 이미지의 크기를 조금 키워 줍니다. Layers 패널에서 '튤립' 레이어를 확인하면 Smart Object 상태(▣)로 표시되어 있습니다.

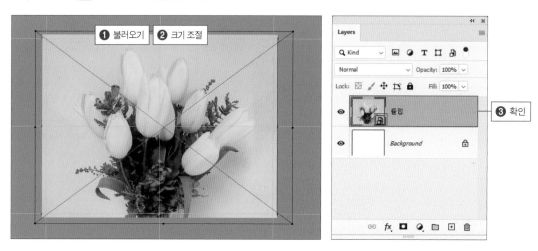

2 Layers 패널에서 '튤립' 레이어를 마우스 오른쪽 버튼으로 클릭한 다음 Rasterize Layer를 실행합니다.

3 배경색을 변경하기 위해 메뉴에서 (Image) → Adjustments → Replace Color를 실행합니다. Replace Color 대화상자가 표시되면 스포이트 도구( )로 배경을 클릭하고 Fuzziness를 '107', Hue를 '23', Saturation을 '33', Lightness를 '5'로 설정한 다음 〈OK〉 버튼을 클릭합니다.

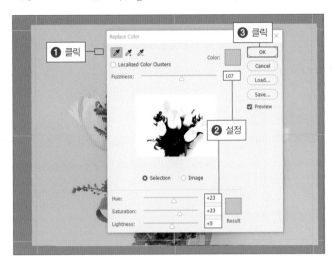

4 필터를 사용하여 회화 느낌을 적용하기 위해 메뉴에서 (Filter) → Filter Gallery를 실행합니다. Filter Gallery 대화상자가 표시되면 Artistic에서 'Poster Edges'를 선택하고, Edge Thickness를 '3', Edge Intensity를 '3', Posterization을 '3'으로 설정한 다음 〈OK〉 버튼을 클릭합니다.

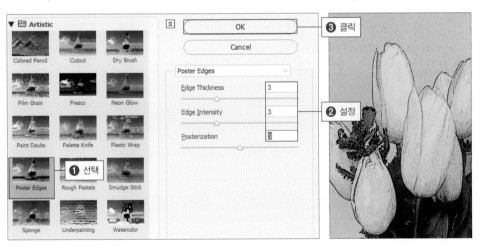

텍스트에 효과 적용하기

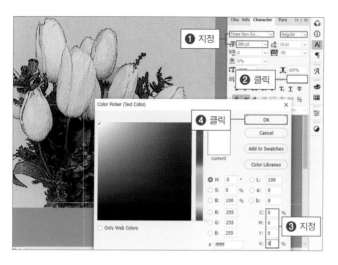

1 Tools 패널에서 문자 도구(T)를 선택합니다. Character 패널에서 글꼴을 'Times New Roman', 글꼴 스타일을 'Regular', 글꼴 크기를 '280pt'로 지정하고, Color의 색상 상자를 클릭하여 Color Picker 대화상자가 표시되면 C를 '0%', M을 '0%', Y를 '0%', K를 '0%'로 지정한 다음 〈OK〉 버튼을 클릭합니다.

2 소문자 'w'를 입력합니다. Tools 패널에서 이동 도구(⊕)를 선택하고 Ctrl +T를 누른 다음 튤립 중앙으로 텍스트를 이동합니다.

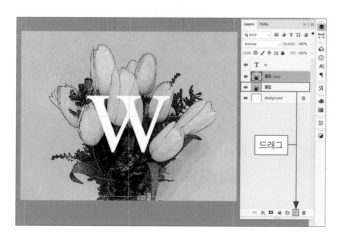

3 Layers 패널에서 '튤립' 레이어를 'Create a new layer' 아이콘(⊞)으로 드래그하여 레이어를 복사합니다.

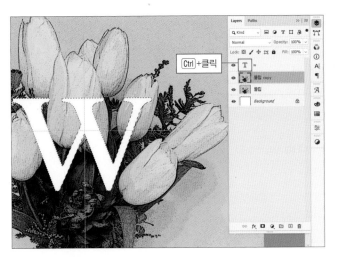

4 Ctrl 을 누른 상태로 'w' 레이어의 섬네일을 클릭하여 선택 영역으로 지정합니다.

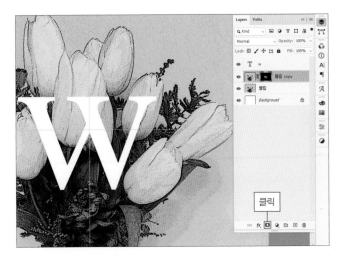

5 Layers 패널에서 'Add vector mask' 아이콘(▣)을 클릭하여 선택된 부분에 마스크를 적용합니다.

6 Layers 패널에서 'w' 레이어의 '눈' 아이콘(◉)을 클릭하여 비활성화합니다. '튤립 copy' 레이어의 섬네일을 클릭한 다음 레이어를 더블클릭합니다.

7 Layer Style 대화상자가 표시되면 Blending Options에서 Blend Mode를 'Divide', Opacity를 '75%', Fill Opacity를 '80%'로 설정합니다. 'Inner Glow'를 선택한 다음 Blend Mode를 'Screen', Opacity를 '75%', Choke를 '25%', Size를 '10px'로 설정합니다.

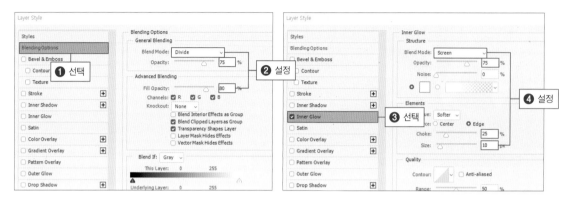

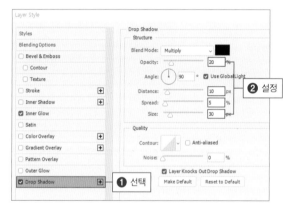

8 'Drop Shadow'를 선택하고 Opacity를 '20%', Distance를 '10px', Spread를 '5%', Size를 '30px'로 설정한 다음 〈OK〉 버튼을 클릭합니다.

9 레이어에 적용된 스타일을 확인합니다.

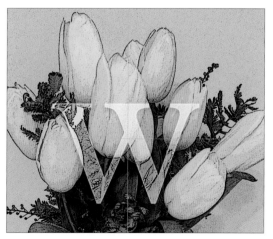

그림에 가려진 텍스트 만들기

1 　Tools 패널에서 문자 도구(T)를 선택하고 Character 패널에서 글꼴을 'Times New Roman', 글꼴 스타일을 'Bold', 글꼴 크기를 '150pt', 자간을 '-50'으로 지정합니다. Color의 색상 상자를 클릭하여 Color Picker 대화상자가 표시되면 C를 '0%', M을 '100%', Y를 '0%', K를 '0%'로 지정한 다음 〈OK〉 버튼을 클릭합니다.

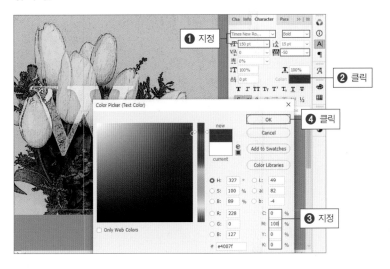

2 　이미지에 날짜를 입력합니다. Tools 패널에서 이동 도구(⊕)를 선택하고, 입력한 텍스트를 이미지 하단 가운데로 이동합니다.

3 Layers 패널에서 '6. 26' 레이어가 선택된 상태에서 마우스 오른쪽 버튼을 클릭한 다음 Rasterize Type을 실행합니다. 텍스트 속성이 이미지로 변경되었습니다.

> **TIP**
> Rasterize Type은 텍스트를 이미지로 만들어 줍니다. 이미지로 변경해야 여러 가지 다양한 효과를 적용할 수 있습니다.

4 Layers 패널에서 '튤립' 레이어를 선택합니다. Tools 패널에서 마술봉 도구(🪄)를 선택하고 Shift를 누른 상태로 튤립의 배경 영역을 모두 클릭하여 선택 영역으로 지정합니다.

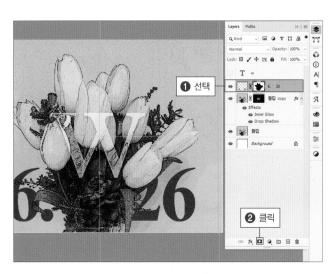

5 Layers 패널에서 '6. 26' 레이어를 선택한 다음 하단의 'Add vector mask' 아이콘(🔲)을 클릭하여 선택된 부분에 마스크를 적용합니다.

모서리 부분에 테두리 그리기

1 메뉴에서 〔View〕 → New Guide Layout을 실행합니다. New Guide Layout 대화상자가 표시되면 'Columns'를 체크 해제합니다. Margin을 체크 표시하여 Top을 '8mm', Left를 '8mm', Bottom을 '8mm', Right를 '8mm'로 설정한 다음 〈OK〉 버튼을 클릭합니다.

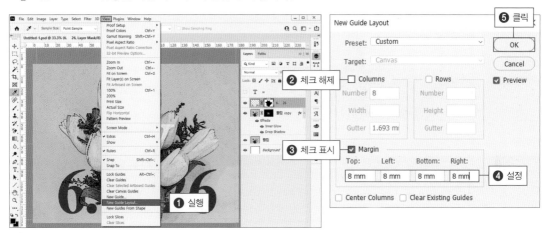

2 Layers 패널에서 하단의 'Create a new layer' 아이콘(⊞)을 클릭하여 새로운 레이어를 생성한 다음 더블클릭하여 이름을 'line'으로 변경합니다.

3 Tools 패널에서 사각형 선택 도구
(▭)를 선택하고, 가이드라인 안쪽을 그
림과 같이 드래그합니다. 마우스 오른쪽
버튼을 클릭한 다음 Stroke를 실행합니다.

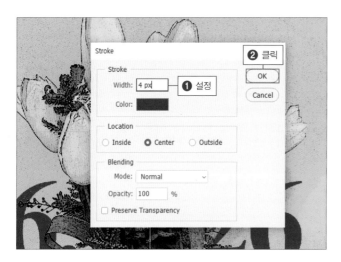

4 Stroke 대화상자가 표시되면 Width
를 '4px'로 설정하고, Color는 그대로 유
지한 다음 〈OK〉 버튼을 클릭합니다.

5 메뉴에서 (View) → New Guide
Layout을 실행하여 New Guide Layout
대화상자가 표시되면 'Columns'를 체크
해제하고, Margin에서 Top을 '20mm',
Left를 '20mm', Bottom을 '20mm',
Right를 '20mm'로 설정한 다음 〈OK〉
버튼을 클릭합니다.

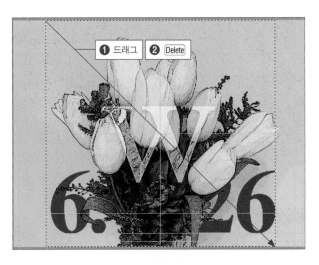

6 Tools 패널에서 사각형 선택 도구(▣)를 선택하고, 가이드라인 안쪽을 그림과 같이 드래그한 다음 Delete를 눌러 라인 안쪽을 지웁니다.

7 마찬가지로 가이드라인 안쪽을 그림과 같이 드래그한 다음 Delete를 눌러 라인 안쪽을 지웁니다.

8 메뉴에서 (View) → Show → Guides를 실행하여 체크 해제한 다음 만들어진 라인을 확인합니다.

청첩장 정보 입력하기

1 Tools 패널에서 문자 도구(T)를 선택합니다. Character 패널에서 글꼴을 'Times New Roman', 글꼴 스타일을 'Bold', 글꼴 크기를 '14pt', 행간을 '16pt', 자간을 '-10'으로 지정한 다음 'Wedding Invitation'을 2 줄로 입력합니다.

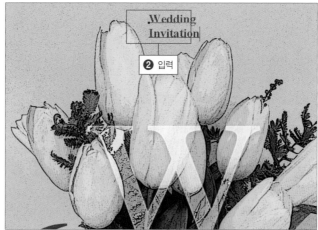

2 'Wedding Invitation' 텍스트를 드래그하여 선택한 다음 Paragraph 패널에서 'Center text' 아이콘(▤)을 클릭합니다.

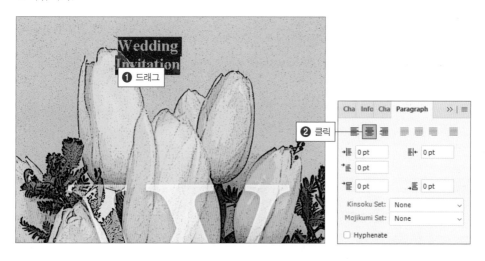

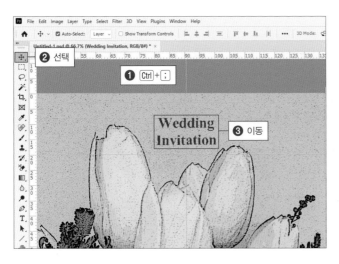

3 메뉴에서 [View] → Show → Guides(Ctrl+;)를 실행하여 가이드라인을 표시합니다. Tools 패널에서 이동 도구(⊕)를 선택한 다음 가이드라인 가운데에 맞춰 텍스트를 이동합니다.

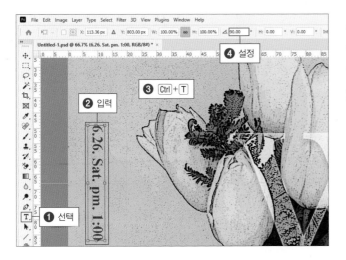

4 Tools 패널에서 문자 도구(T)를 선택합니다. 그림과 같이 날짜를 입력한 다음 Ctrl+T를 누르고 옵션바에서 Rotate를 '90°'로 설정합니다.

5 Character 패널에서 글꼴 크기를 '12pt'로 지정합니다.

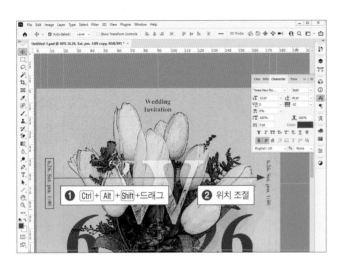

6 Ctrl + Alt + Shift 를 누른 상태로 오른쪽으로 드래그하여 복사한 다음 가이드라인에 맞춰 위치를 조절합니다.

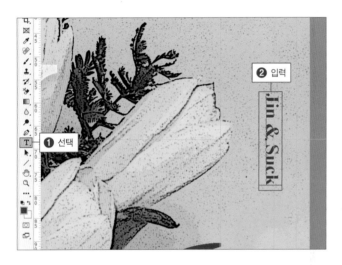

7 Tools 패널에서 문자 도구(T.)를 선택하고, 복사한 텍스트를 그림과 같이 수정합니다.

8 메뉴에서 (View) → Show → Guides를 실행하여 체크 해제한 다음 전체 이미지를 확인합니다.

인쇄를 위한 컬러 모드 변경하기

1 이전 과정에서는 여러 가지 필터를 사용하기 위해 RGB 모드로 작업하였습니다. 인쇄를 위해 메뉴에서 〔Image〕 → Mode → CMYK Color를 실행합니다. 포토샵 경고창이 표시되면 〈Flatten〉 버튼을 클릭하여 레이어를 합친 다음 〈OK〉 버튼을 클릭합니다.

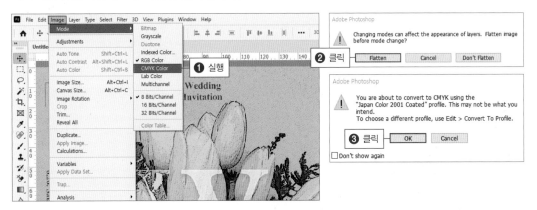

2 CMYK 모드로 변경하면 색상이 조금 탁해지는 것을 확인할 수 있습니다. 메뉴에서 〔Image〕 → Adjustments → Hue/Saturation을 실행합니다. Hue/Saturation 대화상자가 표시되면 Saturation을 '10' 으로 설정한 다음 〈OK〉 버튼을 클릭하여 채도를 조절합니다.

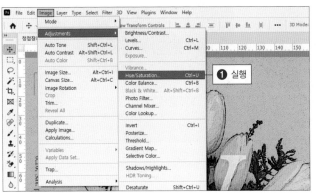
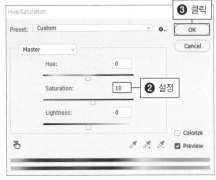

CHAPTER 06

필터와 브러시를 사용하여
레트로 느낌의 인물 포스터 디자인하기

포스터는 시선을 끌며 정보를 전달하는 기능이 있습니다.
사진을 이용하여 인상적인 그래픽을 만들어 간단하지만 멋스럽게 포스터를 제작해 봅니다.

예제 파일 02\인물 사진.jpg   **완성 파일** 02\인물 포스터 1_완성.psd, 인물 포스터 2_완성.psd

자동으로 배경 지우기

Quick Actions에서 'Remove Background'를
실행하여 배경을 자동으로 지웁니다. 자연스럽지 못한
부분은 브러시를 이용하여 마스크 부분을 다듬습니다.

이미지에 레트로 효과 적용하기

Saturation을 설정하여 이미지의 채도를 낮춥니다.
Filter Gallery에서 'Water Paper' 효과를 적용하여
오래된 듯한 레트로 효과를 연출합니다.

러프하게 색상 적용하기

흑백 이미지 위에 'Hard Round'
브러시로 러프하게 채색합니다.

레이어 블렌딩 모드 변경하기

채색한 레이어를 'Multiply'로 지정하여
실크 스크린처럼 먹색 안에 색이 흡수되도록 합니다.

배경 색상 넣기

인물을 선택 영역으로 만든 다음 노란색 그림자를 만들고 살짝 회전합니다.
배경은 청록색을 적용하고 흑백 이미지의 Opacity를 '85%'로 설정하여 색상이 중첩되는 느낌을 연출합니다.

———

서명 넣기

서명 느낌의 폰트를 이용하여 왼쪽 하단에 서명을 넣습니다.

이미지 배경 지우기

1 메뉴에서 (File) → Open을 실행하여 02 폴더에서 '인물 사진.jpg' 파일을 불러옵니다. 메뉴에서 (Image) → Image Size를 실행하여 Image Size 대화상자가 표시되면 'Resample'을 체크 표시하고, Width를 '25cm'로 설정하여 자동으로 높이도 비율에 맞게 변경되면 〈OK〉 버튼을 클릭합니다.

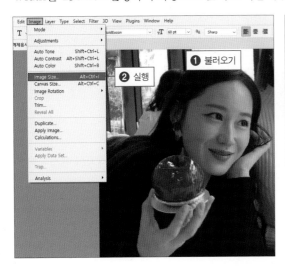
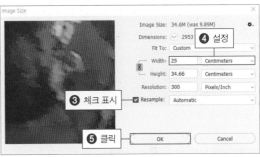

TIP
B4 크기(257x364mm) 안에 인쇄되도록 가로 길이를 25cm로 변경합니다. 우리가 흔히 사용하는 A3보다 작은 크기이므로 A3로도 출력이 가능합니다.

---

2 Layers 패널에서 'Background' 레이어를 'Create a new layer' 아이콘(□)으로 드래그하여 복사한 다음 '눈' 아이콘(◉)을 클릭하여 비활성화합니다.

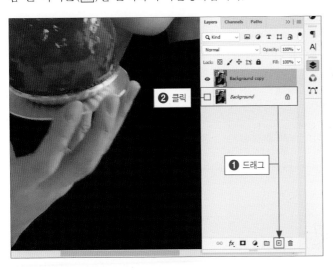

클릭

3 메뉴에서 〔Window〕 → Properties 를 실행합니다. Properties 패널이 표시되면 하단에 〈Remove Background〉 버튼을 클릭하여 배경을 지웁니다.

TIP
Remove Background는 배경에 마스크를 적용하여 주된 이미지와 분리하는 방식으로, 경계가 명확하지 않은 부분은 애매하게 마스크가 적용됩니다. 그러므로 Remove Background를 적용한 다음 경계를 일일이 손으로 지워 경계를 명확히 보이게 해야 합니다.

4 자동으로 지운 이미지의 배경에서 지워지지 않은 부분을 확인할 수 있습니다. 지워지지 않은 부분을 삭제하겠습니다.

❸ 선택

❶ 클릭

❷ 지정

5 Layers 패널에서 'Background copy' 레이어에 마스크가 적용된 것을 확인합니다.
마스크 영역을 클릭하고, Tools 패널에서 전경색을 '검은색'으로 지정한 다음, 브러시 도구(✏)를 선택합니다.

6 옵션바에서 브러시 Size를 '100px', General Brushes에서 'Soft Round'를 선택합니다. 배경에서 지워지지 않은 부분을 브러시로 드래그하여 마스크를 적용합니다.

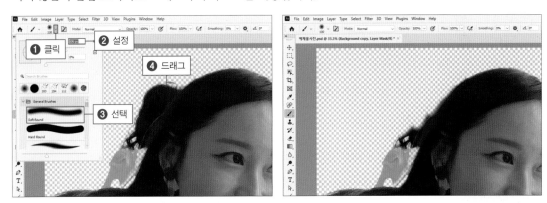

7 옵션바에서 브러시 Size를 '30px'로 설정하여 배경의 디테일한 부분을 정리합니다. 하단에 소매 부분의 배경도 브러시로 드래그하여 깔끔하게 정리합니다.

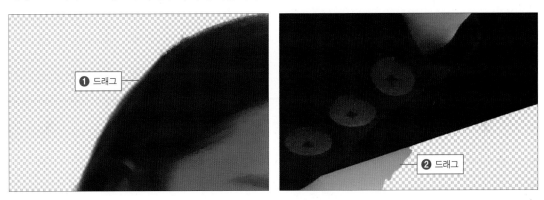

8 Tools 패널에서 '색상 교체' 아이콘(↪)을 클릭하여 전경색과 배경색을 교체합니다. 전경색이 '흰색'으로 변경되면 손가락의 지워진 부분을 브러시로 드래그하여 보이도록 수정합니다.

이미지에 필터 적용하고 색칠하기

1 Layers 패널에서 'Background copy' 레이어의 섬네일을 클릭합니다.

2 메뉴에서 (Image) → Adjustments → Hue/Saturation을 실행합니다. Hue/Saturation 대화상자가 표시되면 Saturation을 '-100'으로 설정한 다음 〈OK〉 버튼을 클릭합니다.

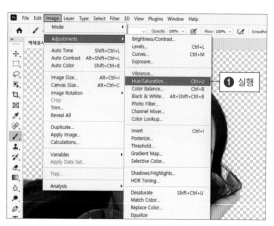

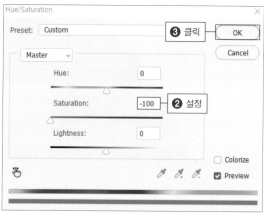

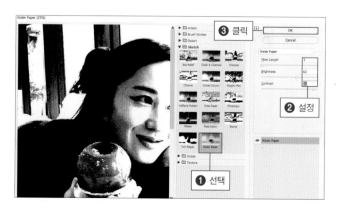

3 메뉴에서 (Filter) → Filter Gallery 를 실행합니다.

Filter Gallery 대화상자가 표시되면 Sketch에서 'Water Paper'를 선택합니다. Fiber Length를 '3', Brightness를 '62', Contrast를 '93'으로 설정한 다음 〈OK〉 버튼을 클릭합니다.

4 Layers 패널에서 'Create a new layer' 아이콘(⊞)을 클릭하여 새로운 레이어를 생성합니다.

프로젝트

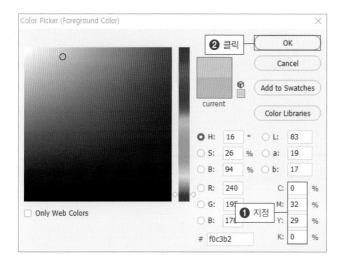

5 Tools 패널에서 전경색을 더블클릭하여 Color Picker 대화상자가 표시되면 C를 '0%', M을 '32%', Y를 '29%', K를 '0%'로 지정한 다음 〈OK〉 버튼을 클릭합니다.

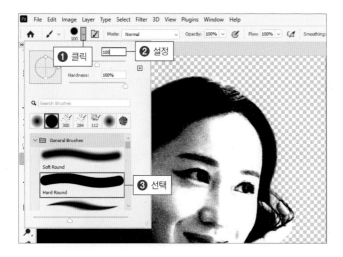

6 Tools 패널에서 브러시 도구(✏️)를 선택한 다음 옵션바에서 Size를 '100px', General Brushes에서 'Hard Round'를 선택합니다.

7 얼굴의 눈과 입을 제외하고 브러시로 채색합니다. 디테일하게 칠하지 않고 러프하게 작업합니다.

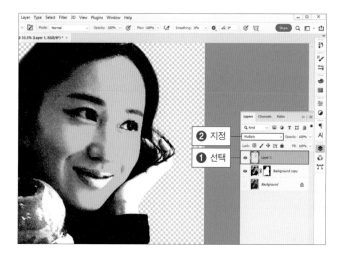

8 Layers 패널에서 'Layer 1' 레이어의 블렌딩 모드를 'Multiply'로 지정합니다.

9 옵션바에서 브러시 크기를 조절하며 양쪽 손도 그림과 같이 채색합니다.

10   Tools 패널에서 전경색을 더블클릭하여 Color Picker 대화상자가 표시되면 C를 '7%', M을 '100%', Y 를 '100%', K를 '0%'로 지정한 다음 〈OK〉 버튼을 클릭합니다. 사과 형태를 따라서 빨간색으로 채색합니다.

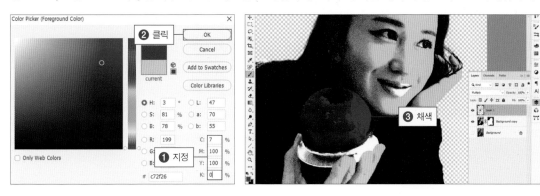

11   Tools 패널에서 전경색을 더블클릭하여 Color Picker 대화상자가 표시되면 C를 '70%', M을 '20%', Y 를 '10%', K를 '0%'로 지정한 다음 〈OK〉 버튼을 클릭합니다. 사과 아래의 받침을 따라서 색을 러프하게 채 색합니다.

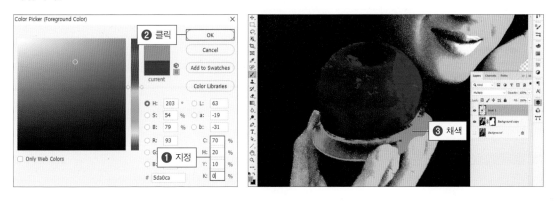

12   Tools 패널에서 전경색을 더블클릭하여 Color Picker 대화상자가 표시되면 C를 '0%', M을 '85%', Y 를 '0%', K를 '0%'로 지정한 다음 〈OK〉 버튼을 클릭합니다. 입술 라인을 따라서 색을 러프하게 채색합니다.

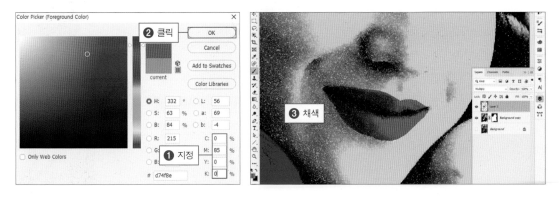

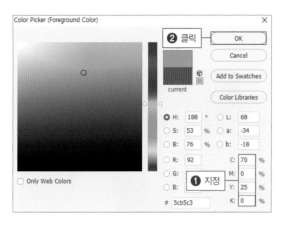

13 Tools 패널에서 전경색을 더블클릭하여 Color Picker 대화상자가 표시되면 C를 '70%', M을 '0%', Y를 '25%', K를 '0%'로 지정한 다음 〈OK〉 버튼을 클릭합니다.

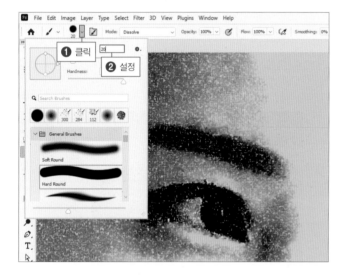

14 아이라인을 그리기 위해 옵션바에서 Size를 '20px'로 설정합니다.

15 눈 위쪽을 따라서 그림과 같이 아이라인을 그립니다.

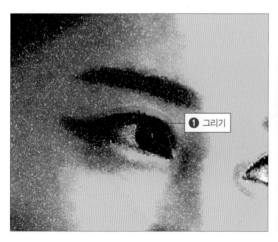

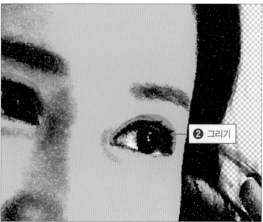

배경에 색상 적용하고 서명 만들기

1 Layers 패널에서 'Create a new layer' 아이콘(⊞)을 클릭하여 새로운 레이어를 생성한 다음, 더블클릭하여 이름을 'color shadow'로 변경합니다. 'color shadow' 레이어를 'Background' 레이어 위로 이동합니다.

2 Layers 패널에서 Ctrl을 누른 상태로 'Background copy' 레이어의 마스크 영역을 클릭하여 인물을 선택 영역으로 지정합니다.

> **TIP**
> 'Background copy' 레이어의 마스크 영역이 아닌 'color shadow' 레이어가 선택된 상태로 다음 과정을 진행합니다.

3 Tools 패널에서 전경색을 C를 '0%', M을 '30%', Y를 '80%', K를 '0%'로 지정합니다. Shift + F5 를 눌러 Fill 대화상자가 표시되면 Contents를 'Foreground Color'로 지정한 다음 〈OK〉 버튼을 클릭합니다.

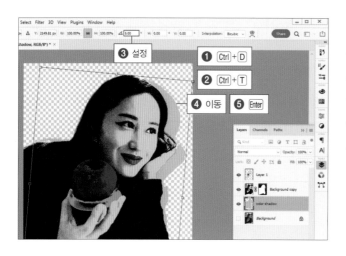

4   Ctrl + D 를 눌러 선택 영역을 해
제하면 인물에 가려져서 그림자가 보이
지 않습니다. Ctrl + T 를 누르고 옵션바
에서 Rotate를 '5°'로 설정합니다. 오른
쪽으로 조금 이동한 다음 Enter 를 눌러 적
용합니다.

5   Layers 패널에서 새로운 레이어를 생성하고, 'Background' 레이어 위로 이동합니다. Tools 패널에서
전경색을 C를 '74%', M을 '0%', Y를 '58%', K를 '0%'로 지정한 다음 〈OK〉 버튼을 클릭합니다.

 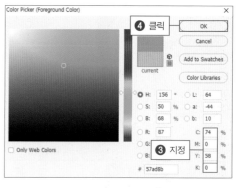

6   Shift + F5 를 눌러 Fill 대화상자가 표시되면 Contents를 'Foreground Color'로 지정한 다음 〈OK〉 버
튼을 클릭합니다.

7 Layers 패널에서 'Background copy' 레이어의 섬네일을 클릭한 다음 Opacity를 '85%'로 설정합니다.

8 Tools 패널에서 문자 도구(T)를 선택한 다음 이름을 입력합니다. Character 패널에서 글꼴을 'Old Man Eloquent', 글꼴 크기를 '42pt', 자간을 '20', Color를 '흰색'으로 지정합니다.

9 Ctrl+T를 누른 다음 하단 라인에 맞춰 회전합니다. 회전한 텍스트는 그림과 같이 배치합니다.

취향에 맞게 색상 변경하기

1 Layers 패널에서 'Background copy' 레이어의 Opacity를 '60%'로 설정합니다.

❷ 설정

❶ 선택

2 Layers 패널에서 'color shadow' 레이어를 선택합니다. 메뉴에서 (Image) → Adjustments → Hue/Saturation을 실행합니다.

❷ 실행

❶ 선택

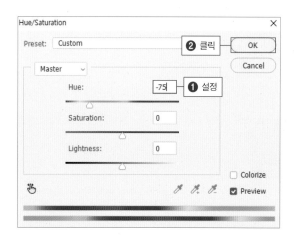

3 Hue/Saturation 대화상자가 표시되면 Hue를 '-75'로 설정한 다음 〈OK〉 버튼을 클릭합니다.

❷ 클릭

❶ 설정

4 Layers 패널에서 'Layer 2' 레이어를 선택합니다. 메뉴에서 (Image) → Adjustments → Hue/Saturation을 실행합니다.

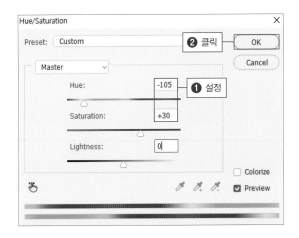

5 Hue/Saturation 대화상자가 표시되면 Hue를 '-105', Saturation을 '30'으로 설정한 다음 〈OK〉 버튼을 클릭합니다.

6 변경된 색상을 확인합니다. 색상과 밝기는 취향에 맞게 여러 가지로 적용해 봅니다.

CHAPTER 07

혼합 브러시를 이용하여
컬러 포스터 디자인하기

포토샵에서 혼합 브러시를 이용하면 3D 입체 효과를 만들어 다양한 표현이 가능합니다.
간단한 방법으로 자연스러운 그러데이션의 혼합 브러시를 만들어 포스터 디자인을 해 봅니다.

완성 파일 02\컬러 포스터_완성.psd

입체감 살려 입체 오브젝트 만들기

원 안에 그러데이션 색상을 적용하고, 혼합 브러시를 이용하여 색상을 지정한 다음
지그재그 라인을 그려 입체감이 드는 오브젝트를 표현합니다.

텍스트 라인화하기

텍스트를 입력하고 그 위에 펜 도구로 라인을 그립니다.

패스에 혼합 브러시 적용하기

펜 도구로 그린 패스에 혼합 브러시를
적용하여 입체감이 드는 텍스트를 만들고,
좀 더 입체감을 살리기 위해 그림자를 적용합니다.

오브젝트에 가려진 텍스트 넣기

각각의 텍스트를 입력하고 가려지는
위치에 배치한 다음 마스크를 적용합니다.

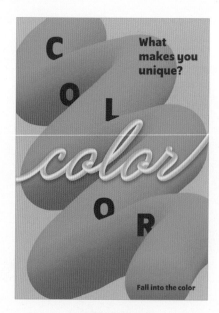

타이틀 넣기

가이드라인을 만들고 오른쪽 상단과 하단에 타이틀을 입력합니다.

새 캔버스 만들기

1 새로운 캔버스를 만들기 위해 메뉴에서 [File] → New를 실행합니다. New Document 대화상자가 표시되면 'Print'를 선택하고, 'A3'를 선택합니다. Width가 '297mm', Height가 '420mm', Resolution이 '300' 인 것을 확인하고, Color Mode를 'CMYK Color'로 지정한 다음 〈Create〉 버튼을 클릭합니다.

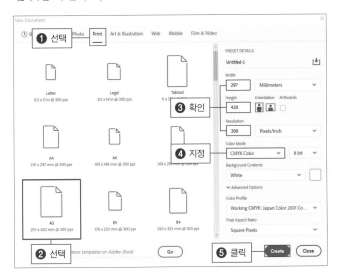

2 Layers 패널에서 'Create new fill or adjustment layer' 아이콘(⬤)을 클릭한 다음 Solid Color를 실행합니다. Color Picker 대화상자가 표시되면 C를 '30%', M을 '20%', Y를 '20%', K를 '0%'로 지정한 다음 〈OK〉 버튼을 클릭합니다. Layers 패널에서 'Background' 레이어를 'Delete layer' 아이콘(🗑)으로 드래그하여 삭제합니다.

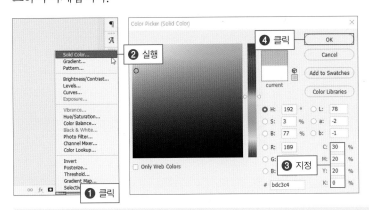

TIP
보정 레이어를 활용하여 배경에 색상을 적용하면 이후 작업에서 배경을 늘리거나 따로 조절할 경우에도 배경에 적용한 색상이 그대로 적용됩니다.

혼합 브러시 만들기

1 Layers 패널에서 'Create a new layer' 아이콘(⊞)을 클릭하여 새로운 레이어를 생성합니다. Tools 패널에서 원형 선택 도구(○)를 선택하고 Shift 를 누른 상태로 드래그하여 정원의 선택 영역을 만듭니다.

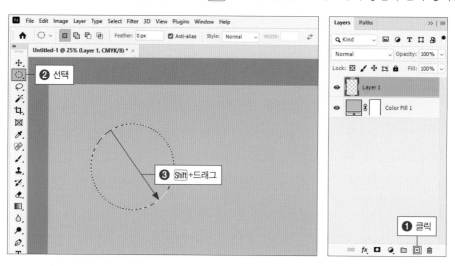

2 Tools 패널에서 그레이디언트 도구(■)를 선택합니다. 옵션바에서 그러데이션의 '펼침' 아이콘(∨)을 클릭한 다음 Iridescent의 'Iridescent_20'을 선택합니다.

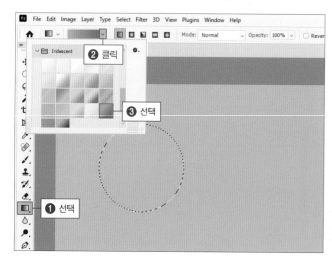

3 옵션바에서 그러데이션을 클릭하여 Gradient Editor 대화상자가 표시되면 그러데이션 바에서 왼쪽의
'Color Stop' 아이콘(🔲)을 더블클릭합니다. Color Picker 대화상자가 표시되면 C를 '70%', M을 '0%', Y를
'30%', K를 '0%'로 지정한 다음 〈OK〉 버튼을 클릭합니다.

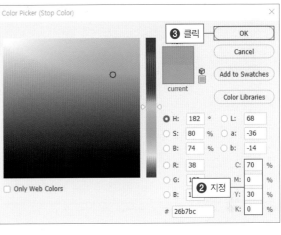

4 그러데이션 바에서 오른쪽의 'Color Stop' 아이콘(🔲)을 더블클릭합니다. Color Picker 대화상자가
표시되면 C를 '20%', M을 '60%', Y를 '0%', K를 '0%'로 지정한 다음 〈OK〉 버튼을 클릭합니다.

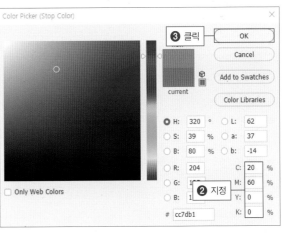

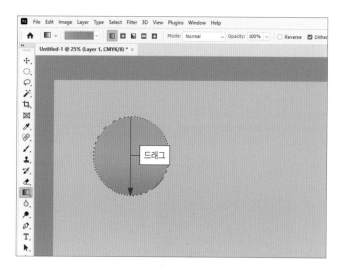

5 원형 선택 영역을 드래그하여 설정한 그러데이션을 적용합니다.

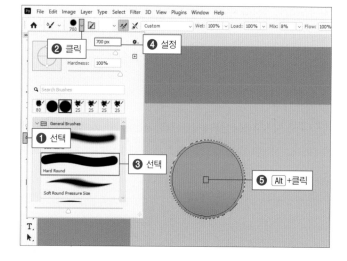

6 Tools 패널에서 혼합 브러시 도구(☑)를 선택합니다.
옵션바에서 브러시의 '펼침' 아이콘(⌄)을 클릭한 다음 General Brushes에서 'Hard Round'를 선택하고, Size를 만든 원 크기에 맞춰 설정합니다. Alt를 누른 상태에서 그러데이션 원 중앙을 클릭합니다.

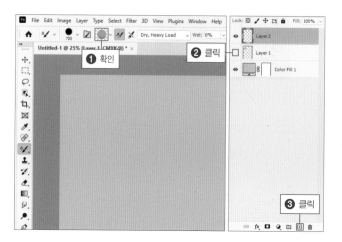

7 옵션바에 그러데이션 혼합 브러시가 생성되었습니다.
Layers 패널에서 'Layer 1' 레이어의 '눈' 아이콘(◉)을 클릭하여 비활성화한 다음 'Create a new layer' 아이콘(⊞)을 클릭하여 새로운 레이어를 생성합니다.

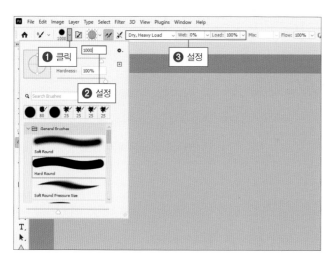

8 옵션바에서 Size를 '1000px'로 설정한 다음 Useful mixer brush combinations 를 'Dry, Heavy Load', Wet을 '0%', Load 를 '100%'로 설정합니다.

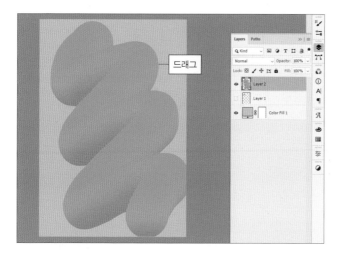

9 혼합 브러시로 캔버스를 지그재그로 드래그하여 입체 오브젝트를 그립니다.

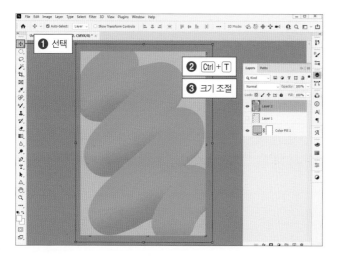

10 Tools 패널에서 이동 도구(⊕)를 선택하고 Ctrl+T를 눌러 크기를 조절 합니다.

패스에 혼합 브러시 적용하기

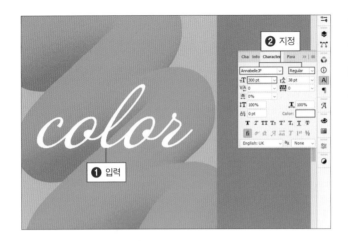

1 Tools 패널에서 문자 도구(T)를 선택하고 'color'를 입력합니다. Character 패널에서 글꼴을 'AnnabelleJF', 글꼴 크기를 '300pt', 색상을 '흰색'으로 지정합니다.

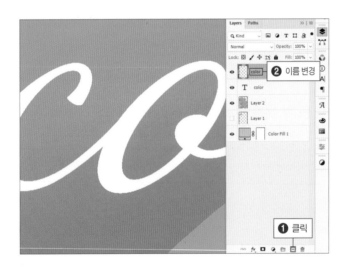

2 Layers 패널에서 새로운 레이어를 생성한 다음 더블클릭하여 이름을 'color'로 변경합니다.

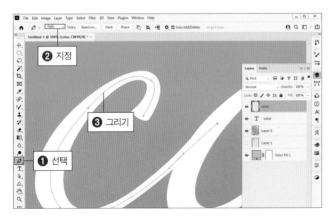

3 Tools 패널에서 펜 도구(⊘)를 선택하고 옵션바에서 'path'로 지정합니다. 텍스트를 따라서 펜 도구로 'c'를 그립니다.

> **TIP**
> 잘못 그린 부분의 곡선은 Tools 패널에서 직접 선택 도구(▷)를 이용하여 수정합니다.

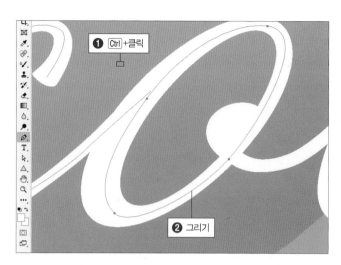

4 **Ctrl**을 누른 상태에서 텍스트 바깥쪽을 클릭하여 선택된 'c'를 해제한 다음 'o'를 따라서 그립니다.

❶ Ctrl +클릭

❷ 그리기

5 3번 ~ 4번 과정과 같은 방법으로 펜 도구(✐)를 이용해 남은 텍스트를 모두 따라 그립니다.

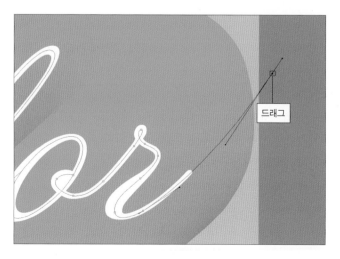

6 마지막 'r' 텍스트의 라인 끝은 바깥쪽으로 빼 줍니다.

드래그

7 'c' 텍스트 앞에는 펜 도구(✐.)를 이용하여 연결선을 그려 줍니다.

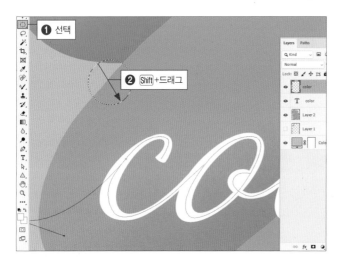

8 Tools 패널에서 원형 선택 도구(◯.)를 선택하고 Shift를 누른 상태로 드래그하여 정원을 그립니다.

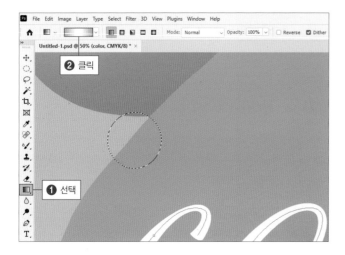

9 Tools 패널에서 그레이디언트 도구(▣)를 선택하고 옵션바에서 그러데이션을 클릭합니다.

10   Gradient Editor 대화상자가 표시되면 Presets의 Grays에서 'Gray_03'을 선택한 다음 그러데이션 바에서 왼쪽의 'Color Stop' 아이콘(▯)을 더블클릭합니다. Color Picker 대화상자가 표시되면 C를 '37%', M을 '30%', Y를 '28%', K를 '0%'로 지정한 다음 〈OK〉 버튼을 클릭합니다.

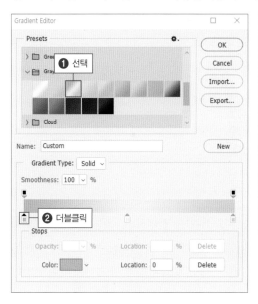
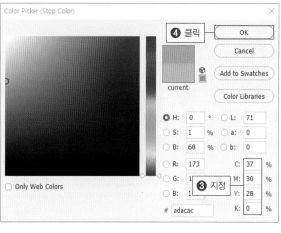

11   그러데이션 바에서 오른쪽의 'Color Stop' 아이콘(▯)을 더블클릭합니다. Color Picker 대화상자가 표시되면 C를 '37%', M을 '30%', Y를 '28%', K를 '0%'로 지정한 다음 〈OK〉 버튼을 클릭합니다.

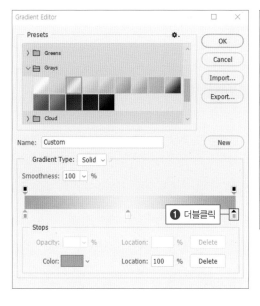

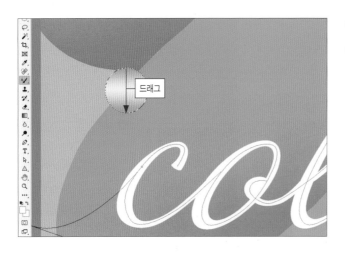

12   원형 선택 영역을 드래그하여 설정한 그러데이션을 적용합니다.

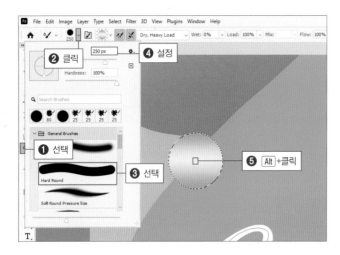

13   Tools 패널에서 혼합 브러시 도구(✓)를 선택하고, 옵션바에서 General Brushes에서 'Hard Round'를 선택한 다음 Size를 만든 원 크기에 맞춰 설정합니다. Alt 를 누른 상태에서 그러데이션 원 중앙을 클릭합니다.

14   옵션바에 그러데이션 혼합 브러시가 생성되었습니다. Delete 를 눌러 그러데이션 원은 삭제합니다. Tools 패널에서 직접 선택 도구(▷)를 선택한 다음 만든 패스를 모두 선택합니다.

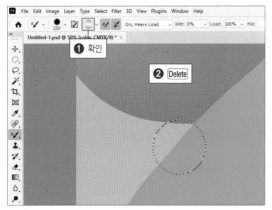

15 Tools 패널에서 혼합 브러시 도구(✓)를 선택하고 옵션바에서 Size를 '100px'로 설정합니다.

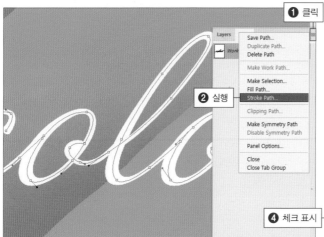

16 Paths 패널에서 '패널 메뉴' 아이콘(☰)을 클릭한 다음 Stroke Path를 실행합니다. Stroke Path 대화상자가 표시되면 Tool을 'Mixer Brush Tool'로 지정하고 'Simulate Pressure'을 체크 표시한 다음 〈OK〉 버튼을 클릭합니다.

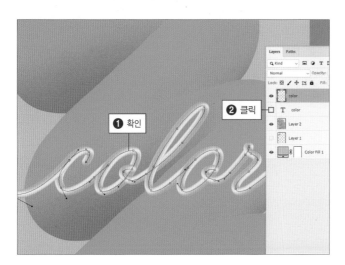

17 패스에 혼합 브러시가 적용된 것을 확인합니다. Layers 패널에서 'color' 문자 레이어의 '눈' 아이콘(👁)을 클릭하여 비활성화합니다.

색상 수정하고 텍스트 넣기

1 Layers 패널에서 'Layer 2' 레이어를 선택합니다. 메뉴에서 (Image) → Adjustments → Curves를 실행합니다.

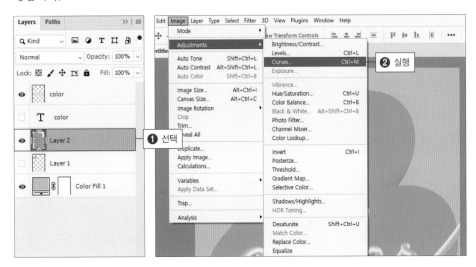

2 Curves 대화상자가 표시되면 Channel을 'Magenta'로 지정하고, Output을 '57', Input을 '44'로 설정한 다음 〈OK〉 버튼을 클릭합니다.

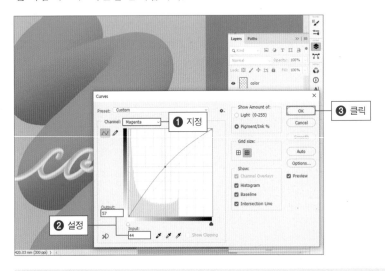

TIP
Curves의 설정 값을 입력할 수 있도록 입력 칸이 활성화되어 있지 않다면 그래프의 중심을 한 번 클릭하여 입력 칸을 활성화해 줍니다.

3 Tools 패널에서 문자 도구(T)를 선택하고 대문자 'C'를 입력합니다. Character 패널에서 글꼴을 'Program OT', 글꼴 스타일을 'Bold', 글꼴 크기를 '150pt'로 지정하고 Color의 색상 상자를 클릭합니다. Color Picker 대화상자가 표시되면 C를 '80%', M을 '80%', Y를 '70%', K를 '0%'로 지정한 다음 〈OK〉 버튼을 클릭합니다.

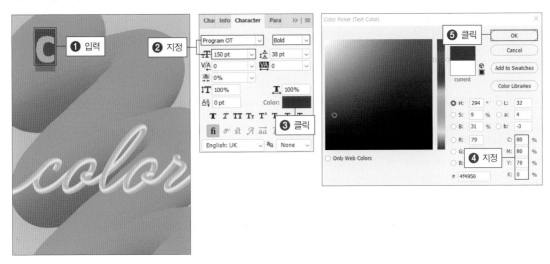

4 Ctrl+Alt를 누른 상태로 드래그하여 4개 텍스트를 복사한 다음 그림과 같이 배치합니다. Layers 패널에서 복사된 각각의 레이어를 더블클릭하여 대문자 'O', 'L', 'O', 'R'로 변경합니다.

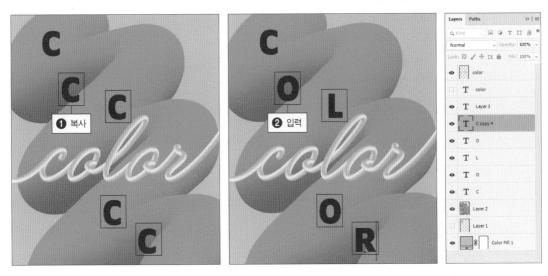

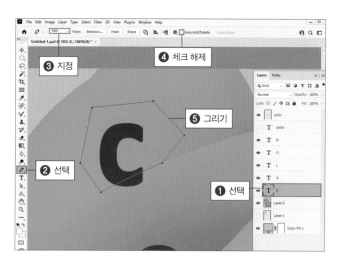

5 Layers 패널에서 'C' 레이어를 선택하고 Tools 패널에서 펜 도구(✐)를 선택합니다. 옵션바에서 'Path'로 지정하고 'Auto Add/Delete'를 체크 해제합니다. 그림과 같이 오브젝트 뒤쪽으로 보이는 글자 영역을 그립니다.

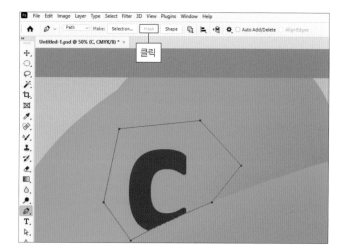

6 옵션바에서 〈Mask〉 버튼을 클릭하여 마스크를 적용합니다.

TIP
마스크가 반대로 적용된다면 옵션바에서 'Path operations' 아이콘(✐)을 클릭한 다음 'Intersect Shape Areas'를 선택합니다.

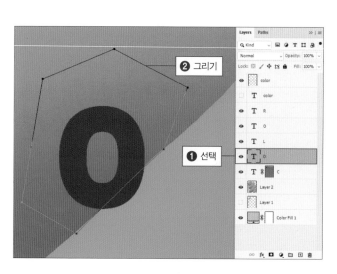

7 Layers 패널에서 'O' 레이어를 선택하고 그림과 같이 오브젝트 뒤쪽으로 보이는 글자 영역을 그립니다.

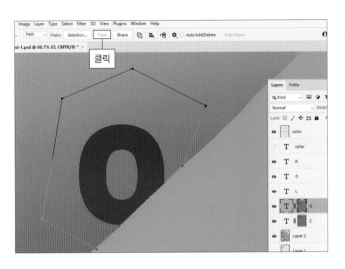

8 옵션바에서 〈Mask〉 버튼을 클릭하여 마스크를 적용합니다.

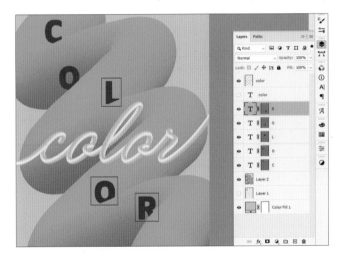

9 5번 ~ 8번 과정과 같은 방법으로 'L', 'O', 'R' 텍스트에도 마스크를 적용합니다.

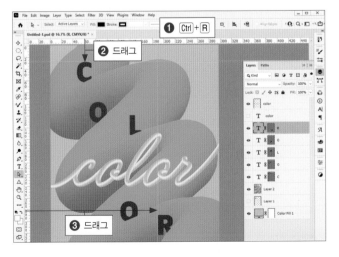

10 Ctrl + R 을 눌러 눈금자를 표시합니다. 상단 눈금자를 드래그하여 'C' 텍스트의 위에 가이드 라인을 만들고, 왼쪽 눈금자를 드래그하여 'R' 텍스트의 왼쪽에 가이드 라인을 만듭니다.

11 Tools 패널에서 문자 도구(T.)를 선택하고, 'What makes you unique?'를 입력합니다. Character 패널에서 글꼴을 'Program OT', 글꼴 스타일을 'Bold', 글꼴 크기를 '55pt', 행간을 '60pt'로 지정합니다.

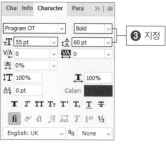

12 Paragraph 패널에서 'Left align text' 아이콘(☰)을 클릭합니다. 입력한 텍스트는 가이드라인에 맞춰 배치합니다.

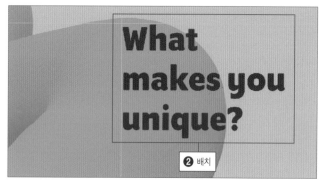

13 Tools 패널에서 문자 도구(T.)를 선택하고, 'Fall into the color'를 입력합니다. Character 패널에서 글꼴을 'Program OT', 글꼴 스타일을 'Bold', 글꼴 크기를 '34pt', 행간을 '60pt'로 지정한 다음 가이드라인에 맞춰 포스터 하단에 배치합니다.

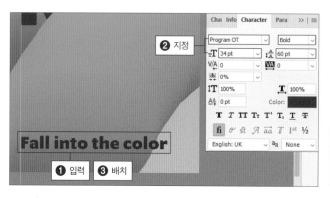

TIP
메뉴에서 [View] → Clear Guides를 실행하여 가이드라인을 비활성화합니다.

14 Layers 패널에서 'color' 레이어를 선택하고 더블클릭합니다. Layer Style 대화상자가 표시되면 'Drop Shadow'를 선택하고 Opacity를 '30%', Distance를 '28px', Spread를 '5%', Size를 '70px'로 설정한 다음 〈OK〉 버튼을 클릭합니다.

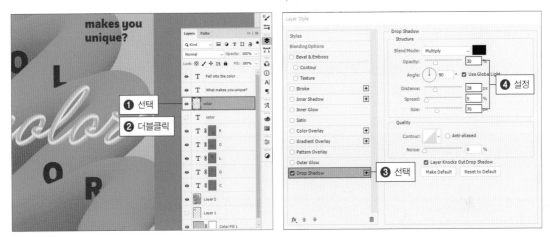

15 혼합 브러시를 이용한 컬러 포스터가 완성되었습니다.

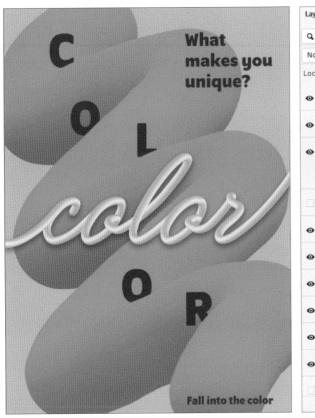

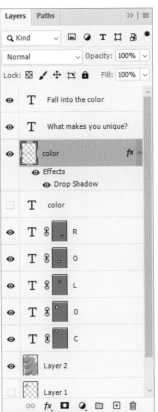

CHAPTER 08

빈티지한 느낌의
시집 표지 디자인하기

낮고 오래된 빈티지 이미지가 때로는 디지털 매체에 익숙한 소비자의 마음을 편안하고 안정적으로 이끌 수도 있습니다.
이러한 연출로 낡고 오래된 것에 대한 동경을 시집 표지 디자인으로 표현해 봅니다.

예제 파일 02\선인장1.jpg, 선인장2.jpg, 디자인닷로고.ai   **완성 파일** 02\시집 표지_완성.psd

자동으로 배경 지우기

Quick Actions에서 'Remove Background'를
실행하여 배경을 자동으로 지웁니다.
배경 외 필요 없는 부분은 패스로 선택하여 삭제합니다.

필터로 빈티지한 느낌 표현하기

Filter Gallery에서 'Halftone Pattern' 효과를
적용하여 해상도가 낮은 인쇄 분위기를 연출하여
빈티지한 느낌을 표현합니다.

표지에 이미지 배치하기

'Darken'으로 지정하고 Opacity를 '60%'로 설정합니다.
원본 이미지에서 꽃잎의 형태를 따와
꽃잎이 떨어지는 느낌도 왼쪽 하단에 표현합니다.

책 정보 넣기

가운데 정렬로 그리드를 맞춰
책 제목과 정보를 입력합니다.

물방울 만들기

펜 도구로 자연스럽게 물방울을 그리고 그러데이션을 적용합니다.
Layer Style에서 'Inner Glow'를 선택하여 밝고 어두운 부분을 자연스럽게 표현합니다.

물방울 느낌 살리고 글자 번짐 표현하기

물방울의 하이라이트를 넣고 물방울 레이어를 'Multiply'로 지정합니다.
물방울이 떨어져 번진 듯한 느낌을 글자에 스트로크를 적용하여 연출합니다.

새 캔버스 만들기

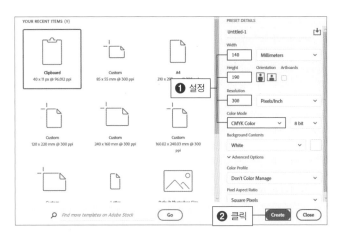

1 새로운 캔버스를 만들기 위해 메뉴에서 [File] → New를 실행합니다.
New Document 대화상자가 표시되면 Width를 '140mm', Height를 '190mm', Resolution을 '300', Color Mode를 'CMYK Color'로 설정한 다음 〈Create〉 버튼을 클릭합니다.

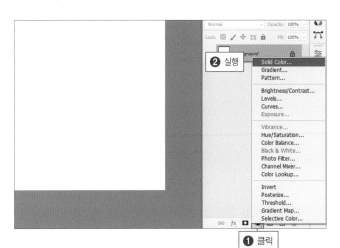

2 Layers 패널에서 'Create new fill or adjustment layer' 아이콘(⊘)을 클릭한 다음 Solid Color를 실행합니다.

> **TIP**
> 'Background' 레이어에 색상을 적용하는 것과 달리 Solid Color를 적용하면 이후 작업에서 배경을 늘리거나 따로 조절할 경우에도 배경에 적용한 색상이 그대로 적용됩니다.

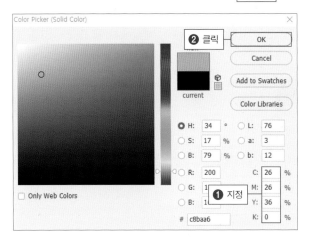

3 Color Picker 대화상자가 표시되면 C를 '26%', M을 '26%', Y를 '36%', K를 '0%'로 지정한 다음 〈OK〉 버튼을 클릭합니다.

빈티지한 느낌의 꽃 이미지 만들기

1 [Ctrl]+[O]를 눌러 02 폴더에서 '선인장1.jpg' 파일을 불러옵니다.
Layers 패널에서 'Background' 레이어를 'Create a new layer' 아이콘(⊞)으로 드래그하여 복사한 다음, 'Background' 레이어의 '눈' 아이콘(◉)을 클릭하여 비활성화합니다.

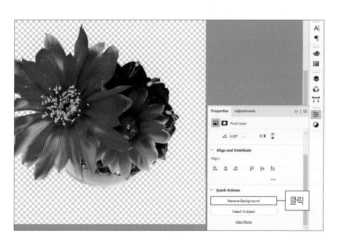

2 메뉴에서 (Window) → Properties를 실행하여 Properties 패널을 활성화합니다. Properties 패널에서 Quick Actions의 〈Remove Background〉 버튼을 클릭하여 배경을 삭제합니다.

3 Tools 패널에서 펜 도구(∅)를 선택하고 그림과 같이 오른쪽 꽃의 바깥 영역을 패스로 그립니다.

4 Paths 패널에서 Ctrl을 누른 상태로 Work Path의 섬네일을 클릭하여 선택 영역으로 지정합니다.

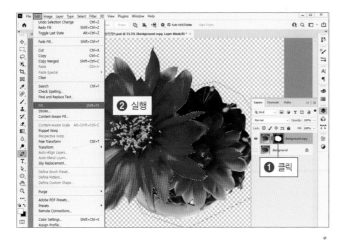

5 Layers 패널에서 'Background copy' 레이어의 마스크 영역을 클릭합니다. 메뉴에서 (Edit) → Fill을 실행합니다.

6 Fill 대화상자가 표시되면 Contents를 'Background Color'로 지정한 다음 〈OK〉 버튼을 클릭합니다. Ctrl+D를 눌러 선택 영역을 해제합니다.

7   Layers 패널에서 'Background copy' 레이어의 섬네일을 클릭합니다. 메뉴에서 (Filter) → Filter Gallery를 실행합니다.

8   Filter Gallery 대화상자가 표시되면 Sketch에서 'Halftone Pattern'을 선택하고, Size를 '3', Contrast를 '20'으로 설정한 다음 〈OK〉 버튼을 클릭합니다.

TIP
전경색이 '검은색'으로 지정되어 있어야 합니다.

9   Layers 패널에서 Ctrl을 누른 상태에서 'Background copy' 레이어의 마스크 영역을 클릭하여 꽃을 선택 영역으로 지정한 다음 Ctrl + C를 눌러 복사합니다.

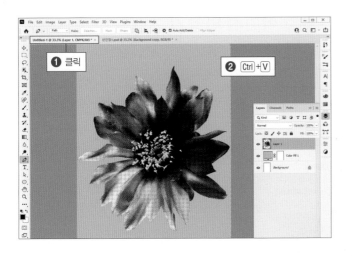

10 작업하던 캔버스로 돌아와 Ctrl +V를 눌러 붙여 넣습니다.

11 Ctrl+T를 누른 후 옵션바에서 W 와 H를 '60%'로 설정한 다음, 오른쪽 상 단으로 이동하고 Enter를 누릅니다.

12 Layers 패널에서 블렌딩 모드를 'Darken'으로 지정한 다음 Opacity를 '60%'로 설정합니다.

떨어지는 꽃잎 이미지 만들기

1 [Ctrl]+[O]를 눌러 02 폴더에서 '선인
장2.jpg' 파일을 불러옵니다.
Tools 패널에서 펜 도구(🖋)를 선택하
고, 꽃잎 한 장을 패스로 그립니다.

2 Paths 패널에서 [Ctrl]을 누른 상태로
Work Path의 섬네일을 클릭하여 선택
영역으로 지정합니다.

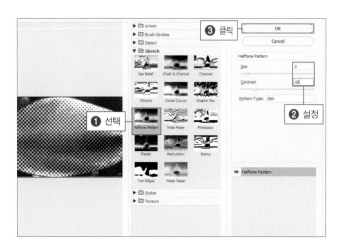

3 메뉴에서 [Filter] → Filter Gallery
를 실행합니다.
Filter Gallery 대화상자가 표시되면 Sk-
etch에서 'Halftone Pattern'을 선택하
고, Size를 '2', Contrast를 '10'으로 설정
한 다음 〈OK〉 버튼을 클릭합니다.

4 Ctrl+C를 눌러 꽃잎을 복사하고, 작업하던 캔버스로 돌아와 Ctrl+V를 눌러 붙여 넣습니다.

5 Ctrl+T를 누르고 마우스 오른쪽 버튼을 클릭한 다음 Flip Vertical을 실행하여 상하 반전을 시킵니다. 옵션바에서 W를 '70%'로 설정하고, '링크' 아이콘(🔗)을 클릭하여 H를 '-70%'로 설정합니다. Rotate를 '-30°'로 설정하여 꽃잎을 회전합니다.

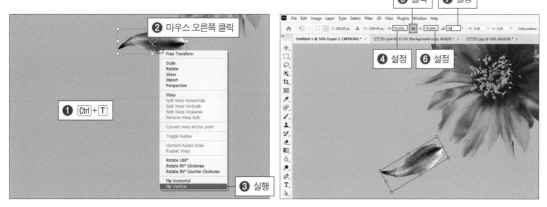

6 캔버스 왼쪽 하단으로 꽃잎을 이동합니다. Layers 패널에서 블렌딩 모드를 'Darken'으로 지정한 다음 Opacity를 '70%'로 설정합니다.

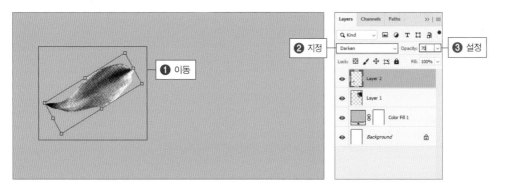

책 정보 입력하기

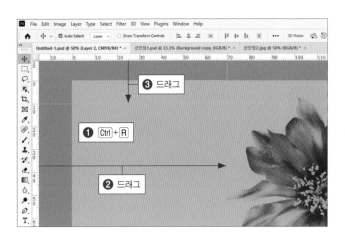

1 Ctrl+R을 눌러 눈금자를 표시합니다. 왼쪽 눈금자를 드래그하여 70mm 위치에, 상단 눈금자를 드래그하여 10mm 위치에 가이드라인을 만듭니다.

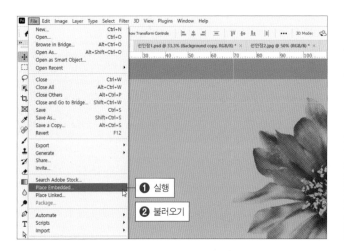

2 메뉴에서 (File) → Place Embedded를 실행하여 02 폴더에서 '디자인닷로고.ai' 파일을 불러옵니다.

TIP
Place Embedded 기능을 이용하면 캔버스에 바로 이미지를 불러올 수 있습니다. Open 기능과 달리 이미지를 그대로 작업 중인 캔버스에 불러오기 때문에 이미지를 열고 복사해서 붙여 넣는 번거로움이 없습니다.

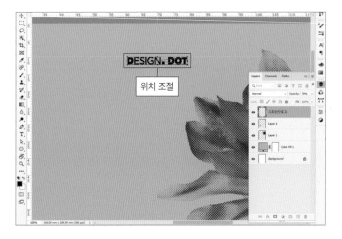

3 그림과 같이 가이드라인에 맞춰 로고의 위치를 조절합니다.

4 Tools 패널에서 문자 도구(T)를 선택하고 대문자로 텍스트를 입력합니다. Character 패널에서 글꼴을 'Adobe Garamond Pro', 글꼴 스타일을 'Semibold', 글꼴 크기를 '34pt', 행간을 '39pt'로 지정하고, Color의 색상 상자를 클릭합니다.

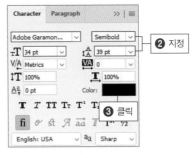

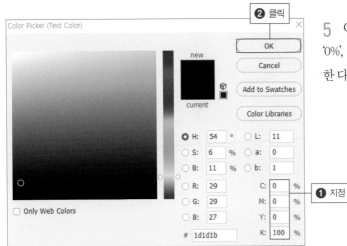

5 Color Picker 대화상자가 표시되면 C를 '0%', M을 '0%', Y를 '0%', K를 '100%'로 지정한 다음 〈OK〉 버튼을 클릭합니다.

6 Paragraph 패널에서 'Center text' 아이콘(▣)을 클릭하여 가운데 정렬한 다음 텍스트를 가운데로 이동합니다.

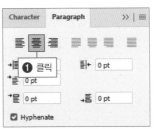

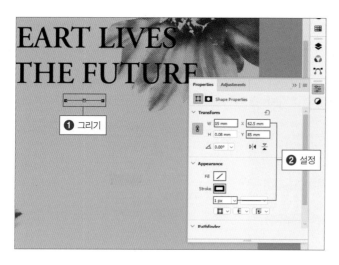

7 Tools 패널에서 선 도구(☑)를 선택하고 텍스트 아래에 선을 그립니다. Properties 패널에서 W를 '15mm', X를 '62.5mm', Y를 '85mm', Fill을 'No Color', Stroke를 '검은색', Stroke Width를 '1px'로 설정합니다.

8 Tools 패널에서 문자 도구(T)를 선택하고 '차가운 바람에도'를 입력합니다. Character 패널에서 글꼴을 'Source Han Serif K', 글꼴 크기를 '20pt', 자간을 '-25', 자폭을 '95%'로 설정합니다. Ctrl을 누른 상태에서 가운데로 텍스트를 이동합니다.

9 Tools 패널에서 이동 도구(⊞)를 선택합니다. Ctrl+Alt+Shift를 누른 상태로 '차가운 바람에도' 텍스트를 아래로 드래그하여 복사합니다.

10   저자 이름을 입력하고 Character 패널에서 글꼴 크기를 '8pt'로 설정합니다.

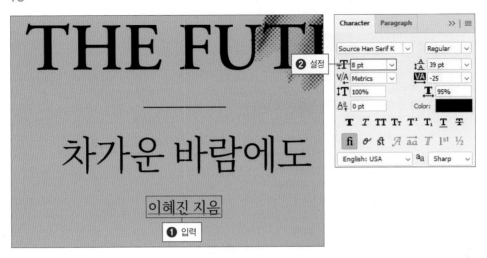

11   Tools 패널에서 문자 도구(T)를 선택하고 그림과 같이 입력합니다. Character 패널에서 글꼴을 'Adobe Garamond Pro', 글꼴 스타일을 'Regular', 글꼴 크기를 '15pt', 행간을 '21pt', 자간을 '0', 자폭을 '100%'로 설정합니다.

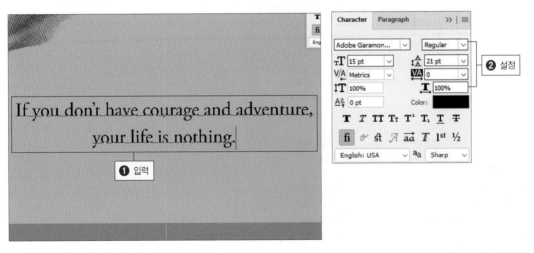

TIP
텍스트 작업이 완료되면 Ctrl + ; 을 누르거나, 메뉴에서 (View) → Show → Guides를 실행하여 가이드라인을 비활성화합니다.

물방울 만들기

1 Layers 패널에서 새로운 레이어를 생성하고, 이름을 '물방울'로 변경합니다.

2 Tools 패널에서 펜 도구(ȩ)를 선택하고 물방울 형태를 그립니다.

3 Paths 패널에서 Ctrl을 누른 상태로 Work Path의 섬네일을 클릭하여 선택 영역으로 지정합니다.

4 Tools 패널에서 그레이디언트 도구(■)를 선택한 다음 옵션바에서 그러데이션을 클릭합니다. Gradient Editor 대화상자가 표시되면 그러데이션 바에서 왼쪽의 'Color Stop' 아이콘(■)을 더블클릭합니다. Color Picker 대화상자가 표시되면 C를 '30%', M을 '5%', Y를 '0%', K를 '0%'로 지정한 다음 〈OK〉 버튼을 클릭합니다.

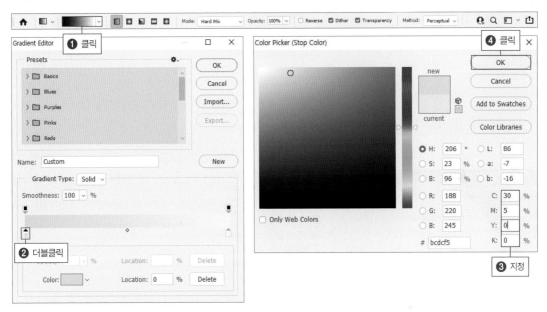

5 그러데이션 바에서 오른쪽 'Color Stop' 아이콘(■)을 더블클릭합니다. Color Picker 대화상자가 표시되면 C를 '10%', M을 '2%', Y를 '0%', K를 '0%'로 지정한 다음 〈OK〉 버튼을 클릭합니다. Gradient Editor 대화상자에서도 〈OK〉 버튼을 클릭합니다.

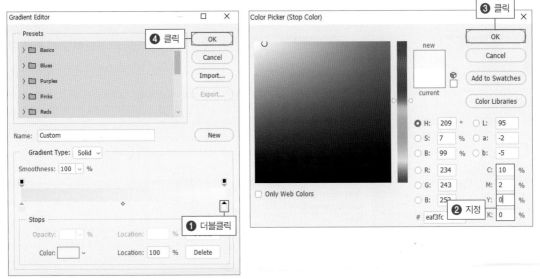

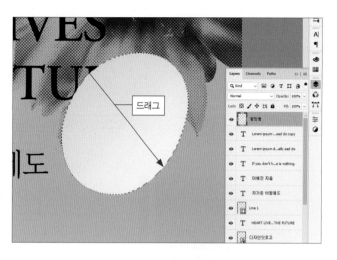

6 　왼쪽 상단에서 오른쪽 하단으로 드래그하여 비스듬히 그러데이션을 적용합니다.

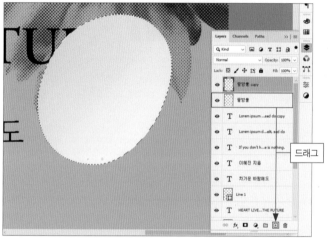

7 　Layers 패널에서 '물방울' 레이어를 'Create a new layer' 아이콘(⊞)으로 드래그하여 복사합니다.

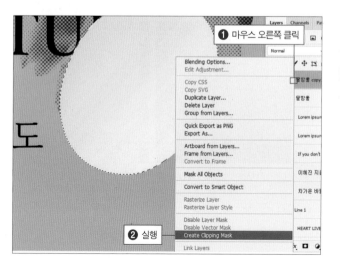

8 　'물방울 copy' 레이어를 마우스 오른쪽 버튼으로 클릭한 다음 Create Clipping Mask를 실행하여 클리핑 마스크를 적용합니다.

9 '물방울 copy' 레이어를 더블클릭합니다. Layer Style 대화상자가 표시되면 'Inner Glow'를 선택하고 Opacity를 '70%', Choke를 '50%', Size를 '40px'로 설정한 다음 〈OK〉 버튼을 클릭합니다.

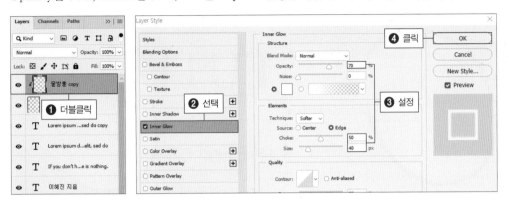

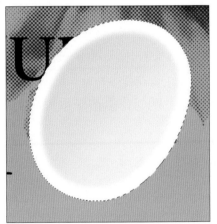

10 Layers 패널에서 Fill을 '0%'로 설정합니다. Layers 패널에서 '물방울 copy' 레이어를 'Create a new layer' 아이콘(⊞)으로 드래그하여 복사합니다.

11 '물방울 copy 2' 레이어를 더블클릭합니다. Layer Style 대화상자가 표시되면 'Inner Glow'를 선택하고, Blend Mode를 'Normal', Opacity를 '90%'로 설정합니다. 색상 상자를 클릭하여 C를 '90%', M을 '40%', Y를 '20%', K를 '90%'로 지정하고, Choke를 '40%', Size를 '20px'로 설정한 다음 〈OK〉 버튼을 클릭합니다.

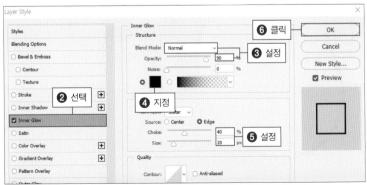

12 [Ctrl]+[T]를 누르고 오른쪽 마우스 버튼을 클릭한 다음 Warp를 실행합니다. 변형선을 드래그하여
그림과 같이 물방울처럼 테두리 형태를 불규칙하게 만듭니다.

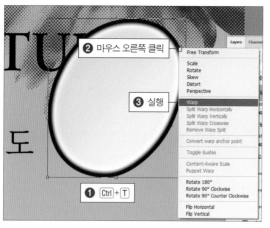

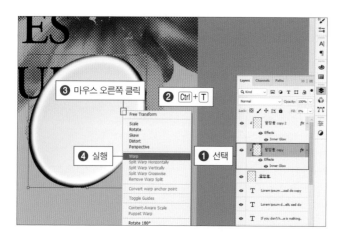

13 '물방울 copy' 레이어를 선택하고
[Ctrl]+[T]를 누릅니다. 마우스 오른쪽 버
튼을 클릭한 다음 Warp를 실행합니다.

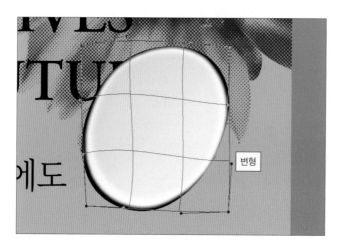

14 마찬가지로 변형선을 드래그하여
물방울처럼 테두리 형태를 불규칙하게
만듭니다.

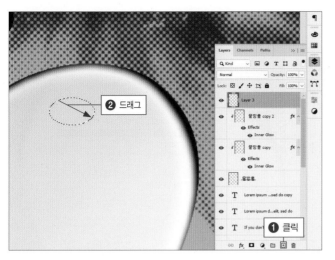

15 Layers 패널에서 새로운 레이어를 생성합니다. Tools 패널에서 원형 선택 도구(◯)를 선택한 다음 물방울에 드래그하여 작은 원을 그립니다.

16 마우스 오른쪽 버튼을 클릭한 다음 Fill을 실행합니다.

17 Fill 대화상자가 표시되면 Contents를 'Background Color'로 지정한 다음 〈OK〉 버튼을 클릭합니다.

TIP
배경색이 '흰색'으로 지정되어 있어야 합니다.

18 Ctrl+T를 눌러 조금 회전하고, 마우스 오른쪽 버튼을 클릭한 다음 Warp를 실행합니다.

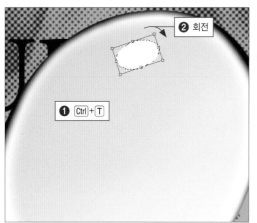

19 형태를 살짝 찌그러트려 물방울의
빛나는 부분을 만듭니다.

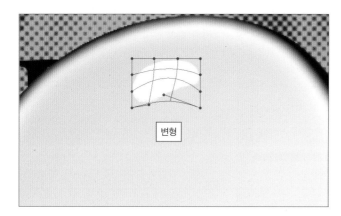

20 메뉴에서 (Filter) → Blur → Gaussian Blur를 실행합니다. Gaussian Blur 대화상자가 표시되면
Radius를 '4 Pixels'로 설정한 다음 〈OK〉 버튼을 클릭합니다.

21 Layers 패널에서 'Layer 3' 레이어를 선택한 다음 블렌딩 모드를 'Soft Light'로 지정합니다.

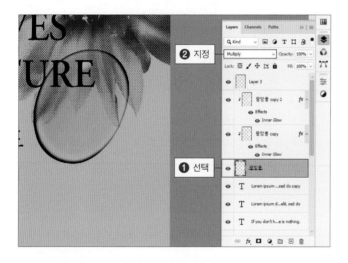

22 '물방울' 레이어를 선택한 다음 블렌딩 모드를 'Multiply'로 지정합니다.

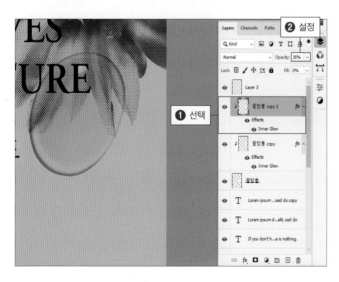

23 '물방울 copy 2' 레이어를 선택한 다음 Opacity를 '35%'로 설정합니다.

글자 번짐 효과와 작은 물방울 만들기

프로젝트

1 Layers 패널에서 영어 문자 레이어를 'Create a new layer' 아이콘(⊞)으로 드래그하여 복사합니다. 복사한 레이어를 '물방울' 레이어 위로 이동하면 자연스럽게 클리핑 마스크가 적용됩니다.

2 복사한 영어 문자 레이어를 더블클릭합니다. Layer Style 대화상자가 표시되면 'Stroke'를 선택하고 Size를 '3px', Position을 'Outside', Opacity를 '100%', Color는 '검은색'으로 설정한 다음 〈OK〉 버튼을 클릭합니다.

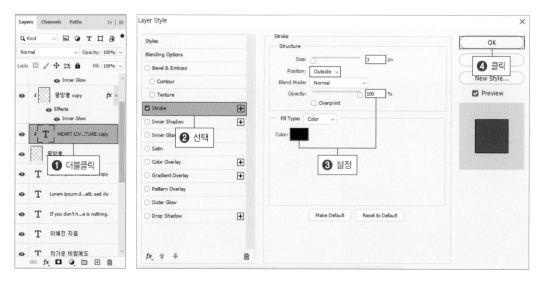

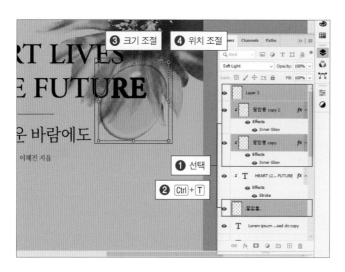

3 Layers 패널에서 그림과 같이 물방울을 그린 레이어를 모두 선택하고 [Ctrl] +[T]를 눌러 크기를 조절한 다음 위치도 조절합니다.

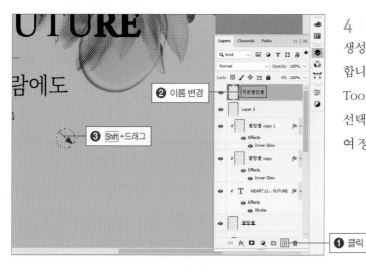

4 Layers 패널에서 새로운 레이어를 생성한 다음 이름을 '작은물방울'로 변경합니다.
Tools 패널에서 원형 선택 도구(◯)를 선택하고 [Shift]를 누른 상태로 드래그하여 정원을 그립니다.

5 Tools 패널에서 그레이디언트 도구 (▨)를 선택하고 왼쪽 상단에서 오른쪽 하단으로 드래그하여 비스듬히 그러데이션을 적용합니다. '작은물방울' 레이어를 더블클릭합니다.

6   Layer Style 대화상자가 표시되면 Blending Options에서 Blend Mode를 'Multiply'로 지정합니다. 'Inner Shadow'를 선택하고 Blend Mode를 'Multiply', Opacity를 '60%', Angle을 '144°', Distance를 '5px', Choke를 '5%', Size를 '20px'로 설정한 다음 〈OK〉 버튼을 클릭합니다.

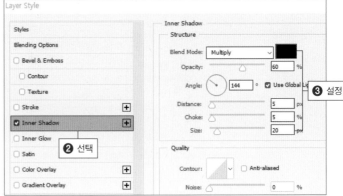

7   Layers 패널에서 '작은물방울' 레이어의 Opacity를 '70%'로 설정합니다.

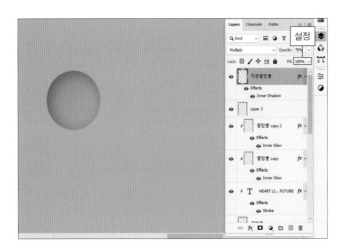

8   Tools 패널에서 '색상 교체' 아이콘(⤴)을 클릭하여 전경색과 배경색을 서로 교체한 다음 브러시 도구(✎)를 선택합니다.

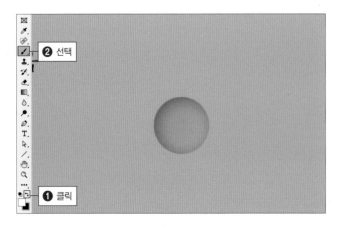

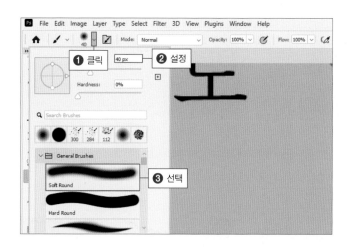

9 옵션바에서 Size를 '40px'로 설정하고 General Brushes에서 'Soft Round' 를 선택합니다.

10 작은 물방울을 클릭하여 빛 효과를 표현한 다음 Ctrl + T 를 눌러 크기를 조절합니다.

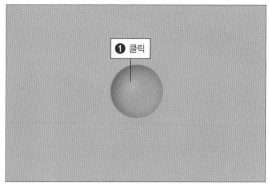

11 전체적으로 이미지의 위치를 다시 한번 확인합니다. 빈티지하면서 서정적인 시집 표지 디자인이 완성되었습니다.

CHAPTER 09

일러스트를 이용한 엽서 디자인하기

사물의 가장 큰 특징을 단순한 도형으로 표현한 이미지는 간결하게 시각적으로 전달해 오래 기억에 남습니다.
이러한 단순한 이미지는 엽서나 배지, 티셔츠 등에 적용하여 문화 상품으로 여러 곳에 쉽게 활용할 수 있습니다.

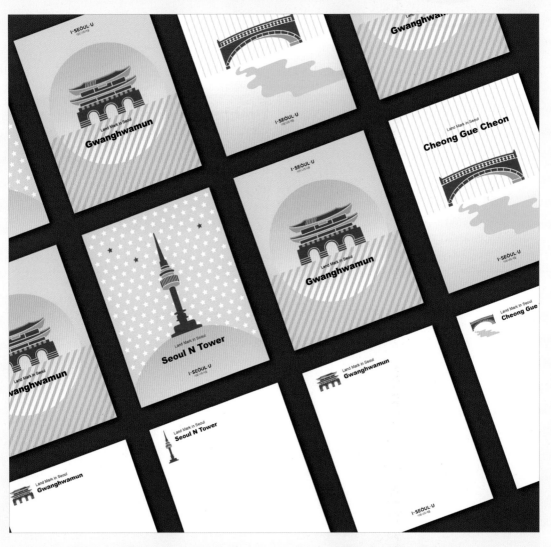

예제 파일 02\광화문.jpg, iseoulu.ai   완성 파일 02\엽서_완성.psd

이미지를 펜 도구로 그리기

이미지에서 보이는 광화문을 펜 도구를 이용하여 그립니다.
불투명도를 설정하여 아래의 이미지가 비치도록 합니다.

선으로 이미지 분리하기

기와지붕과 벽면으로 나뉘는 부분, 광화문 현판 및
기둥을 펜 도구로 그립니다. 'Stroke Path'를 실행하고
브러시로 지정하여 두께를 만듭니다.

선으로 만든 영역 삭제하기

선으로 만든 영역을 선택한 다음 광화문 이미지에서 삭제하고 광화문에 각 영역을 분리합니다.

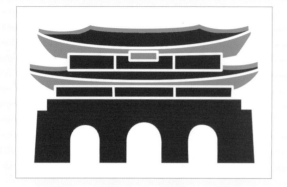

마술봉 도구를 이용하여 색상 변경하기

마술봉 도구를 선택하고 기와지붕 아래 단청과
현판을 클릭하여 선택합니다. 'Hue/Saturation'을
실행하여 색상을 변경합니다.

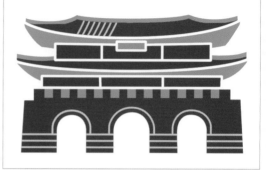

사각형을 반복 복사하여 성벽 표현하기

사각형을 만들고, 복사할 위치에 수평으로 이동한 다음
성벽 끝까지 반복 복사합니다. 또한 광화문을 표현하는
라인도 하나를 그려 반복 복사하여 같은 간격을 유지합니다.

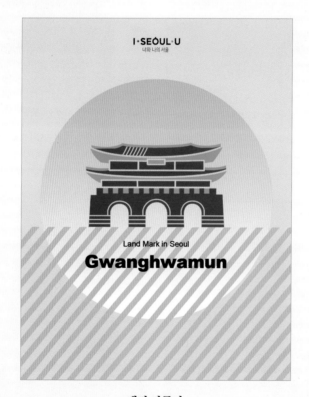

배경 만들기

그러데이션을 이용하여 원을 만들고, 하단 라인은 사선으로 만들어 같은 거리로 복사하여 반복합니다.
상하단 중심에 텍스트를 입력하여 마무리합니다.

새 캔버스 만들고 이미지 불러오기

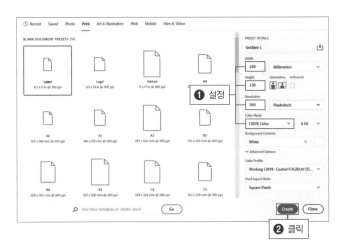

1 새로운 캔버스를 만들기 위해 메뉴에서 [File] → New를 실행합니다. New Document 대화상자가 표시되면 Width를 '100mm', Height를 '130mm', Resolution을 '300', Color Mode를 'CMYK Color'로 설정한 다음 〈Create〉 버튼을 클릭합니다.

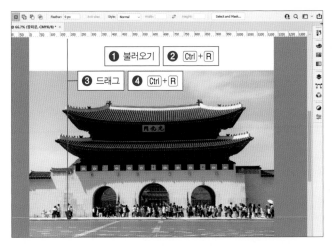

2 메뉴에서 [File] → Place Embedded를 실행하여 02 폴더에서 '광화문.jpg' 파일을 불러옵니다.
[Ctrl] + [R]을 눌러 눈금자를 표시합니다. 상단 눈금자를 드래그하여 광화문 하단에 가이드라인을 만듭니다. 다시 [Ctrl] + [R]을 눌러 눈금자를 비활성화합니다.

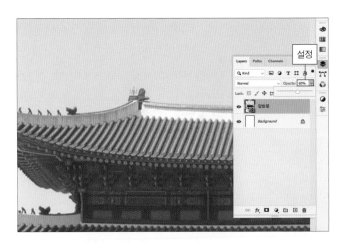

3 Layers 패널에서 '광화문' 레이어의 Opacity를 '60%'로 설정하여 따라 그리기 쉽도록 이미지의 불투명도를 조절합니다.

펜 도구로 광화문 그리기

① 선택
② 그리기

1 　Layers 패널에서 'Create a new layer' 아이콘(▣)을 클릭하여 새로운 레이어를 생성합니다.
Tools 패널에서 펜 도구(✐)를 선택하고 광화문 외곽을 단순하게 그립니다.

그리기

2 　패스의 시작점까지 연결해 외곽 패스를 만듭니다.

TIP
잘못 그린 부분은 Ctrl을 누른 상태로 수정합니다.

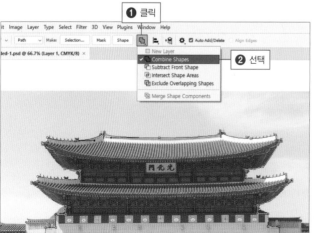

① 클릭
② 선택

3 　Paths 패널에서 만든 패스가 그림과 같이 광화문의 바깥 영역이라면 옵션바에서 'Path operations' 아이콘(🔲)을 클릭한 다음 'Combine Shapes'를 선택하여 광화문 영역으로 패스를 만듭니다.

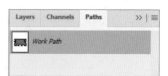

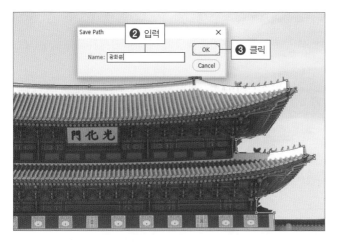

4 Work Path를 더블클릭합니다. Save Path 대화상자가 표시되면 Name을 '광화문'으로 입력한 다음 〈OK〉 버튼을 클릭하여 패스를 저장합니다.

5 Tools 패널에서 전경색을 더블클릭하여 Color Picker 대화상자가 표시되면 C를 '0%', M을 '100%', Y를 '90%', K를 '0%'로 지정한 다음 〈OK〉 버튼을 클릭합니다.

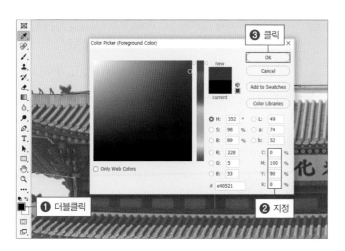

6 패스 안쪽을 마우스 오른쪽 버튼으로 클릭한 다음 Fill Path를 실행합니다. Fill Path 대화상자가 표시되면 Contents를 'Foreground Color'로 지정한 다음 〈OK〉 버튼을 클릭합니다.

7 　빨간색으로 칠해진 것을 확인한 후 Layers 패널에서 'Layer 1' 레이어의 Opacity를 '35%'로 설정하여 광화문 이미지가 보이도록 합니다. 새로운 패스를 만들기 위해 Paths 패널의 여백을 클릭하여 광화문 패스 선택을 해제합니다.

8 　Layers 패널에서 새로운 레이어를 생성하고, 펜 도구(🖊️)를 이용하여 그림과 같이 기와지붕과 벽면으로 나뉘는 부분, 광화문 현판을 그립니다.

TIP
하나의 패스를 그린 다음 다른 패스를 그리기 위해 패스를 끊으려면 Esc 를 누릅니다.

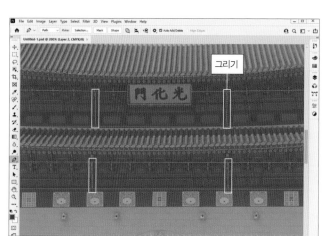

9 　벽면에 두드러지는 기둥을 세로선으로 그립니다.

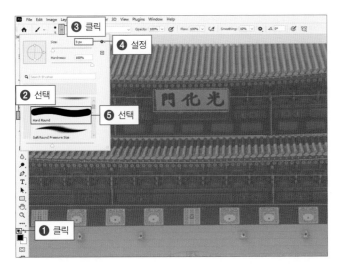

10 Tools 패널에서 '기본 흑백 설정' 아이콘(▣)을 클릭한 다음 브러시 도구(✎)를 선택합니다. 옵션바에서 Size를 '9px'로 설정하고 General Brushes에서 'Hard Round'로 선택합니다.

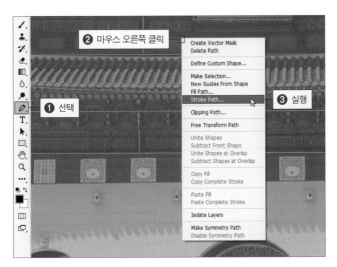

11 Tools 패널에서 펜 도구(✎)를 선택하고 마우스 오른쪽 버튼을 클릭한 다음 Stroke Path를 실행합니다. Stroke Path 대화상자가 표시되면 Tool을 'Brush'로 지정하고 〈OK〉 버튼을 클릭합니다.

12 Paths 패널의 여백을 클릭하여 패스 선택을 해제합니다.

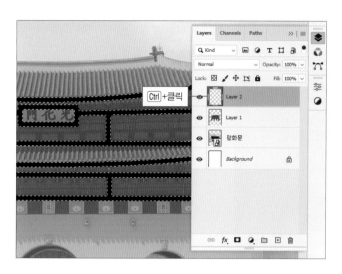

13 Layers 패널에서 Ctrl 을 누른 상태로 'Layer 2' 레이어의 섬네일을 클릭하여 선택 영역으로 지정합니다.

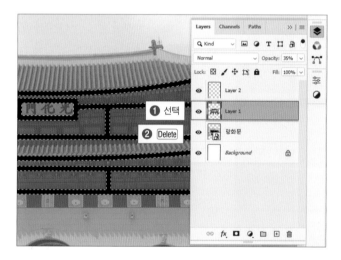

14 'Layer 1' 레이어를 선택하고 Delete 를 눌러 선택된 부분의 영역을 삭제합니다.

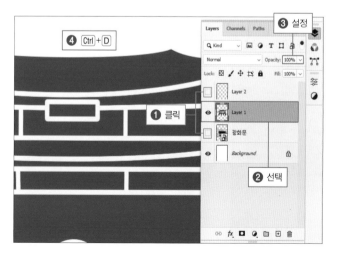

15 'Layer 2' 레이어와 '광화문' 레이어의 '눈' 아이콘(◉)을 클릭하여 비활성화한 다음 'Layer 1' 레이어의 Opacity를 '100%'로 설정하여 원래 색상이 보이도록 합니다. Ctrl + D 를 눌러 선택 영역을 해제합니다.

16 Tools 패널에서 지우개 도구(⬚)를 선택합니다. 옵션바에서 Size를 '10px'로 설정하고 General Brushes에서 'Hard Round'를 선택합니다.

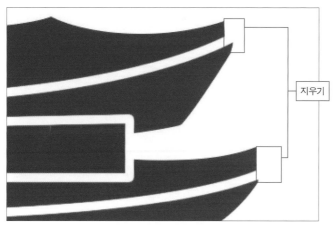

17 오른쪽 기와지붕 끝의 튀어나온 부분을 지우개로 지워 정리합니다.

18 왼쪽 기와지붕 끝도 지저분한 부분을 지우개로 지워 정리합니다.

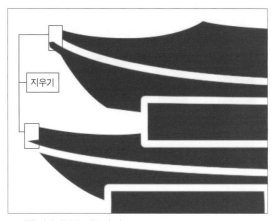

▲ 왼쪽 기와지붕 끝 지우기 전

▲ 왼쪽 기와지붕 끝 모두 지운 후

광화문 일러스트 색상 변경하기

1 Tools 패널에서 마술봉 도구(🪄)를 선택하고 Shift를 누른 상태로 기와지붕 아래 단청과 현판을 클릭하여 선택 영역으로 지정합니다. 메뉴에서 (Image) → Adjustments → Hue/Saturation을 실행합니다. Hue/Saturation 대화상자가 표시되면 Hue를 '165', Lightness를 '20'으로 설정한 다음 〈OK〉 버튼을 클릭합니다.

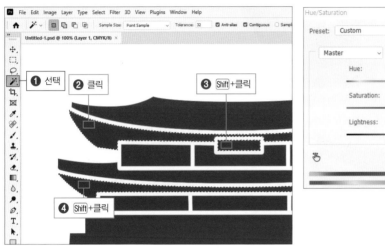
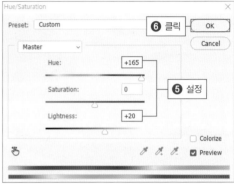

2 변경된 색상을 확인합니다. Tools 패널에서 마술봉 도구(🪄)를 선택하고 가장 위에 있는 기와지붕을 클릭합니다. Shift를 누른 상태로 선택 영역으로 지정된 부분을 아래로 드래그합니다.

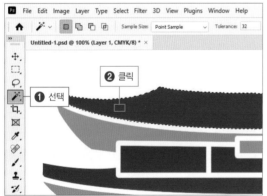
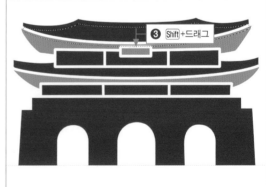

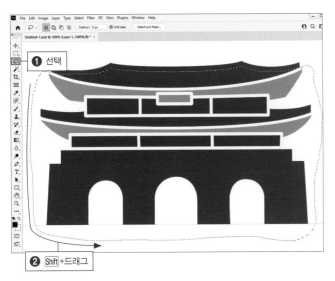

3 Tools 패널에서 올가미 도구(◯.)를 선택합니다. Shift를 누른 상태로 그림과 같이 아래쪽을 드래그하여 모두 선택합니다.

❶ 선택

❷ Shift+드래그

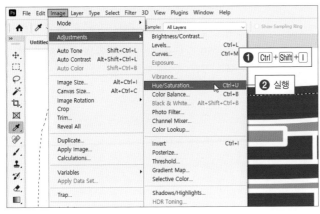

4 Ctrl+Shift+I를 눌러 선택 영역을 반전합니다. 메뉴에서 (Image) → Adjustments → Hue/Saturation을 실행합니다.

❶ Ctrl+Shift+I

❷ 실행

5 Hue/Saturation 대화상자가 표시되면 Hue를 '165', Lightness를 '20'으로 설정한 다음 〈OK〉 버튼을 클릭합니다.

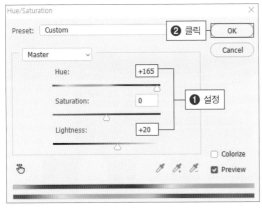

❷ 클릭

❶ 설정

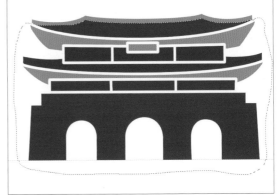

6 Ctrl+D를 눌러 선택 영역을 해제합니다. Tools 패널에서 펜 도구(🖊)를 선택하고 그림과 같이 아래쪽 기와지붕의 내림마루 부분을 그립니다.

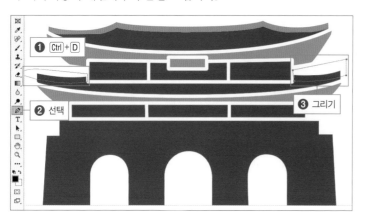

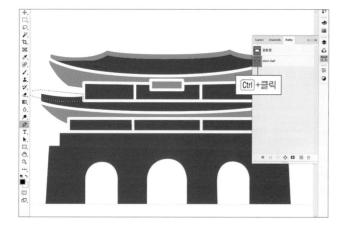

7 Paths 패널에서 Ctrl을 누른 상태로 Work Path의 섬네일을 클릭하여 선택 영역으로 지정합니다.

8 메뉴에서 [Image] → Adjustments → Hue/Saturation을 실행하여 Hue/Saturation 대화상자가 표시되면 Hue를 '165', Lightness를 '20'으로 설정한 다음 〈OK〉 버튼을 클릭합니다.

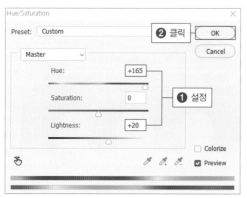

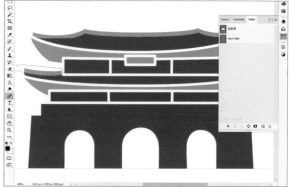

개체 반복 복사하기

1 Ctrl+D를 눌러 선택 영역을 해제합니다. Layers 패널에서 새로운 레이어를 생성한 다음 이름을 '사각 성벽'으로 변경합니다. Tools 패널에서 사각형 선택 도구(▦)를 선택하고 Shift를 누른 상태로 그림과 같이 드래그하여 정사각형의 선택 영역을 만듭니다.

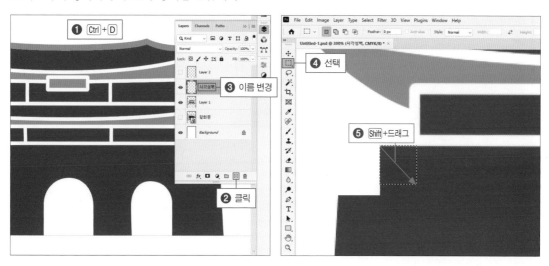

2 Tools 패널에서 전경색을 C를 '80%', M을 '0%', Y를 '29%', K를 '0%'로 지정합니다. Alt+Delete를 눌러 지정한 색상을 채우고, Ctrl+D를 눌러 선택 영역을 해제합니다. 이동 도구(✛)를 선택한 다음 Ctrl+T를 누르고, Shift를 누른 상태로 드래그하여 사각형 하나 크기 만큼 수평 이동합니다.

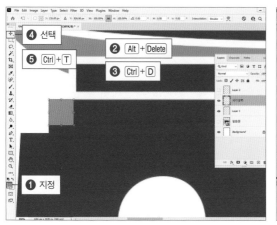
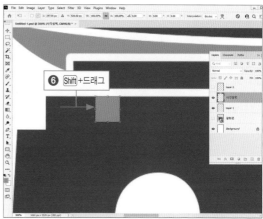

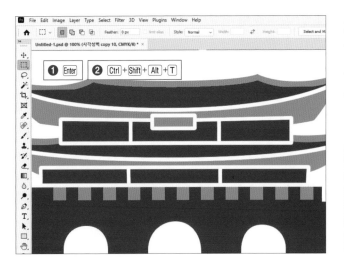

3 Enter 를 눌러 자유 변형 상태를 해제 합니다. Ctrl + Shift + Alt + T 를 반복해 서 누르면 같은 이동 거리에 복사됩니 다. 성벽 끝까지 사각형을 복사합니다.

TIP

Ctrl + Shift + Alt + T 는 복사본을 동일한 간격으로 반복해서 복사할 경우 사용하는 단축키입니다. 먼저 실행한 동작을 동일하게 반복하는 것으로, 복사본의 크기를 작게 만들어 반복하면 점점 작아지는 이미지를 얻을 수도 있습니다.

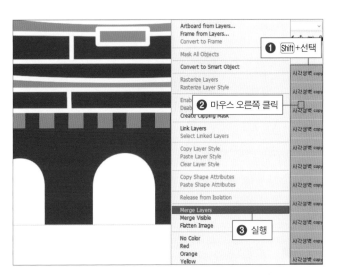

4 복사된 사각형은 각각의 레이어로 만들어집니다. Shift 를 누른 상태에서 모든 사각형 레이어를 선택하고 마우스 오른쪽 버튼을 클릭한 다음 Merge Layers 를 실행하여 하나의 레이어로 합칩니다.

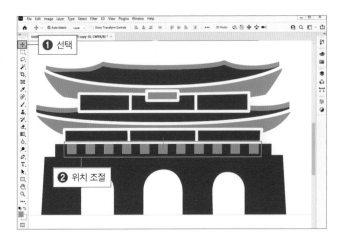

5 Tools 패널에서 이동 도구(⊕)를 선택한 다음 그림과 같이 광화문의 가운데로 위치를 조절합니다.

선을 그려 디테일 표현하기

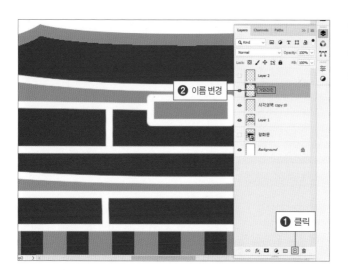

1 Layers 패널에서 새로운 레이어를 생성한 다음 이름을 '기와라인'으로 변경 합니다.

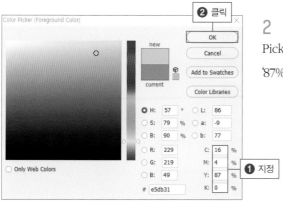

2 Tools 패널에서 전경색을 더블클릭하여 Color Picker 대화상자가 표시되면 C를 '16%', M을 '4%', Y를 '87%', K를 '0%'로 지정한 다음 〈OK〉 버튼을 클릭합니다.

3 Tools 패널에서 브러시 도구(🖌)를 선택합니다. 옵션바에서 Size를 '6px'로 설정하고 General Brushes에서 'Hard Round'를 선택합니다.

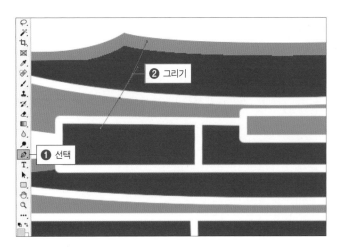

4 Tools 패널에서 펜 도구(✐)를 선택하고 그림과 같이 기와지붕에 패스를 그립니다.

① 선택
② 그리기

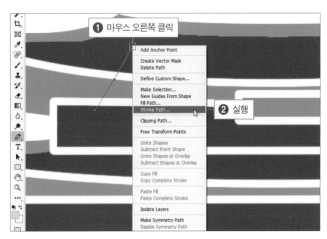

① 마우스 오른쪽 클릭
② 실행

5 마우스 오른쪽 버튼을 클릭한 다음 **Stroke Path**를 실행합니다. Stroke Path 대화상자가 표시되면 Tool을 'Brush'로 지정한 다음 〈OK〉 버튼을 클릭합니다.

④ 클릭
③ 지정

6 Paths 패널의 여백을 클릭하여 패스 선택을 해제합니다.

클릭

7 '기와라인' 레이어를 선택하고 Ctrl + T 를 누른 다음 Shift 를 누른 상태로 드래그하여 수평 이동합니다.

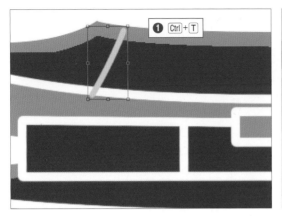
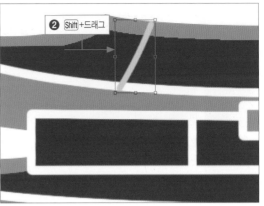

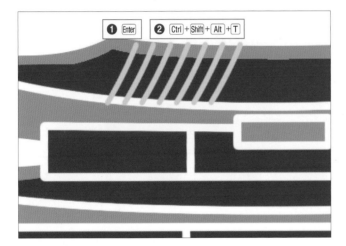

8 Enter 를 누른 다음 Ctrl + Shift + Alt + T 를 반복해서 눌러 6~7개 정도 선을 복사합니다.

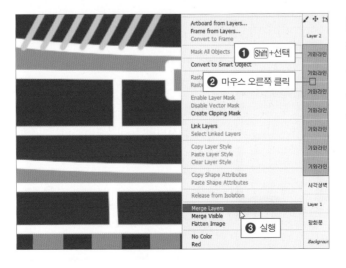

9 복사된 선은 각각의 레이어로 만들어집니다. Shift 를 누른 상태로 선 레이어를 모두 선택합니다. 마우스 오른쪽 버튼을 클릭한 다음 Merge Layers를 실행하여 하나의 레이어로 합칩니다.

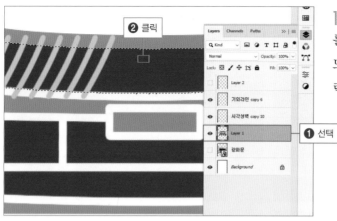

10 Layers 패널에서 'Layer 1' 레이어를 선택합니다. Tools 패널에서 마술봉 도구(⟨빗⟩)를 선택한 다음 기와지붕을 클릭하여 선택 영역으로 지정합니다.

11 '기와라인 copy 6' 레이어를 선택하고 'Add vector mask' 아이콘(⟨□⟩)을 클릭하여 선택된 부분에 마스크를 적용합니다. 새 레이어를 생성한 다음 이름을 '하단라인'으로 변경합니다.

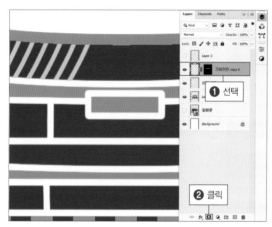

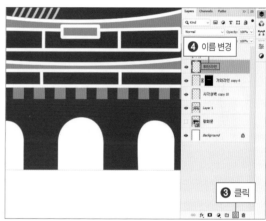

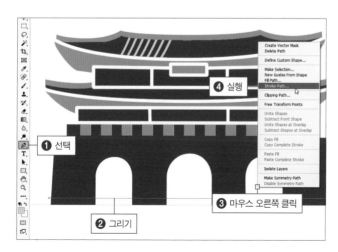

12 Tools 패널에서 펜 도구(⟨펜⟩)를 선택하여 하단에 가로선을 그립니다. 마우스 오른쪽 버튼을 클릭한 다음 Stroke Path를 실행합니다. Stroke Path 대화상자가 표시되면 Tool을 'Brush'로 지정한 다음 〈OK〉 버튼을 클릭합니다.

13 Ctrl + T 를 눌러 위로 조금 이동한 다음 Ctrl + Shift + Alt + T 를 반복해서 눌러 2개를 복사합니다.

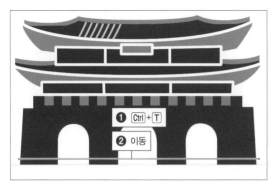
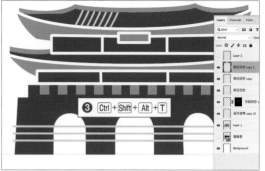

14 복사된 선은 각각의 레이어로 만들어집니다. Shift 를 누른 상태로 선 레이어를 모두 선택한 다음 Ctrl + E 를 눌러 하나의 레이어로 합칩니다.

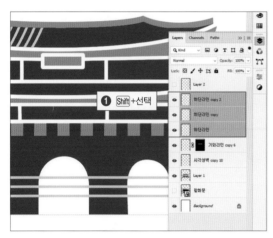
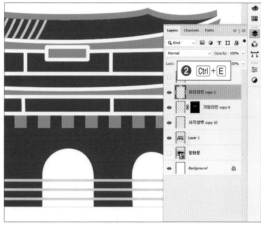

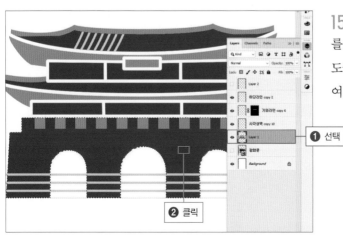

15 Layers 패널에서 'Layer 1' 레이어를 선택합니다. Tools 패널에서 마술봉 도구( )를 선택한 다음 성벽을 클릭하여 선택 영역으로 지정합니다.

16 '하단라인 copy 2' 레이어를 선택하고 'Add vector mask' 아이콘(▣)을 클릭하여 선택된 부분에 마스크를 적용합니다. Tools 패널에서 펜 도구(✏.)를 선택하고 문 위쪽에 그림과 같이 패스를 그립니다.

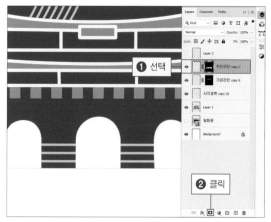
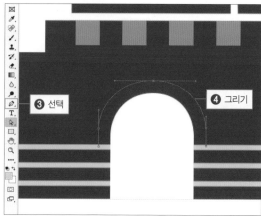

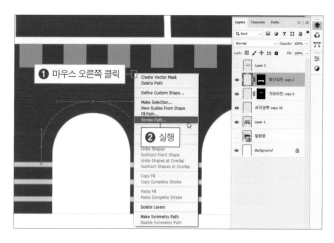

17 마우스 오른쪽 버튼을 클릭한 다음 Stroke Path를 실행합니다. Stroke Path 대화상자가 표시되면 Tool을 'Brush'로 지정한 다음 〈OK〉 버튼을 클릭합니다.

18 같은 방법으로 나머지 문 위쪽에도 펜 도구(✏.)로 패스를 그린 다음 브러시를 적용합니다.

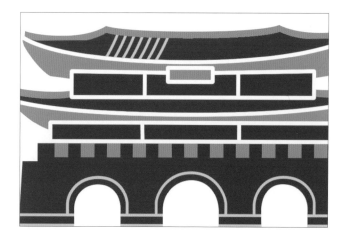

엽서 배경 만들기

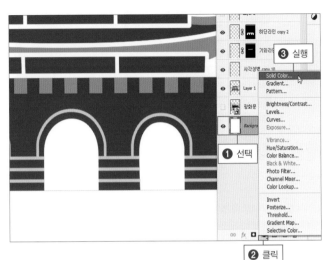

1 Layers 패널에서 'Background' 레이어를 선택합니다. 'Create new fill or adjustment layer' 아이콘(⬤)을 클릭한 다음 Solid Color를 실행합니다.

TIP

최종 작업에서 도련을 고려하여 캔버스 크기를 키워 인쇄소에 넘기는 경우가 대부분입니다. 그럴 경우 배경에 색상이 적용되었다면 다시 배경색을 지정해야 하는 번거로움이 있으나, 보정 레이어로 배경 색상을 적용해 두었다면 색상을 다시 적용할 필요가 없어 편리합니다.

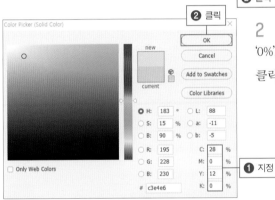

2 Color Picker 대화상자가 표시되면 C를 '28%', M을 '0%', Y를 '12%', K를 '0%'로 지정한 다음 〈OK〉 버튼을 클릭합니다.

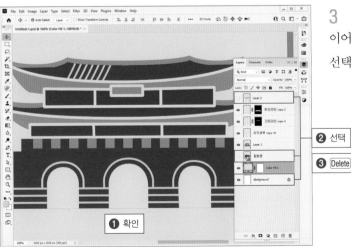

3 Layers 패널에서 'Background' 레이어, '광화문' 레이어, 'Layer 2' 레이어를 선택한 다음 Delete를 눌러 삭제합니다.

4 Shift를 누른 상태로 광화문을 그린 레이어를 모두 선택하고 Ctrl + G를 눌러 그룹으로 지정합니다.

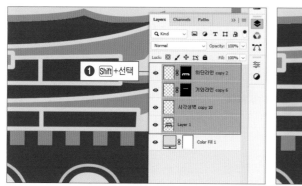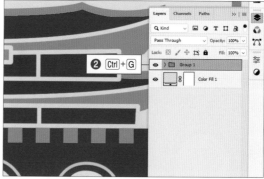

디자이너's 노하우

실무에서는 빠른 작업과 수정으로 레이어가 잘 정리되어 있어야 합니다. 레이어의 개수가 많을수록 하나의 작업이 완성될 때마다 레이어 그룹으로 지정하면 여러 개의 개체를 묶어서 쉽게 관리할 수 있습니다.

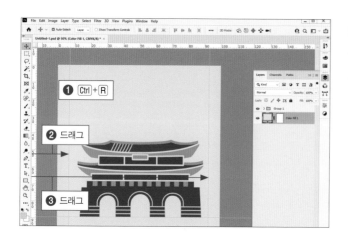

5 Ctrl + R을 눌러 눈금자를 표시합니다. 왼쪽 눈금자를 드래그하여 7mm와 93mm 위치에 가이드라인을 만듭니다.

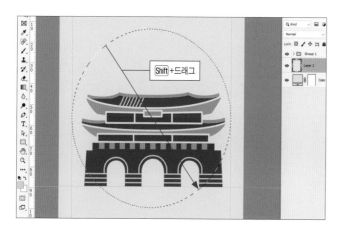

6 Layers 패널에서 새 레이어를 생성합니다. Tools 패널에서 원형 선택 도구(◯)를 선택한 다음 Shift를 누른 상태로 7mm 가이드라인부터 93mm 가이드라인까지 드래그하여 원형 선택 영역을 만듭니다.

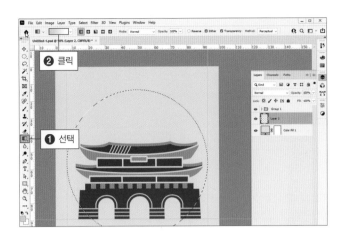

7 Tools 패널에서 그레이디언트 도구(▣)를 선택한 다음 옵션바에서 그러데이션을 클릭합니다.

8 Gradient Editor 대화상자가 표시되면 그러데이션 바에서 왼쪽의 'Color Stop' 아이콘(▮)을 더블클릭합니다. Color Picker 대화상자가 표시되면 C를 '17%', M을 '20%', Y를 '44%', K를 '0%'로 지정한 다음 ⟨OK⟩ 버튼을 클릭합니다.

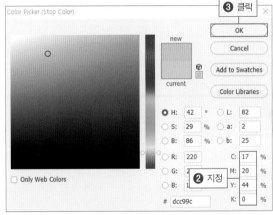

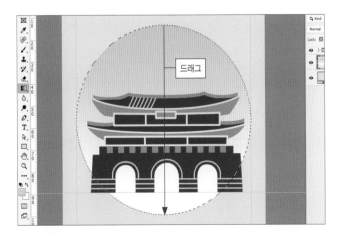

9 원형 선택 영역의 위에서 아래로 드래그하여 그러데이션을 적용합니다.

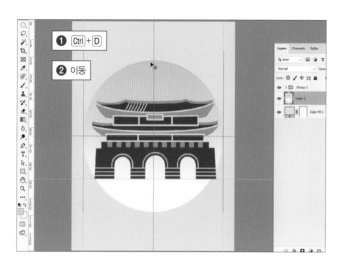

10 Ctrl + D를 눌러 선택 영역을 해제
합니다. Ctrl을 누른 상태로 원을 드래그
하여 캔버스 중앙으로 이동합니다.

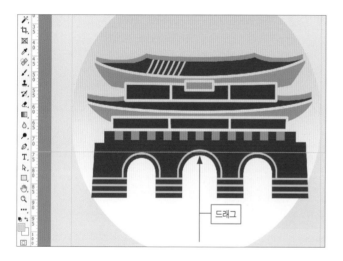

11 아래에 있는 가이드라인을 75mm
위치로 이동합니다.

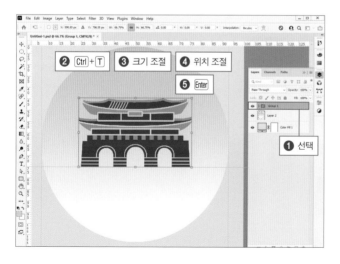

12 Layers 패널에서 'Group 1' 그룹 레
이어를 선택하고 Ctrl + T를 누릅니다.
광화문의 크기를 줄이고, 가이드라인 위
쪽으로 이동하여 위치를 조절합니다.
Enter를 눌러 자유 변형을 완료합니다.

13 Layers 패널에서 새 레이어를 생성한 다음 레이어 이름을 '빗금'으로 이름을 변경합니다. Tools 패널에서 전경색을 C를 '17%', M을 '20%', Y를 '44%', K를 '0%'로 지정합니다.

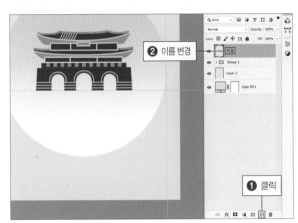 

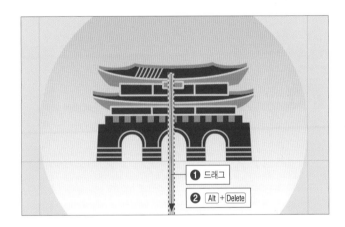

14 Tools 패널에서 사각형 선택 도구(▣)를 선택한 다음 드래그하여 긴 사각형 선택 영역을 만듭니다. Alt + Delete 를 눌러 지정한 색상으로 선택 영역을 채웁니다.

15 Properties 패널에서 '링크' 아이콘(⊗)을 클릭하여 해제합니다. W를 '2mm', H를 '80mm', Rotate를 '40°'로 설정한 다음 Ctrl + D 를 눌러 선택 영역을 해제합니다.

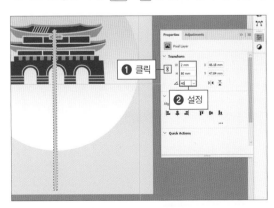 

16 그림과 같이 왼쪽 가이드라인에 맞춰 이동하고, Ctrl + T 를 누른 다음 Shift 를 누른 상태로 드래그하여 가이드라인 오른쪽으로 수평 이동합니다.

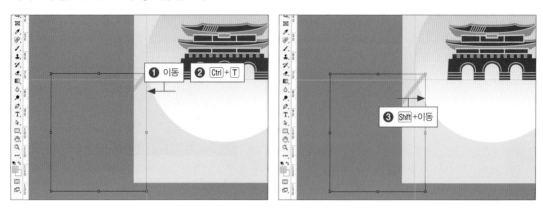

17 Enter 를 누른 다음 Ctrl + Shift + Alt + T 를 반복해서 누릅니다. 오른쪽 하단에 비는 곳이 없도록 여유 있게 복사합니다.

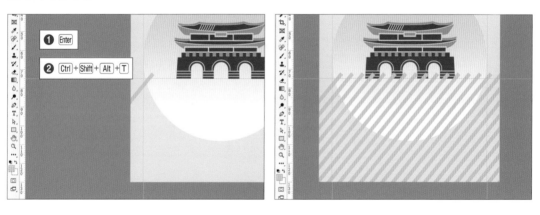

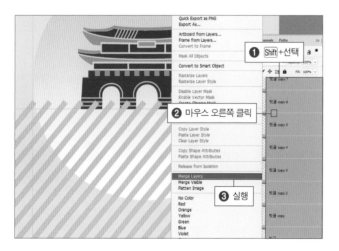

18 Shift 를 누른 상태로 모든 빗금 레이어를 선택합니다. 마우스 오른쪽 버튼을 클릭한 다음 Merge Layers를 실행하여 하나의 레이어로 합칩니다.

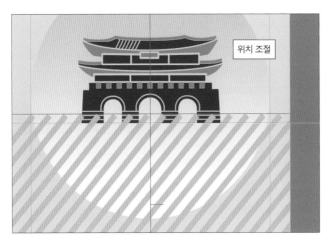

19 Tools 패널에서 이동 도구(⊕)를 선택한 다음 그림과 같이 위치를 조절합니다.

20 Tools 패널에서 사각형 선택 도구(▣)를 선택한 다음 드래그하여 가이드 라인 하단 전체를 선택 영역으로 지정합니다.

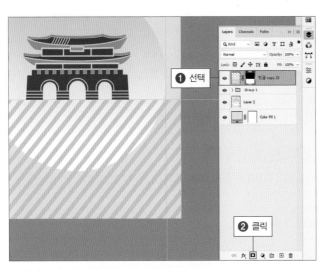

21 '빗금 copy 23' 레이어가 선택된 것을 확인하고 'Add vector mask' 아이콘(▣)을 클릭하여 선택된 부분에 마스크를 적용합니다.

로고와 타이틀 삽입하기

1 메뉴에서 (File) → Place Embedded를 실행하여 02 폴더에서 'iseoulu.ai' 파일을 불러옵니다. 로고를 캔버스 상단 가운데로 이동합니다.

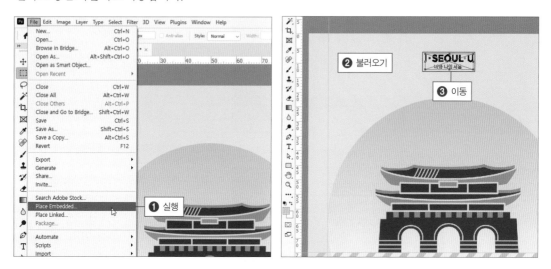

2 Tools 패널에서 전경색을 '검은색'으로 지정합니다. Tools 패널에서 문자 도구([T])를 선택한 다음 Character 패널에서 글꼴을 'Arial', 글꼴 스타일을 'Regular', 글꼴 크기를 '8pt'로 지정합니다.

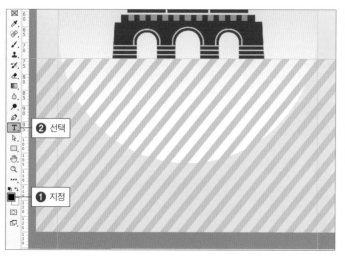

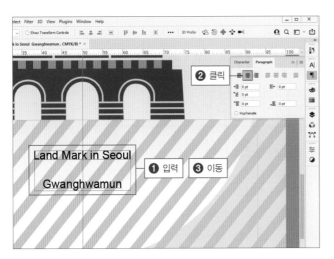

3 그림과 같이 'Land Mark in Seoul Gwanghwamun'을 두 줄로 입력한 다음 Paragraph 패널에서 'Center text' 아이콘(▤)을 클릭합니다. Tools 패널에서 이동 도구(⊕)를 선택한 다음 문자를 가운데로 이동합니다.

4 Tools 패널에서 문자 도구(T)를 선택하고 'Gwanghwamun' 텍스트를 드래그하여 선택한 다음 Character 패널에서 글꼴을 'Arial', 글꼴 스타일을 'Black', 글꼴 크기를 '18pt', 행간을 '12pt', 자간을 '-10'으로 지정합니다.

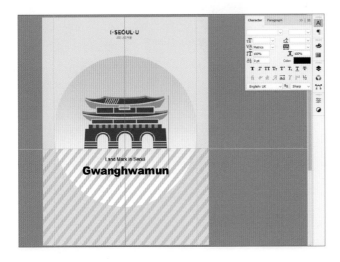

5 텍스트 위치를 조절하여 엽서 디자인을 완성합니다.

CHAPTER 10

다양한 브러시와 필터를 활용하여 카드 디자인하기

혼합 브러시를 이용하여 망토를 그리고, 필터를 이용하여 빛의 효과와 연기가 휘날리는 느낌을 연출해 봅니다.
또한 브러시를 이용한 구름 표현과 문자의 왜곡으로 재미있는 표현들을 적용해 크리스마스 카드를 만들어 봅니다.

예제 파일 02\캡틴아메리카.psd   완성 파일 02\카드_완성.psd

혼합 브러시로 망토 그리기

망토의 빨간 부분을 혼합 브러시를 이용하여
브러시로 만든 다음 망토 영역을 그립니다.
아이와 망토 사이에 그림자를 주어 입체감을 살립니다.

브러시로 구름 그리기

Brush Settings 패널에서 Brush Tip Shape를 'Round
Sketch Ballpoint Pen'으로 지정하여 브러시의 크기를
조절하며 점을 찍어 가는 느낌으로 발 아래 구름을 그립니다.

텍스트에 효과 적용하기

텍스트를 입력하고 자유 변형 상태에서 'Warp' 아이콘을
클릭하여 텍스트를 아치 형태로 왜곡합니다. 텍스트 변형이
완료되면 그러데이션 색상을 적용하고 입체감을 줍니다.

빛 만들기

흑백의 사각형 그러데이션을 만들고 Wave 필터를 설정하여
거친 선 느낌을 표현합니다. Polar Coordinates 효과에서
'Rectangular to Polar'를 체크 표시하여 원으로 만든 다음 빛
레이어는 2개를 만들어 연한 빛을 아래쪽에 하나 더 배치합니다.

빛 연기 만들기

브러시로 굵고 가는 선을 그려 회오리 치는 느낌을 표현합니다.
Gaussian Blur 필터로 뿌옇게 만든 다음 Maximum 필터를 설정하여 뿌연 느낌을 연출합니다.

—

눈송이 만들기

만든 빛 이미지를 복사하여 눈송이가 자연스럽게 빛에서 나오는 느낌을 연출합니다.

배경에 그러데이션 적용하고 사진 보정하기

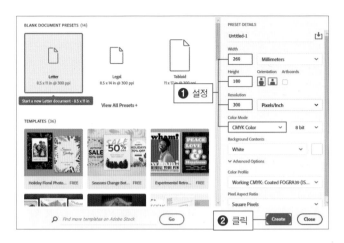

1 새로운 캔버스를 만들기 위해 메뉴에서 [File] → New를 실행합니다.
New Document 대화상자가 표시되면 Width를 '260mm', Height를 '180mm', Resolution을 '300', Color Mode를 'CMYK Color'로 설정한 다음 〈Create〉 버튼을 클릭합니다.

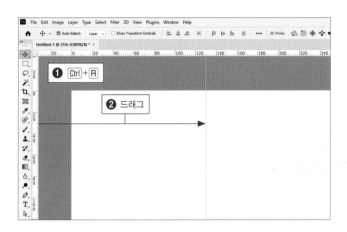

2 Ctrl+R을 눌러 눈금자를 표시합니다. 왼쪽 눈금자를 드래그하여 130mm 위치에 가이드라인을 만듭니다.

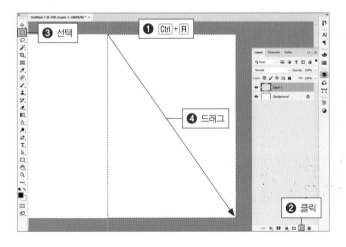

3 다시 Ctrl+R을 눌러 눈금자를 비활성화합니다. Layers 패널에서 새로운 레이어를 생성합니다. Tools 패널에서 사각형 선택 도구(▣)를 선택하고 가이드라인의 오른쪽을 드래그하여 선택 영역으로 지정합니다.

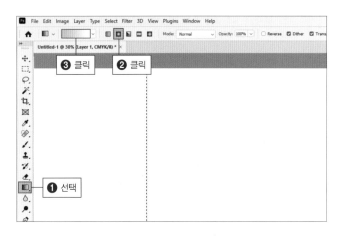

4 Tools 패널에서 그레이디언트 도구(■)를 선택하고 옵션바에서 'Radial Gradient' 아이콘(■)을 클릭합니다. 옵션바에서 그러데이션을 클릭합니다.

5 Gradient Editor 대화상자가 표시되면 그러데이션 바에서 왼쪽의 'Color Stop' 아이콘(■)을 더블클릭합니다. Color Picker 대화상자가 표시되면 C를 '40%', M을 '0%', Y를 '0%', K를 '0%'로 지정한 다음 〈OK〉 버튼을 클릭합니다.

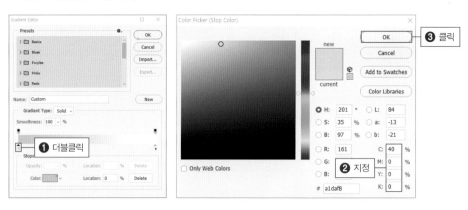

6 그러데이션 바에서 오른쪽의 'Color Stop' 아이콘(■)을 더블클릭합니다. Color Picker 대화상자가 표시되면 C를 '70%', M을 '0%', Y를 '0%', K를 '0%'로 지정한 다음 〈OK〉 버튼을 클릭합니다.

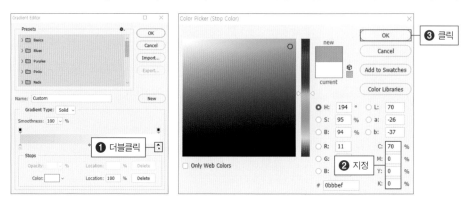

7 오른쪽의 'Color Stop' 아이콘(▣)을 클릭하고 Location을 '80%'로 설정한 다음 〈OK〉 버튼을 클릭합니다. 선택 영역의 중심에서 아래로 드래그하여 원형 그러데이션을 적용합니다.

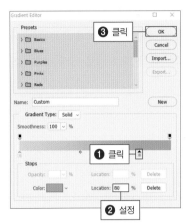
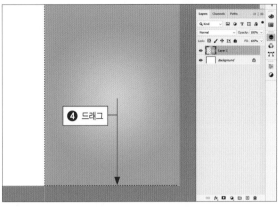

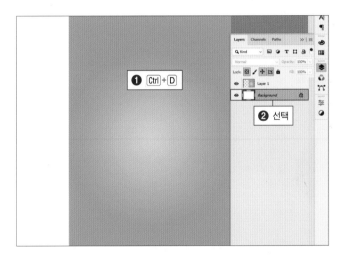

8 Ctrl+D를 눌러 선택을 해제한 다음 Layers 패널에서 'Background' 레이어를 선택합니다.

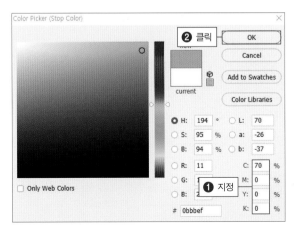

9 Tools 패널에서 전경색을 C를 '70%', M을 '0%', Y를 '0%', K를 '0%'로 지정한 다음 Alt+Delete를 눌러 적용합니다.

10   메뉴에서 (File) → Place Embed-ded를 실행하여 02 폴더에서 '캡틴아메리카.psd' 파일을 불러옵니다.

Layers 패널에서 '캡틴아메리카' 레이어를 선택한 다음 가장 위로 드래그하여 이동합니다.

11   '캡틴아메리카' 레이어의 섬네일을 더블클릭하여 원본 이미지를 불러옵니다. 메뉴에서 (Image) → Adjustments → Vibrance를 실행합니다. Vibrance 대화상자가 표시되면 Vibrance를 '20', Saturation을 '40'으로 설정한 다음 〈OK〉 버튼을 클릭합니다.

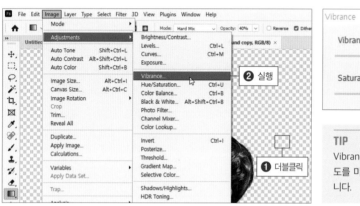

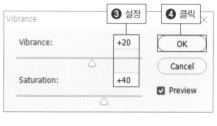

TIP
Vibrance는 색상을 좀 더 선명하게 해 주며 색상 강도를 미세하게 올려야 하는 경우에 활용하면 좋습니다.

12   메뉴에서 (Image) → Adjustments → Brightness/Contrast를 실행합니다. Brightness/Contrast 대화상자가 표시되면 Brightness를 '15'로 설정한 다음 〈OK〉 버튼을 클릭합니다.

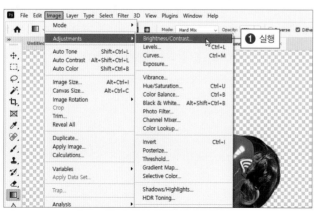

TIP
Brightness/Contrast는 이미지의 밝기와 색상의 대비를 보정할 때 사용하면 좋습니다.

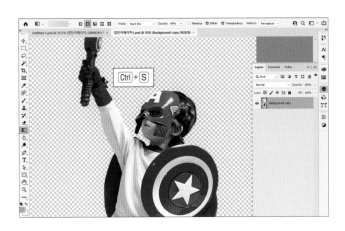

13 색상 보정이 완료되면 Ctrl + S 를 눌러 저장합니다.

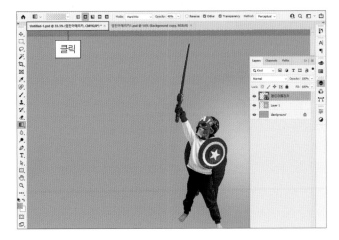

14 작업하던 캔버스로 돌아와 보정된 색상이 적용된 것을 확인합니다.

15 사진을 자르기 위해 '캡틴아메리카' 레이어가 선택된 상태에서 마우스 오른쪽 버튼을 클릭한 다음 Convert to Layers를 실행합니다. 경고 대화상자가 표시되면 〈Yes〉 버튼을 클릭합니다.

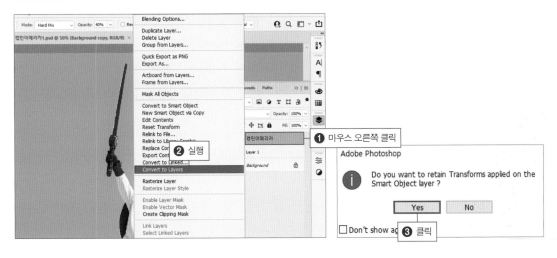

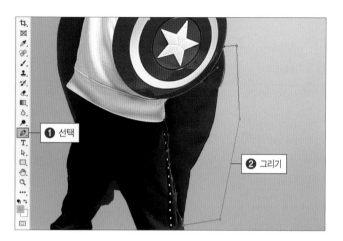

1 Tools 패널에서 펜 도구(✒️)를 선택하고 망토 뒷부분을 따라 패스를 그려 줍니다.

2 Paths 패널에서 Ctrl 을 누른 상태로 Work Path의 섬네일을 클릭하여 선택 영역으로 지정합니다.

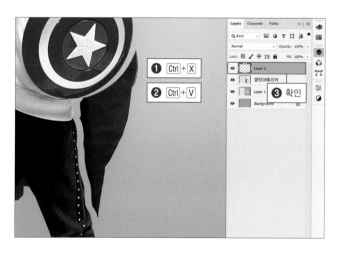

3 Ctrl + X 를 눌러 선택된 영역을 잘라낸 다음 Ctrl + V 를 눌러 붙여 넣습니다. Layers 패널에 자른 망토가 'Layer 2' 레이어로 생성된 것을 확인할 수 있습니다.

4 메뉴에서 [Image] → Adjustments → Brightness/
Contrast를 실행합니다.

Brightness/Contrast 대화상자가 표시되면 Brightness
를 '25', Contrast를 '10'으로 설정한 다음 〈OK〉 버튼을
클릭하여 밝고 선명하게 조절합니다.

5 Tools 패널에서 혼합 브러시 도구
(🖌)를 선택합니다. 옵션바에서 Useful
mixer brush combinations를 'Dry,
Heavy Load', Wet을 '0%', Load를
'100%'로 설정합니다.

6 옵션바에서 Size를 '100px'로 설
정하고 General Brushes에서 'Hard
Round'를 선택합니다.

7 　Alt 를 누른 상태에서 망토의 중앙을 클릭해 브러시로 만듭니다. 옵션바에 망토 브러시가 생성된 것을 확인합니다.

8 　Layers 패널에서 새 레이어를 생성하고 레이어 이름을 '망토'로 변경한 다음 '캡틴아메리카' 레이어 아래로 이동합니다. 'Layer 2' 레이어의 '눈' 아이콘(◉)을 클릭하여 비활성화합니다.

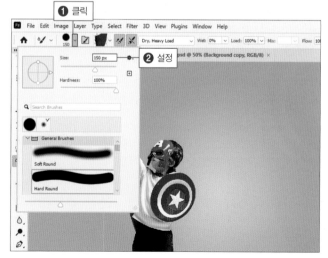

9 　옵션바에서 Size를 '150px'로 설정합니다.

10 그림과 같이 망토가 되는 부분의 위와 아래를 먼저 그립니다. 그다음 안을 채우면서 망토의 결을 살려 줍니다.

❶ 그리기

❷ 그리기

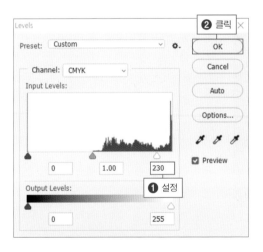

11 망토가 좀 어둡다면 색상을 보정하기 위해 메뉴에서 (Image) → Adjustments → Levels를 실행합니다. Levels 대화상자가 표시되면 하이라이트 톤 영역을 '230'으로 설정한 다음 ⟨OK⟩ 버튼을 클릭합니다.

12 Layers 패널에서 새 레이어를 생성합니다. 새 레이어를 마우스 오른쪽 버튼으로 클릭한 다음 Create Clipping Mask를 실행하여 망토 부분만 그릴 수 있도록 클리핑 마스크를 적용합니다.

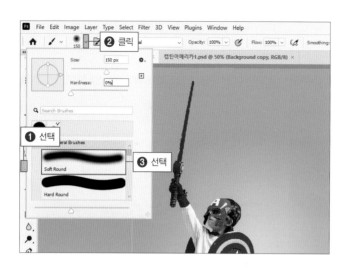

13 Tools 패널에서 브러시 도구(✏️)를 선택하고 옵션바에서 General Brushes에서 'Soft Round'로 선택합니다.

14 Tools 패널에서 전경색을 '검은색'으로 지정한 다음 망토에 드래그하여 그림자를 그립니다.

15 Layers 패널에서 블렌딩 모드를 'Multiply'로 지정하고 Opacity를 '60%'로 설정하여 자연스럽게 연출합니다.

브러시로 구름 그리기

1 Layers 패널에서 새 레이어를 생성합니다. 레이어 이름을 '구름'으로 변경한 다음, '망토' 레이어 아래로
이동합니다.

2 Tools 패널에서 전경색을 흰색으로 지정합니다. Brush Settings 패널의 Brush Tip Shape에서 'Round
Sketch Ballpoint Pen'을 선택합니다.

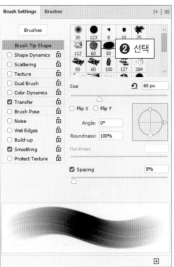

프로젝트

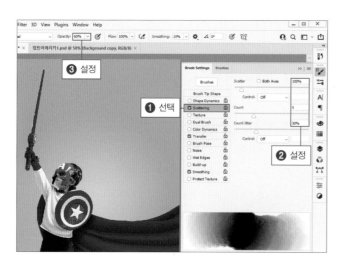

3 'Scattering'을 선택한 다음 Scatter 를 '100%', Count를 '5', Count Jitter 를 '30%'로 설정합니다. 옵션바에서 Opacity를 '60%'로 설정합니다.

4 점을 찍는다는 느낌으로 클릭하여 발 뒤에 구름을 그립니다.

5 인물 좌우에 하나씩 구름을 추가로 그립니다.

6 옵션바에서 Size를 '20px'로 설정하여 작은 점들을 찍어 좀 더 자연스러운 구름을 만듭니다.

7 발 뒤에 구름도 큰 원이 겹친 부분에 작은 점을 찍어서 자연스럽게 만듭니다.

8 Layers 패널에서 'Create a new layer' 아이콘(⊞)을 클릭하여 새로운 레이어를 생성한 다음 '캡틴아메리카' 레이어 위로 이동합니다. 브러시 도구를 이용해 발이 구름에 가리도록 점을 찍어 줍니다.

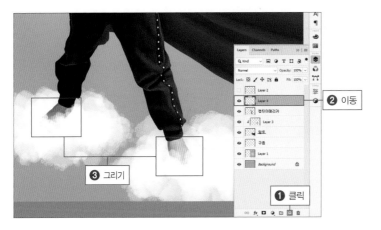

텍스트 입력하고 변형하기

1 Tools 패널에서 문자 도구(T.)를 선택하고 '5th Christmas with a Super-Hero Jinhu'를 입력합니다. Character 패널에서 글꼴을 'Arial', 글꼴 스타일을 'Black', 글꼴 크기를 '30pt', 행간을 '30pt', 자간을 '-10', 색상을 '흰색'으로 지정합니다.

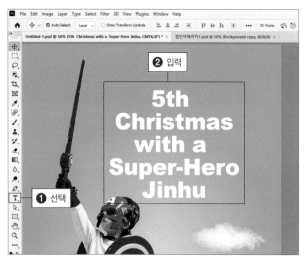

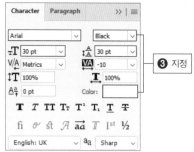

2 '5th Christmas' 텍스트를 드래그하여 선택하고 Character 패널에서 글꼴 크기를 '40pt', 행간을 '35pt' 로 지정합니다. 'with a' 텍스트를 드래그하여 선택하고 글꼴 크기를 '18pt', 행간을 '18pt'로 지정합니다.

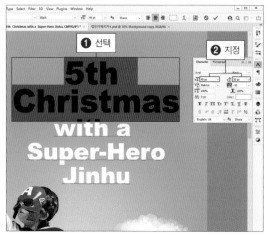

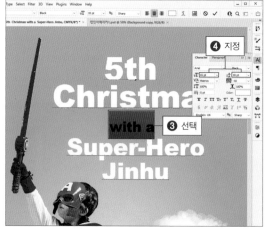

3 Layers 패널에서 문자 레이어를 선택하고 마우스 오른쪽 버튼을 클릭한 다음 Rasterize Type을 실행하여 문자를 이미지로 변경합니다.

4 Tools 패널에서 올가미 도구(◯)를 선택하고 '5th' 텍스트를 동그랗게 드래그하여 선택 영역으로 지정합니다. Ctrl을 누른 상태로 텍스트를 다음 줄 'i' 텍스트와 닿지 않도록 오른쪽으로 이동합니다.

5 올가미 도구(◯)로 'with a' 텍스트도 동그랗게 드래그하여 선택 영역으로 지정한 다음 Ctrl을 누른 상태로 그림과 같이 이동합니다.

6 Layers 패널에서 Ctrl을 누른 상태로 문자 레이어의 섬네일을 클릭하여 문자 전체를 선택 영역으로 지정합니다. 올가미 도구(⊙)가 선택된 상태에서 Alt를 누른 상태로 아래 문자 3줄을 동그랗게 드래그하여 선택 영역에서 제외합니다.

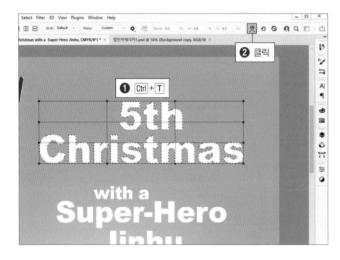

7 Ctrl+T를 누른 다음 옵션바에서 'Warp' 아이콘(⌗)을 클릭합니다.

8 위와 아래 2개의 핸들을 위로 드래그하고, 가운데 두 개의 조절선도 같은 너비로 위로 드래그하여 아치 형태를 만듭니다. 그다음 양쪽 모서리의 조절점과 핸들을 드래그하여 부채꼴 형태를 만듭니다. 이때 텍스트의 형태를 보면서 찌그러지거나 왜곡된 부분이 없는지 확인합니다. 텍스트 변형을 마치면 Enter를 누릅니다.

9 올가미 도구(◯)로 아래 문자 3줄을 동그랗게 드래그하여 선택합니다. Ctrl을 누른 상태에서 위에 텍스트와 중심을 맞춰 이동합니다.

10 Ctrl + T를 누른 다음 옵션바에서 'Warp' 아이콘(♔)을 클릭합니다. 9번 과정과 같은 방법으로 텍스트의 핸들과 조절선, 조절점을 드래그하여 부채꼴 형태로 만듭니다.

11 텍스트 변형을 마치면 Enter를 눌러 형태를 확인합니다. 위의 텍스트보다 자폭이 넓어 Ctrl + T를 눌러 좌우 너비를 줄여 줍니다.

12 텍스트의 너비가 글줄마다 다릅니다. 텍스트의 너비를 조절하기 위해 올가미 도구(🔾)를 이용하여 중간 문자 2줄을 동그랗게 드래그하여 선택한 다음 Ctrl+T를 눌러 좌우 너비를 줄여 줍니다.

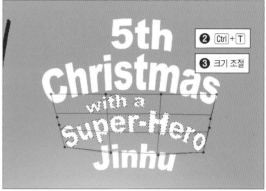

13 'p' 텍스트와 'J' 텍스트가 닿아 보입니다. 올가미 도구(🔾)로 마지막 줄을 동그랗게 드래그하여 선택한 다음 Ctrl을 누른 상태에서 오른쪽으로 조금 이동합니다.

14 Ctrl+D를 눌러 선택 영역을 해제하고, Ctrl+T를 눌러 그림과 같이 크기와 위치를 조절합니다.

텍스트에 효과 적용하기

1 Layers 패널에서 문자 레이어를 더블클릭합니다. Layer Style 대화상자가 표시되면 'Gradient Overlay'를 선택하고, Blend Mode를 'Normal', Opacity를 '55%', Angle을 '60°', Scale을 '100%'로 설정한 후 그러데이션을 클릭합니다.

 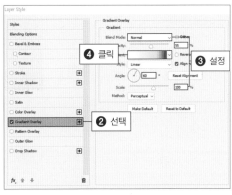

2 Gradient Editor 대화상자가 표시되면 그러데이션 바에서 왼쪽의 'Color Stop' 아이콘()을 더블클릭합니다. Color Picker 대화상자가 표시되면 C를 '0%', M을 '0%', Y를 '0%', K를 '0%'로 지정한 다음 〈OK〉 버튼을 클릭합니다.
그러데이션 바에서 오른쪽의 'Color Stop' 아이콘()을 더블클릭하여 Color Picker 대화상자가 표시되면 C를 '0%', M을 '95%', Y를 '95%', K를 '0%'로 지정한 다음 〈OK〉 버튼을 클릭합니다.

3 그림과 같이 그러데이션 바의 2/3 지점을 클릭합니다. Color의 색상 상자를 클릭하여 Color Picker 대화상자가 표시되면 C를 '0%', M을 '0%', Y를 '70%', K를 '0%'로 지정합니다.

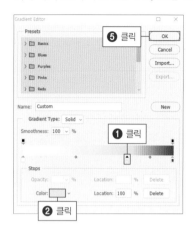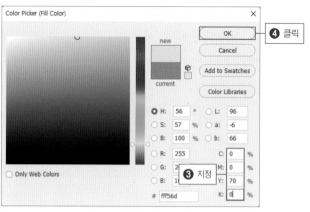

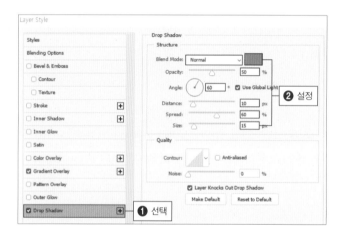

4 Layer Style 대화상자에서 'Drop Shadow'를 선택합니다. Blend Mode를 'Normal', 색상을 C를 '100%', M을 '0%', Y를 '0%', K를 '0%', Opacity를 '50%', Angle을 '60°', Distance를 '10px', Spread를 '60%', Size를 '15px'로 설정한 다음 〈OK〉 버튼을 클릭합니다.

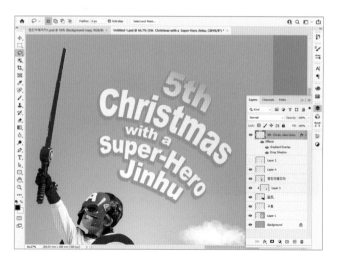

5 텍스트에 효과가 적용된 것을 확인합니다.

빛 효과 만들기

1 Layers 패널에서 새 레이어를 생성하고 레이어 이름을 '빛'으로 변경한 다음 '빛' 레이어를 가장 위로 드 래그하여 이동합니다. Tools 패널에서 사각형 선택 도구(▥)를 선택하고 드래그하여 사각형 선택 영역을 만듭니다.

2 Tools 패널에서 그레이디언트 도구(▣)를 선택하고 옵션바에서 그러데이션을 클릭합니다. Gradient Editor 대화상자가 표시되면 Basics에서 'Foreground to Background'를 선택한 다음 그러데이션 바에서 왼쪽의 'Color Stop' 아이콘(▮)을 더블클릭합니다.

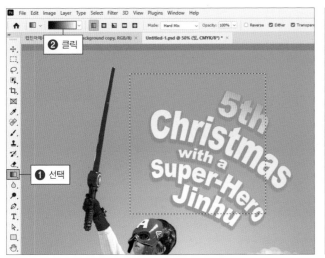

3 Color Picker 대화상자가 표시되면 C를 '0%', M을 '0%', Y를 '0%', K를 '100%'로 지정한 다음 〈OK〉 버튼을 클릭합니다. 옵션바에서 'Linear Gradient' 아이콘(▣)을 클릭하고, Opacity를 '100%'로 설정합니다. 아래에서 위로 드래그하여 그러데이션을 적용합니다.

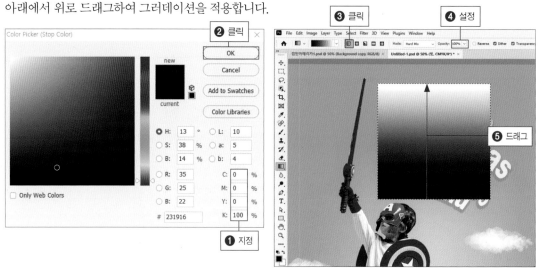

4 메뉴에서 (Filter) → Distort → Wave를 실행합니다. Wave 대화상자가 표시되면 Number of Generators를 '16', Wavelength의 Min을 '5', Max를 '75', Amplitude의 Min을 '1', Max를 '30', Scale의 Horiz를 '12%', Vert를 '100%'로 설정하고, Type에서 'Square', Undefined Areas에서 'Repeat Edge Pixels'를 선택한 다음 〈OK〉 버튼을 클릭합니다.

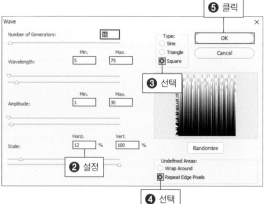

5 메뉴에서 (Filter) → Distort → Polar Coordinates를 실행합니다. Polar Coordinates 대화상자가 표시되면 'Rectangular to Polar'를 선택한 다음 〈OK〉 버튼을 클릭합니다.

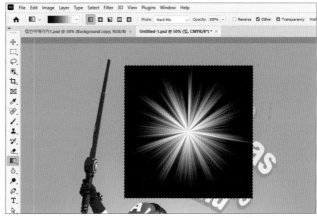

6 Layers 패널에서 블렌딩 모드를 'Lighten'으로 지정하고 Ctrl+D를 눌러 선택 영역을 해제합니다.

7 Layers 패널에서 '빛' 레이어를 'Create a new layer' 아이콘(⊞)으로 드래그하여 복사합니다.

8 '빛' 레이어와 '빛 copy' 레이어를 선택하고, Tools 패널에서 이동 도구(🕂)를 선택한 다음 빛을 광선 검 위로 이동합니다.

9 '빛' 레이어를 선택하고 Ctrl + T 를 누른 다음 옵션바에서 W와 H를 '200%'로 설정하여 크기를 키워 줍니다. Layers 패널에서 Opacity를 '30%'로 설정합니다.

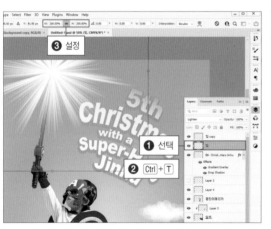

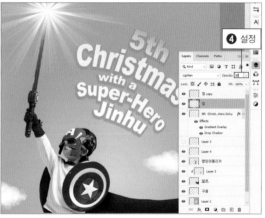

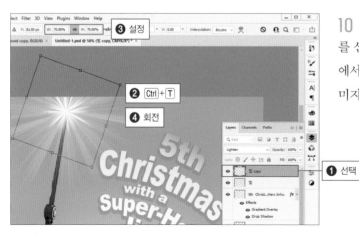

10 Layers 패널에서 '빛 copy' 레이어를 선택합니다. Ctrl + T 를 눌러 옵션바에서 W와 H를 '70%'로 설정한 다음 이미지를 회전합니다.

빛 연기 효과 만들기

1 Layers 패널에서 새 레이어를 만든 다음 레이어 이름을 '빛 연기'로 변경합니다. Tools 패널에서 브러시 도구(✏️)를 선택하고 옵션바에서 Size를 '30px'로 설정합니다. General Brushes에서 'Soft Round'를 선택하고 Opacity는 '100%'로 설정합니다. 광선 검에서 연기가 회오리치는 느낌으로 그림과 같이 그립니다.

2 옵션바에서 Size를 '8px'로 설정한 다음 연기 주변으로 자잘한 연기를 그려 줍니다.

3 메뉴에서 (Filter) → Blur → Gaussian Blur를 실행합니다. Gaussian Blur 대화상자가 표시되면 Radius를 '4 Pixels'로 설정한 다음 〈OK〉 버튼을 클릭합니다.

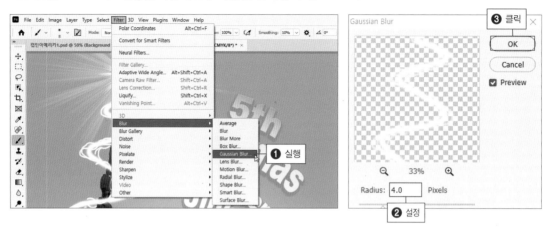

4 메뉴에서 (Filter) → Other → Maximum을 실행합니다. Maximum 대화상자가 표시되면 Radius를 '5 Pixels'로 설정한 다음 〈OK〉 버튼을 클릭합니다.

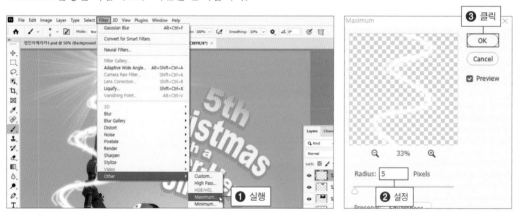

5 흐릿한 연기가 만들어진 것을 확인하고, Layers 패널에서 Opacity를 '80%'로 설정합니다.

6 Layers 패널에서 Ctrl을 누른 상태로 '캡틴아메리카' 레이어의 섬네일을 클릭하여 선택 영역으로 지정합니다.

7 Tools 패널에서 지우개 도구( )를 선택한 다음 옵션바에서 Size를 '30px'로 설정하고 General Brushes에서 'Hard Round'를 선택합니다.

8 광선 검 뒤로 연기가 돌아가 보이도록 그림과 같은 부분을 지우개로 지웁니다.

눈송이 효과 만들기

1   Layers 패널에서 '빛 copy' 레이어를 선택하고 Ctrl + C 를 눌러 복사한 다음 Ctrl + V 를 눌러 붙여 넣습니다. 레이어 이름을 '눈송이'로 변경하고 Opacity는 '70%'로 설정합니다.

2   Ctrl + T 를 눌러 옵션바에서 W와 H를 '20%'로 설정하여 크기를 줄인 다음 Enter 를 누릅니다.

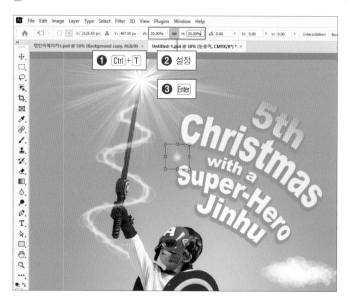

복사

3   Tools 패널에서 이동 도구(⊕)를 선택하고 Ctrl+Alt 를 누른 상태로 눈송이를 드래그하여 그림과 같이 복사합니다.

4   복사된 눈송이 레이어들을 모두 선택하고 Ctrl+G 를 눌러 그룹으로 지정한 다음 더블클릭하여 이름을 '눈송이'로 변경합니다.

① 선택
② Ctrl+G

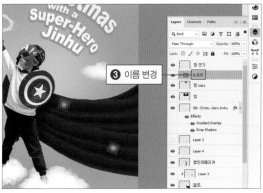

③ 이름 변경

5   좀 더 작은 눈송이들을 만들기 위해 Layers 패널에서 '빛 copy' 레이어를 선택하고 Ctrl+C 를 눌러 복사한 다음 Ctrl+V 를 눌러 붙여 넣습니다. 더블클릭하여 이름을 '작은눈송이'로 변경한 다음 Opacity를 '60%'로 설정합니다.

① 선택
② Ctrl+C

⑤ 설정
③ Ctrl+V
④ 이름 변경

6 Ctrl+T를 눌러 옵션바에서 W와 H를 '12%'로 설정하여 크기를 줄인 다음 Enter를 누릅니다.

7 Tools 패널에서 이동 도구(⊕)를 선택하고 Ctrl+Alt를 누른 상태로 작은 눈송이를 드래그하여 여러 개 복사합니다.

8 복사된 작은눈송이 레이어들을 모두 선택하고 Ctrl+G를 눌러 그룹으로 지정한 다음 더블클릭하여 이름을 '작은눈송이'로 변경합니다.

9 Tools 패널에서 지우개 도구(⬚)를 선택한 다음 옵션바에서 Size를 '50px'로 설정하고 General
Brushes에서 'Soft Round'를 선택합니다. 사각 형태의 외곽이 보이는 눈송이들을 차례로 선택하여 지우개
로 지웁니다.

10 문자 도구(T)로 카드 뒷면 중앙에 'Dear My Hero'를 입력하여 완성합니다.

Part 3

상품 개발을 위한
상업 패키지 디자인

패키지 디자인 작업에 주로 사용하는 프로그램은 어도비 일러스트레이터와 포토샵입니다. 일러스트레이터에서는 정확한 수치로 지기 구조 도면을 디자인할 수 있으며, 크기에 구애받지 않고 자유롭게 작업하고 인쇄할 수 있어 유용하게 쓰입니다. 포토샵은 통상적으로 비트맵 이미지를 활용한 그래픽 소스 등을 제작할 때 주로 사용하는데, 이미지 보정, 이미지 리터칭, 그래픽 필터 효과나 디자인 전략에 따른 손 그림 표현에 유용하기 때문입니다. 포토샵을 활용한 다양한 이미지 구현을 실습해 보고, 실제 상품 개발이나 패키지 디자인에 활용해 봅니다.

by Photoshop

프로젝트

CHAPTER 01

브러시로 그린 그림으로
키즈 패키지 디자인하기

포토샵의 다양한 브러시를 활용하면 손쉽게 손 그림 효과를 낼 수 있습니다.
유화 느낌의 브러시를 만든 다음 브러시의 터치감을 최대한 살리면서 직접 그림을 그려 키즈 아뜰리에 패키지를 디자인해 봅니다.

완성 파일 03\키즈 패키지_완성.psd

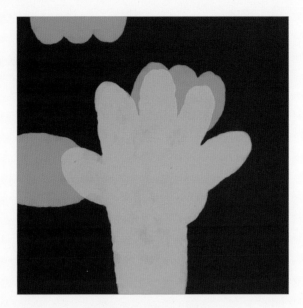

브러시로 자유롭게 그리기

브러시를 설정하여 어린이가 그린 느낌으로 라인을 만들고 유화 느낌으로 거칠게 채색합니다.

———

다양한 브러시로 표현하기

제작한 브러시로 마우스의 필압을 다르게 하여 꾹꾹 눌러 점을 그립니다.
자연스럽게 다양한 크기로 표현합니다.

벡터 이미지 그리기
펜 도구를 이용하여 캐릭터의 눈과 코를 벡터로 그립니다.
눈동자는 원형 도구를 이용해 그리고 마스크를 적용하여 표현합니다.

———

곡선 패스에 텍스트 넣기

펜 도구로 곡선을 그린 다음 그 위에 문자를 입력하여 웃는 입을 표현합니다.

새 캔버스 만들고 유화 느낌의 브러시 제작하기

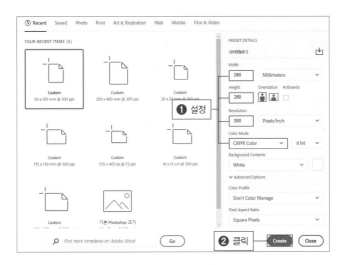

1 새로운 캔버스를 만들기 위해 메뉴에서 [File] → New를 실행합니다. New Document 대화상자가 표시되면 Width를 '280mm', Height를 '280mm', Resolution을 '300', Color Mode를 'CMYK Color'로 설정한 다음 〈Create〉 버튼을 클릭합니다.

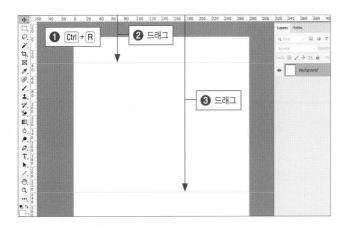

2 Ctrl+R을 눌러 눈금자를 표시합니다. 상단 눈금자를 드래그하여 40mm와 240mm 위치에 가이드라인을 만듭니다. 박스에서 그래픽이 표시되는 부분은 상단과 하단 높이를 제외한 부분입니다.

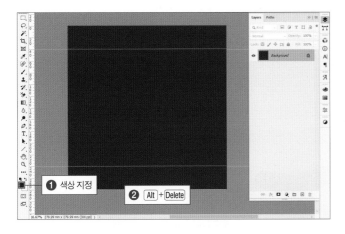

3 Tools 패널에서 전경색을 더블클릭하여 C를 '90%', M을 '90%', Y를 '55%', K를 '15%'로 지정합니다. Alt+Delete를 눌러 지정한 색상으로 캔버스를 채웁니다.

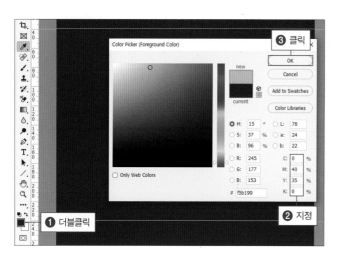

4 Layers 패널에서 새 레이어를 생성합니다.

Tools 패널에서 전경색을 더블클릭하여 Color Picker 대화상자가 표시되면 C를 '0%', M을 '40%', Y를 '35%', K를 '0%'로 지정한 다음 〈OK〉 버튼을 클릭합니다.

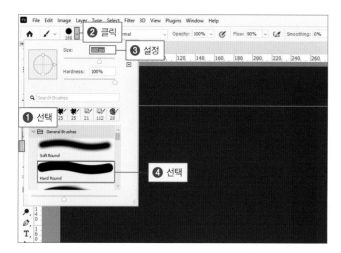

5 Tools 패널에서 브러시 도구(✐)를 선택합니다. 옵션바에서 Size를 '180px'로 설정하고 General Brushes에서 'Hard Round'를 선택합니다.

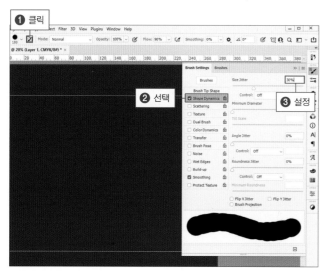

6 옵션바에서 'Brush Settings panel' 아이콘(✐)을 클릭하여 Brush Settings 패널이 표시되면 'Shape Dynamics'를 선택하고 Size Jitter를 '30%'로 설정합니다.

7 'Transfer'를 선택하고 차례대로 Opacity Jitter를 '30%', Control을 'Pen Pressure', Minimum을 '50%', Control을 'Pen Pressure', Minimum을 '30%'로 설정합니다. Brushes 패널을 선택하고 '패널 메뉴' 아이콘 (▤)을 클릭한 다음 New Brush Preset을 실행합니다.

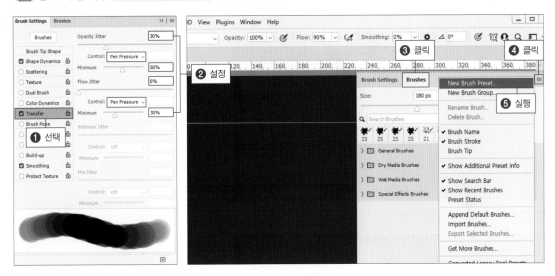

8 New Brush 대화상자가 표시되면 Name을 '유화느낌'으로 입력하고 'Include Tool Settings'를 체크 해제한 다음 〈OK〉 버튼을 클릭합니다. Brushes 패널 하단에 '유화느낌' 브러시가 생성된 것을 확인합니다.

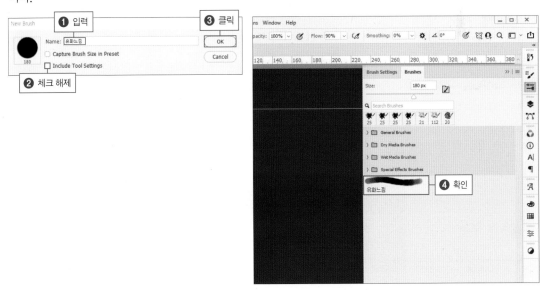

TIP
'Include Tool Settings'를 체크 해제하면 지우개 브러시로도 활용이 가능합니다.

브러시를 이용하여 자유롭게 일러스트 그리기

1 제작한 브러시로 손을 그립니다. 어린이가 그린 느낌으로 거칠게 라인을 먼저 잡아 줍니다.

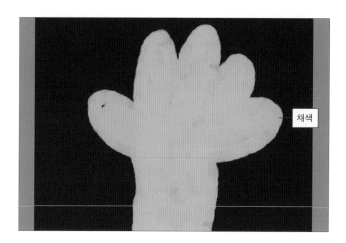

2 라인 안쪽을 브러시로 채색합니다. 꼼꼼하게 색을 칠하지 않고 거친 느낌을 살려 칠해 줍니다.

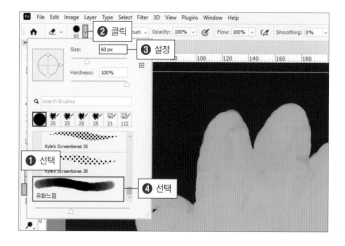

3 Tools 패널에서 지우개 도구(🖌)를 선택합니다. 옵션바에서 Size를 '60px'로 설정하고 '유화느낌' 브러시를 선택합니다.

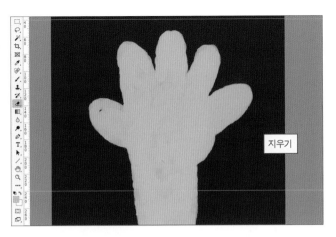

4 잘못 그린 부분은 지우개로 지우며 원하는 형태로 다듬어 봅니다.

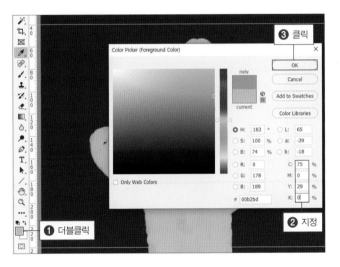

5 Layers 패널에서 새 레이어를 생성합니다.
Tools 패널에서 전경색을 더블클릭하여 Color Picker 대화상자가 표시되면 C를 '75%', M을 '0%', Y를 '29%', K를 '0%'로 지정한 다음 〈OK〉 버튼을 클릭합니다.

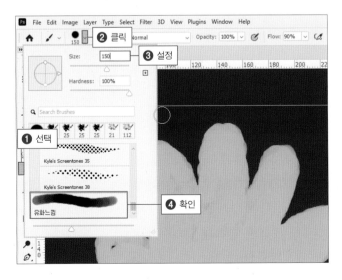

6 Tools 패널에서 브러시 도구(✏)를 선택합니다. 옵션바에서 Size를 '150px'로 설정하고 '유화느낌' 브러시가 선택되어 있는지 확인합니다.

7 손가락 부분에 그림과 같이 구름을 그려 줍니다. 라인을 먼저 잡고 안을 채색하면 좀 더 쉽게 그릴 수 있습니다.

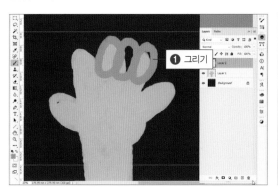
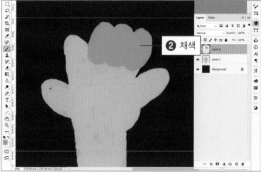

8 캔버스 왼쪽 상단에도 잘린 형태로 구름을 그립니다. 엄지손가락에도 구름을 그려 줍니다.

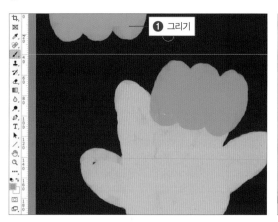
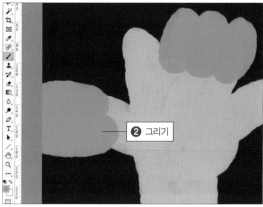

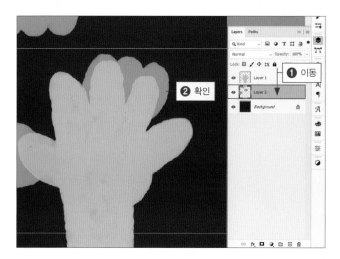

9 Layers 패널에서 'Layer 2' 레이어를 'Layer 1' 레이어 아래로 드래그하여 이동합니다. 구름이 손가락 뒤로 이동되었습니다.

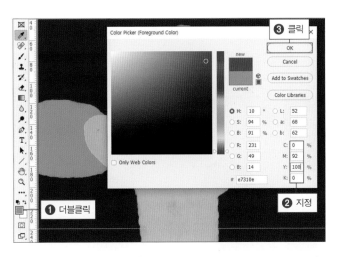

10 Layers 패널에서 새 레이어를 생성합니다.

Tools 패널에서 전경색을 더블클릭하여 Color Picker 대화상자가 표시되면 C를 '0%', M을 '92%', Y를 '100%', K를 '0%'로 지정한 다음 〈OK〉 버튼을 클릭합니다.

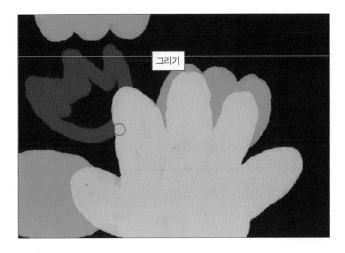

11 왼쪽 상단에 튤립 모양의 라인을 그려 채색합니다.

12 옵션바에서 Size를 '30px'로 설정하여 튤립의 뾰족한 부분을 그려 줍니다.

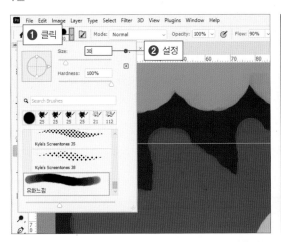

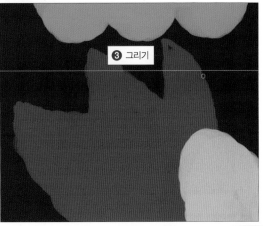

13 다시 옵션바에서 Size를 '180px'로 설정하여 하단에 동백꽃 모양의 라인을 잡아 줍니다.

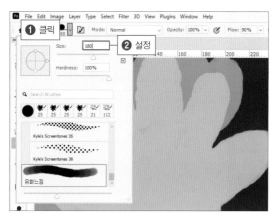
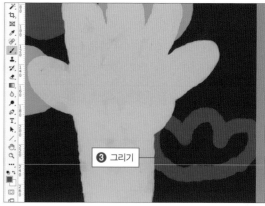

14 거친 느낌이 들도록 채색합니다. 전체 면적을 모두 칠할 필요는 없습니다.

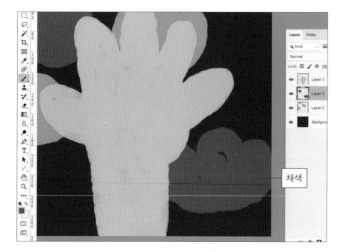

15 Layers 패널에서 새 레이어를 생성합니다.

Tools 패널에서 전경색을 더블클릭하여 Color Picker 대화상자가 표시되면 C를 '0%', M을 '10%', Y를 '65%', K를 '0%'로 지정한 다음 〈OK〉 버튼을 클릭합니다.

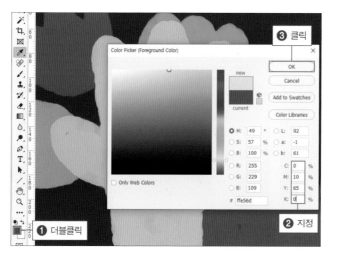

16 오른쪽에 동그라미를 그려 줍니다. 꽃의 형상이 느껴지도록 자유롭게 표현합니다. 왼쪽 하단에도 노란색 구름을 하나 더 그려 줍니다.

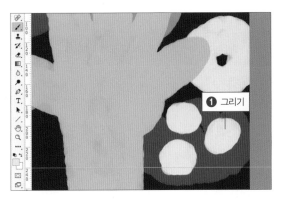 

17 옵션바에서 Size를 '100px'로 설정하여 노란색 구름 위에 하트를 그립니다.

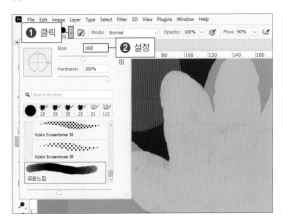 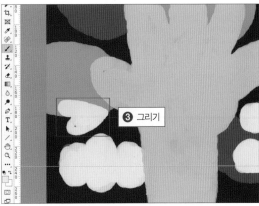

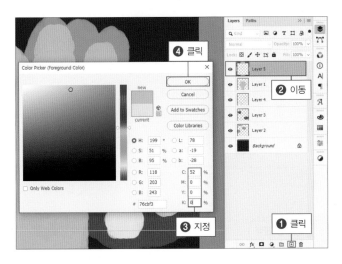

18 Layers 패널에서 새 레이어를 생성한 다음 가장 위로 드래그하여 이동합니다. Tools 패널에서 전경색을 더블클릭하여 Color Picker 대화상자가 표시되면 C를 '52%', M을 '0%', Y를 '0%', K를 '0%'로 지정한 다음 〈OK〉 버튼을 클릭합니다.

19 노란색 하트 위에 하늘색 하트를 그려 넣습니다. 오른쪽 상단에 두 개의 꽃 모양의 라인을 잡아 주고
채색합니다.

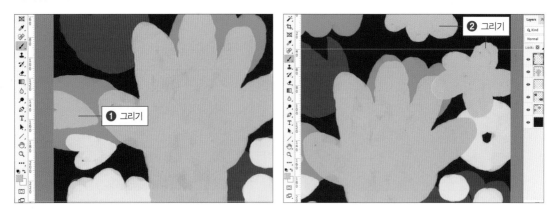

20 Layers 패널에서 새 레이어를 생성한 다음 Tools 패널에서 전경색을 '흰색'으로 지정합니다. 옵션바
에서 Size를 '80px'로 설정합니다. 검지에 작은 모자를 그려 주고 엄지 쪽에 라인을 그립니다.

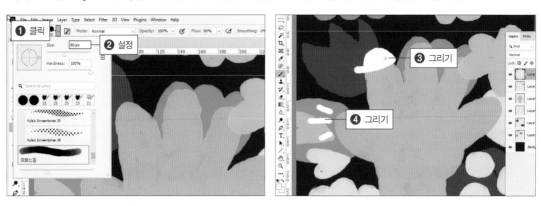

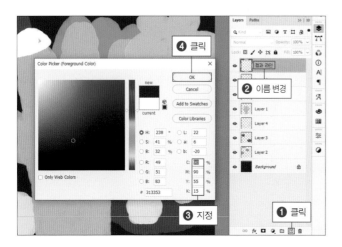

21 Layers 패널에서 새 레이어를 생
성한 다음 레이어 이름을 '점과 라인'으로
변경합니다.

Tools 패널에서 전경색을 더블클릭하여
Color Picker 대화상자가 표시되면 C를
'90%', M을 '90%', Y를 '55%', K를 '15%'
로 지정한 다음 〈OK〉 버튼을 클릭합니다.

22　Tools 패널에서 브러시 도구(✐)를 선택합니다. 옵션바에서 Size를 '80px'로 설정하고 Wet Media Brushes에서 'Kyle's Inkbox - Classic Cartoonist'로 선택합니다. 오른쪽 상단 하늘색 꽃에 마우스의 압력을 다르게 클릭하여 점을 찍어 줍니다. 자연스럽게 다양한 크기로 표현합니다.

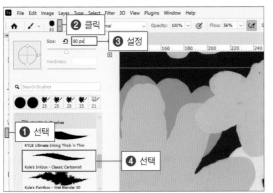
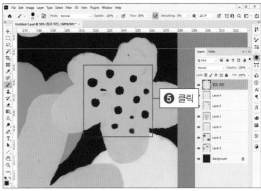

23　하단 동그란 원에도 서로 다른 크기의 점을 찍어 줍니다. 튤립에는 서로 다른 길이의 선을 그려 줍니다.

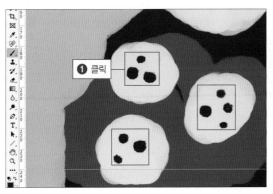

24　Tools 패널에서 전경색을 더블클릭하여 Color Picker 대화상자가 표시되면 C를 '0%', M을 '0%', Y를 '0%', K를 '0%'로 지정한 다음 〈OK〉 버튼을 클릭합니다. 손목에 다양한 크기로 점을 찍어 팔찌를 만듭니다.

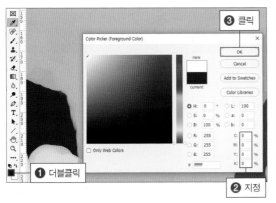
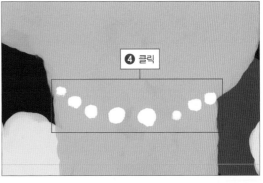

벡터 형식으로 얼굴 그리기

1 Tools 패널에서 펜 도구(◆)를 선택하고 옵션바에서 'Shape'로 지정하고, Fill을 '흰색', Stroke Width 를 '0px'로 설정합니다. 캔버스를 클릭하고 Shift 를 누른 상태에서 오른쪽 부분을 클릭한 다음 드래그하여 곡선을 만듭니다.

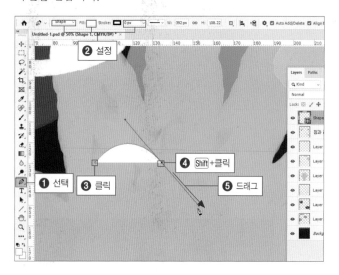

2 Alt 를 누른 상태로 오른쪽 기준점을 클릭하여 하단의 방향선을 없앱니다. 시작점을 클릭하여 연결한 다음 드래그하여 곡선 형태의 눈을 만듭니다.

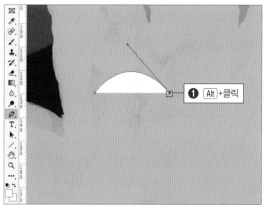

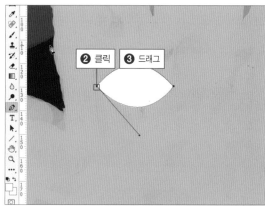

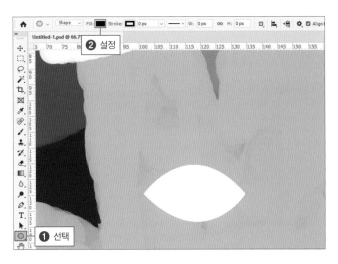

3 Layers 패널의 여백을 클릭하여 'Shape 1' 레이어의 선택을 해제합니다. Tools 패널에서 원형 도구(◎)를 선택하고 옵션바에서 Fill을 '검정색'으로 설정합니다.

4 Shift를 누른 상태로 드래그하여 눈동자인 정원을 그려 줍니다. Layers 패널에서 Ctrl을 누른 상태로 'Shape 1' 레이어의 섬네일을 클릭하여 선택 영역으로 지정합니다.

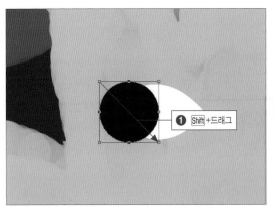

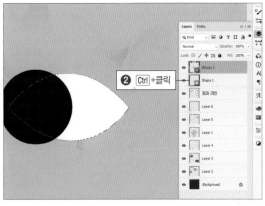

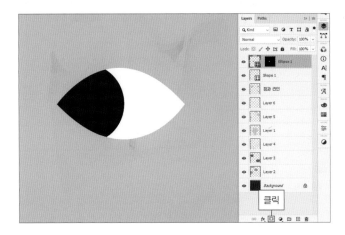

5 Layers 패널에서 'Add vector mask' 아이콘(◻)을 클릭하여 선택한 부분에 마스크를 적용합니다.

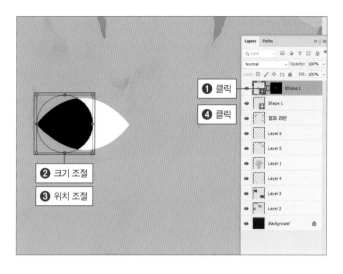

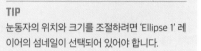

6 'Ellipse 1' 레이어에서 '링크' 아이콘 (⛓)을 클릭하여 연결을 해제한 다음 눈동자의 크기와 위치를 조절합니다. 조절이 끝났다면 다시 클릭하여 연결을 활성화합니다.

TIP
눈동자의 위치와 크기를 조절하려면 'Ellipse 1' 레이어의 섬네일이 선택되어 있어야 합니다.

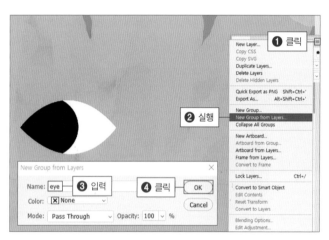

7 'Shape 1' 레이어와 'Ellipse 1' 레이어를 선택합니다. Layers 패널에서 '패널 메뉴' 아이콘(≡)을 클릭한 다음 New Group from Layers를 실행합니다. New Group from Layers 대화상자가 표시되면 Name을 'eye'로 입력하고 <OK> 버튼을 클릭하여 그룹으로 지정합니다.

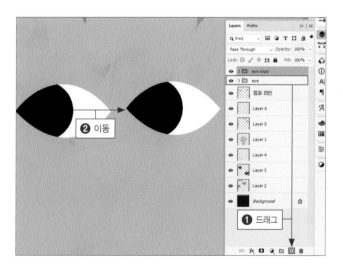

8 'eye' 그룹 레이어를 'Create a new layer' 아이콘(⊞)으로 드래그하여 복사합니다.
Tools 패널에서 이동 도구(⊕)를 선택하고 복사된 눈을 오른쪽으로 이동합니다.

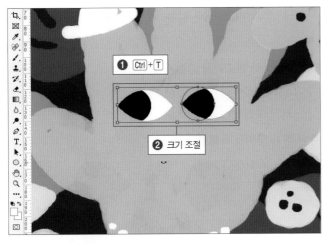

9 Ctrl+T를 누른 다음 Shift를 누른 상태로 두 개의 눈의 크기를 조절합니다.

TIP
벡터 이미지로 만들었기 때문에 확대하거나 축소해도 이미지가 깨지지 않습니다.

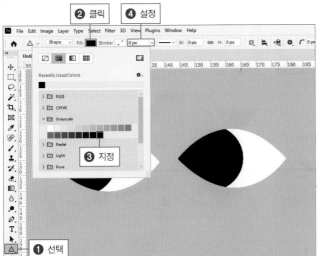

10 Tools 패널에서 삼각형 도구(△)를 선택하고 옵션바에서 Fill의 색상 상자를 클릭합니다. Grayscale에서 'Black'으로 지정한 다음 Stroke Width를 '0px'로 설정합니다.

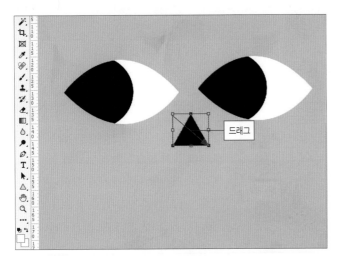

11 눈 하단 가운데에 드래그하여 삼각형을 그려 넣으면 코가 완성됩니다.

곡선 패스를 따라 흐르는 텍스트 넣기

1 Tools 패널에서 펜 도구(✒️)를 선택하고 눈의 너비와 비슷하게 그림과 같이 곡선을 그립니다. 옵션바에서 Fill과 Stroke를 'No Color'로 지정합니다. Tools 패널에서 문자 도구(T)를 선택하고 패스로 커서를 가져가 패스의 앞쪽을 클릭합니다. 패스의 조절점까지가 입력할 수 있는 문자의 너비이기 때문에 Ctrl 을 누른 상태에서 조절점을 오른쪽 끝으로 드래그하여 문자 영역을 확보합니다.

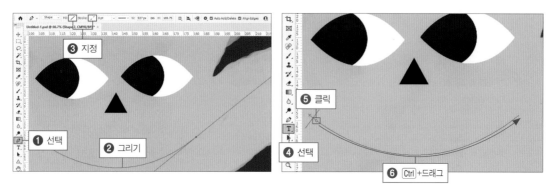

2 'KIDS ATELIER'를 입력합니다. 뒤집힌 텍스트는 Ctrl 을 누른 상태에서 위로 드래그하면 위쪽으로 정렬됩니다.

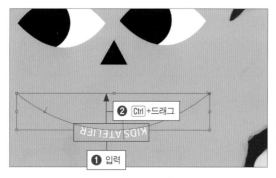

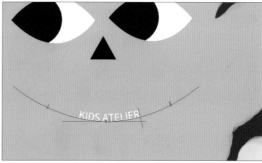

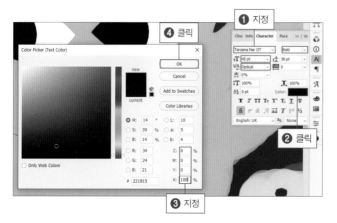

3 Character 패널에서 글꼴을 'Tarzana Nar OT', 글꼴 스타일을 'Bold', 글꼴 크기를 '45pt', 커닝을 'Optical'로 지정하고 Color의 색상 상자를 클릭합니다.

Color Picker 대화상자가 표시되면 C를 '0%', M을 '0%', Y를 '0%', K를 '100%'로 지정한 다음 〈OK〉 버튼을 클릭합니다.

4 텍스트 크기가 커지면서 일부가 보이지 않는다면 문자 영역을 넓게 조절해 줍니다. 텍스트를 드래그하여 선택한 다음 Character 패널에서 글꼴 크기를 '50pt'로 지정하여 크기를 키웁니다. 자간이 좁아 자간은 '10'으로 지정합니다.

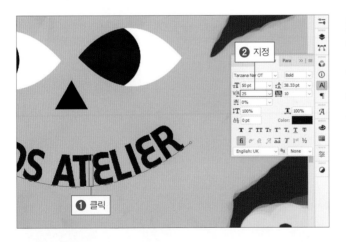

5 확대해서 확인해 보면 'T' 텍스트와 'E' 텍스트가 서로 붙어 있습니다.
두 텍스트 사이에 커서를 위치하고 Character 패널에서 커닝을 '25'로 지정해 넓혀 줍니다.

6 전체적으로 확인하면서 눈, 코, 입의 크기를 조절해 완성합니다.

CHAPTER 02

일러스트 그림에 손 그림 효과를 적용하여 에코백 디자인하기

디자인 실무에서는 일러스트레이터에서 간단한 그림을 그려 포토샵으로 가져오는 경우가 많습니다.

이런 경우 일러스트레이터의 레이어를 모두 살려서 포토샵으로 가져온다면 작업을 좀 더 쉽게 할 수 있습니다.

일러스트레이터에서 그린 그림을 포토샵 파일로 저장하여 포토샵에서 손으로 직접 그린 듯한

느낌이 나는 그림으로 만들어 에코백을 디자인해 봅니다.

예제 파일 03\야채패턴.ai   **완성 파일** 03\손 그림 에코백_완성.psd

일러스트레이터의 레이어를 살려 포토샵으로 불러오기

일러스트레이터에서 각각의 레이어를 포토샵 파일로 저장한 다음 포토샵에서 불러옵니다.

브러시를 이용하여 질감을 살려 채색하기

드라이 재질의 브러시 중 'Kyle's Ultimate Pastel Palooza' 브러시를 이용하여
거친 느낌이 살도록 빙빙 돌려 가며 채색합니다.

테두리에 거친 느낌 표현하기

면을 선택하여 테두리를 패스로 만들고, Stroke Path 대화상자의 Tool을 'Brush'로 지정하여 테두리를 거칠게 표현합니다.

겹치는 이미지 효과 적용하기

겹치는 이미지에 모두 'Multiply'를 지정하여 실크 스크린 같은 느낌이 들도록 겹쳐 보이게 효과를 적용합니다.

일러스트레이터에서 포토샵 파일로 저장하기

1 일러스트레이터를 실행하고 메뉴에서 [File] → Open을 실행한 다음 03 폴더에서 '야채패턴.ai' 파일을 불러옵니다. Layers 패널에서 각각의 레이어를 확인합니다.

2 메뉴에서 [File] → Export → Export As를 실행합니다. Export 대화상자가 표시되면 파일 이름을 '야채패턴', 파일 형식을 'Photoshop'으로 설정한 다음 〈Export〉 버튼을 클릭합니다. Photoshop Export Options 대화상자가 표시되면 Color Model을 'CMYK', 해상도를 'High(300ppi)'로 지정한 다음 〈OK〉 버튼을 클릭합니다.

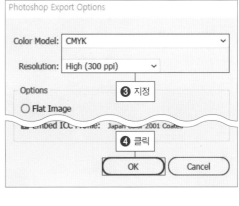

디자이너's 노하우

일러스트레이터에서는 레이어로 작업한 파일을 그대로 포토샵 레이어로 살려서 손쉽게 가져올 수 있습니다. 상황에 따라 레이어 그룹으로 지정되어 있어도 그룹 상태 그대로 가져올 수도 있습니다.
일러스트레이터에서 디테일하게 드로잉 작업 후 포토샵으로 가져와 보정할 경우 프로그램을 서로 호환하여 편리하게 작업할 수 있습니다.

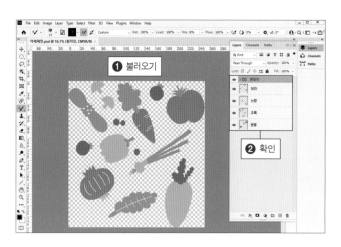

1 포토샵을 실행하고 메뉴에서 (File)
→ Open을 실행하여 저장한 '야채패
턴.psd' 파일을 불러옵니다.
Layers 패널에 각각의 레이어가 그대로
들어온 것을 확인합니다. 패스의 형식에
따라서 그룹 레이어가 생성됩니다.

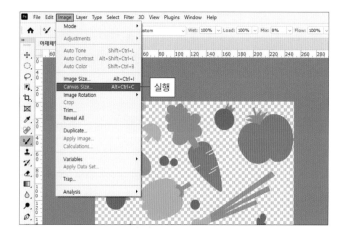

2 에코백 크기에 맞추기 위해 메뉴에서
(Image)→Canvas Size를 실행합니다.

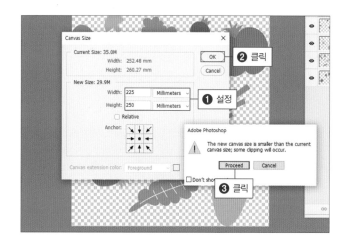

3 Canvas Size 대화상자가 표시되면
Width를 '225mm', Height를 '250mm'로
설정한 다음 〈OK〉 버튼을 클릭합니다.
캔버스 크기가 이미지보다 작기 때문에
포토샵 경고창이 표시되면 〈Proceed〉
버튼을 클릭합니다.

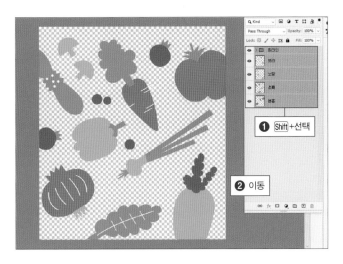

1 Shift + 선택

2 이동

4 이미지보다 작은 캔버스가 만들어졌습니다.

Layers 패널에서 Shift를 누른 상태로 클릭하여 레이어를 모두 선택합니다. Tools 패널에서 이동 도구(⊕)를 선택하고 캔버스에 맞춰 상단이 잘리지 않도록 이미지를 그림과 같이 이동합니다.

클릭

5 Layers 패널에서 'Create a new layer' 아이콘(⊞)을 클릭하여 새로운 레이어를 생성합니다.

1 Ctrl + Delete

2 드래그

6 Tools 패널에서 배경색을 '흰색'으로 지정하고 Ctrl + Delete를 누릅니다. Layers 패널에서 배경이 적용된 'Layer 1' 레이어를 가장 아래로 드래그하여 그림이 잘 보이도록 합니다.

> **TIP**
> Ctrl + Delete를 누르면 배경색이, Alt + Delete를 누르면 전경색이 채워집니다.

그림에 질감 효과 적용하기

1 '분홍' 레이어의 그림에 질감을 적용하기 위해 Layers 패널에서 '분홍' 레이어 위에 새로운 레이어를 생성한 다음 레이어 이름을 '분홍질감'으로 변경합니다.

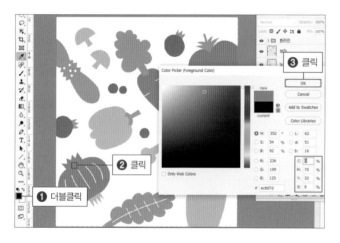

2 Tools 패널에서 전경색을 더블클릭하여 Color Picker 대화상자가 표시되면 스포이트 도구(이미지)를 이용해 그림의 분홍색 부분을 클릭하거나, C를 '0%', M을 '70%', Y를 '33%', K를 '0%'로 지정한 다음 〈OK〉 버튼을 클릭합니다.

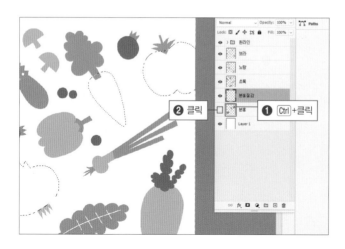

3 Layers 패널에서 Ctrl을 누른 상태에서 '분홍' 레이어의 섬네일을 클릭하여 선택 영역으로 지정합니다.
'분홍' 레이어의 '눈' 아이콘(이미지)을 클릭하여 비활성화합니다.

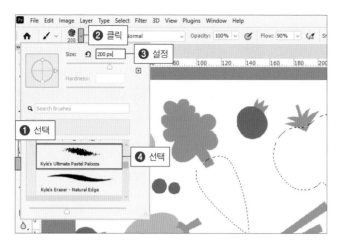

4 Tools 패널에서 브러시 도구(✏)를 선택한 다음 옵션바에서 Size를 '200px'로 설정하고 Dry Media Brushes에서 'Kyle's Ultimate Pastel Palooza'를 선택합니다.

5 설정된 브러시로 그림과 같이 선택 영역에 거친 느낌이 살도록 빙빙 돌려 가며 채색합니다.

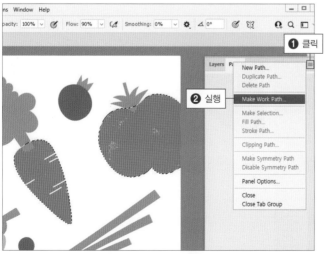

6 Paths 패널에서 '패널 메뉴' 아이콘(▤)을 클릭한 다음 Make Work Path를 실행합니다. Make Work Path 대화상자가 표시되면 Tolerance를 '0.5 pixels'로 설정한 다음 〈OK〉 버튼을 클릭합니다.

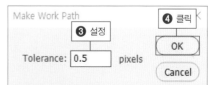

7 Tools 패널에서 브러시 도구(✏)를 선택합니다. 옵션바에서 Size를 '20px'로 설정하고 Dry Media Brushes에서 'Kyle's Ultimate Pastel Palooza'를 선택합니다.

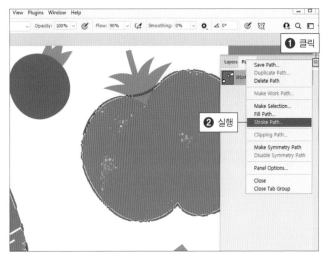

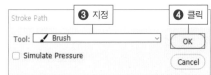

8 Paths 패널에서 '패널 메뉴' 아이콘(▤)을 클릭한 다음 Stroke Path를 실행합니다. Stroke Path 대화상자가 표시되면 Tool을 'Brush'로 지정한 다음 〈OK〉 버튼을 클릭합니다.

9 거친 느낌의 테두리가 만들어진 것을 확인할 수 있습니다.

10 '초록' 레이어의 그림에도 질감을 적용하기 위해 새로운 레이어를 생성한 다음 레이어 이름을 '초록질감'으로 변경합니다.

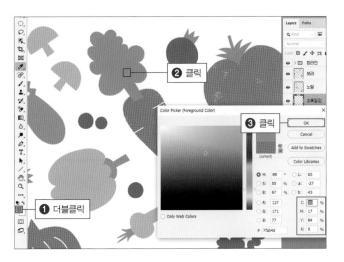

11 Tools 패널에서 전경색을 더블클릭하여 Color Picker 대화상자가 표시되면 스포이트 도구(✐)를 이용해 그림의 초록색 부분을 클릭하거나, C를 '56%', M을 '17%', Y를 '84%', K를 '0%'로 지정한 다음 〈OK〉 버튼을 클릭합니다.

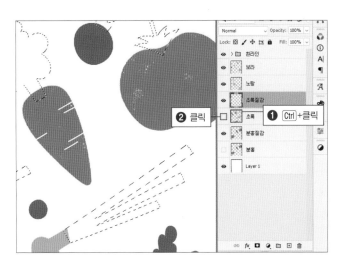

12 Layers 패널에서 Ctrl 을 누른 상태로 '초록' 레이어의 섬네일을 클릭하여 선택 영역으로 지정합니다. '초록' 레이어의 '눈' 아이콘(◉)을 클릭하여 비활성화합니다.

> **TIP**
> '초록' 레이어가 그룹 레이어로 생성되어 있다면 '초록' 그룹 레이어를 선택하고 '패널 메뉴' 아이콘(▤)을 클릭한 다음 Merge Group을 실행하여 레이어를 합칩니다.

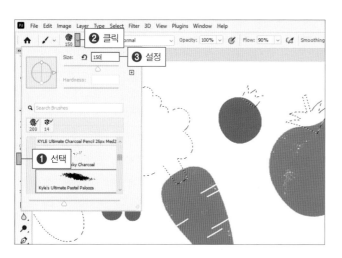

13 Tools 패널에서 브러시 도구(✏)를 선택하고, 옵션바에서 Size를 '150px'로 설정합니다.

14 설정된 브러시로 그림과 같이 선택 영역에 거친 느낌이 살도록 빙빙 돌려 가며 채색합니다.

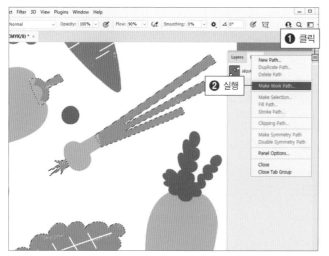

15 Paths 패널에서 '패널 메뉴' 아이콘(▤)을 클릭한 다음 Make Work Path를 실행합니다. Make Work Path 대화상자가 표시되면 Tolerance를 '0.5 pixels'로 설정한 다음 〈OK〉 버튼을 클릭합니다.

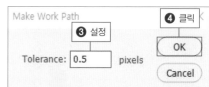

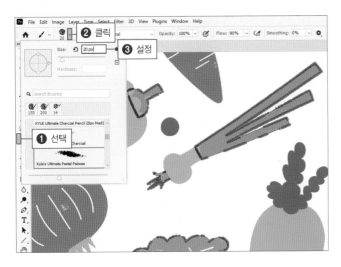

16 Tools 패널에서 브러시 도구(✏️)를 선택한 다음 옵션바에서 Size를 '20px'로 설정합니다.

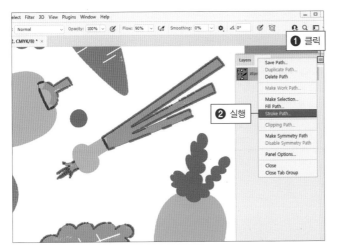

17 Paths 패널에서 '패널 메뉴' 아이콘(☰)을 클릭한 다음 Stroke Path를 실행합니다. Stroke Path 대화상자가 표시되면 Tool을 'Brush'로 지정한 다음 〈OK〉 버튼을 클릭합니다.

18 같은 방법으로 '노랑' 레이어의 그림과 '보라' 레이어의 그림에도 질감을 적용합니다.

흰색 라인 거칠게 표현하고 블렌딩 모드 적용하기

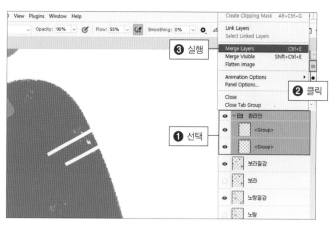

1 Layers 패널에서 '흰라인' 그룹 레이어를 선택하고 '패널 메뉴' 아이콘(☰)을 클릭한 다음 Merge Layers를 실행합니다.

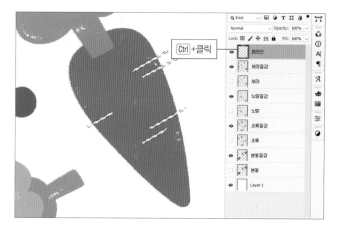

2 Layers 패널에서 Ctrl 을 누른 상태로 '흰라인' 레이어의 섬네일을 클릭하여 선택 영역으로 지정합니다.

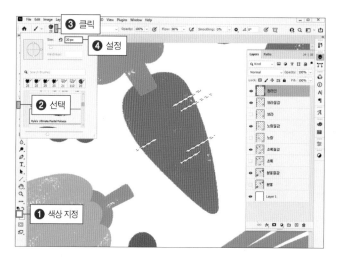

3 Tools 패널에서 전경색을 '흰색'으로 지정하고 브러시 도구(✐)를 선택합니다. 옵션바에서 Size를 '20px'로 설정합니다.

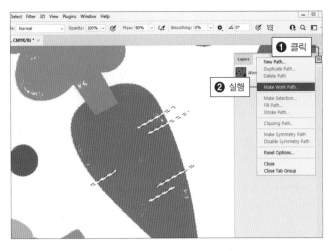

4 Paths 패널에서 '패널 메뉴' 아이콘
(☰)을 클릭한 다음 Make Work Path
를 실행합니다. Make Work Path 대
화상자가 표시되면 Tolerance를 '0.5
pixels'로 설정한 다음 〈OK〉 버튼을 클
릭합니다.

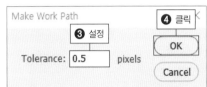

5 Paths 패널에서 '패널 메뉴' 아이콘
(☰)을 클릭한 다음 Stroke Path를 실행
합니다. Stroke Path 대화상자가 표시되
면 Tool을 'Brush'로 지정한 다음 〈OK〉
버튼을 클릭합니다.

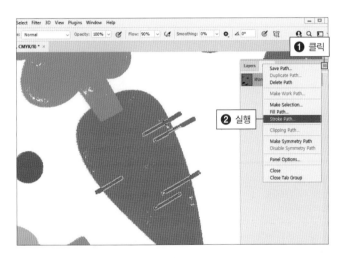

6 질감 있는 테두리가 만들어져 원래
의 라인보다 두꺼워졌습니다.

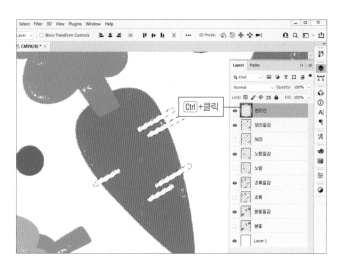

7 Layers 패널에서 Ctrl 을 누른 상태로 질감을 적용한 '흰라인' 레이어의 섬네일을 클릭하여 선택 영역으로 지정합니다.

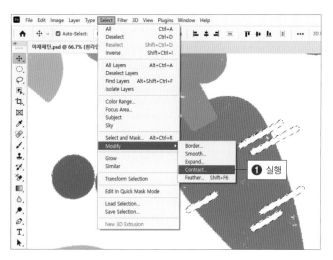

8 메뉴에서 (Select) → Modify → Contract를 실행합니다. Contract Selection 대화상자가 표시되면 Contract by를 '3 pixels'로 설정한 다음 〈OK〉 버튼을 클릭합니다.

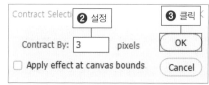

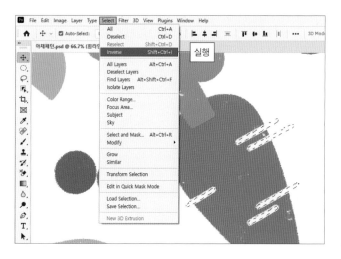

9 선택 영역이 줄어든 것을 확인하고 메뉴에서 (Select) → Inverse를 실행하여 라인 바깥쪽으로 선택 영역을 반전합니다.

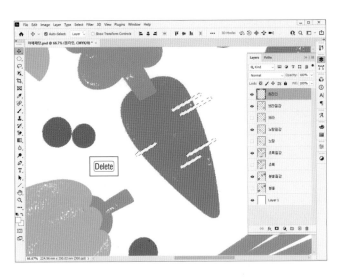

10 [Delete]를 눌러 라인 바깥쪽 부분을 삭제합니다.

11 질감 있는 라인이 만들어졌습니다.

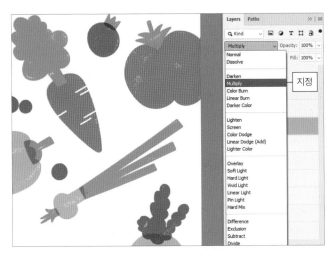

12 Layers 패널에서 '보라질감' 레이어와 '초록질감' 레이어, '노랑질감' 레이어의 블렌딩 모드를 'Multiply'로 지정합니다.

텍스트 입력하기

1   Tools 패널에서 문자 도구(T)를 선택하고 'GREEN MARKET'을 대문자로 입력합니다. Character 패
널에서 글꼴을 'Aileron', 글꼴 스타일을 'Black', 글꼴 크기를 '24pt', 자간을 '100', 색상을 C를 '52%', M을
'60%', Y를 '11%', K를 '0%'로 지정합니다.

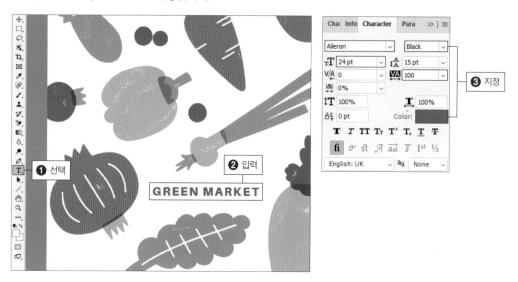

2   Layers 패널에서 새 레이어를 생성하고 Tools 패널에서 사각형 선택 도구(□)를 선택합니다. 텍스트
를 포함하도록 드래그하여 사각형 선택 영역을 만들고, 마우스 오른쪽 버튼을 클릭한 다음 Stroke를 실행
합니다.

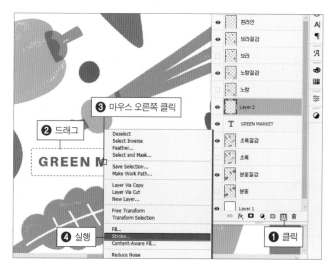

3 Stroke 대화상자가 표시되면 Width를 '10px'로 설정하고 Color의 색상 상자를 클릭합니다. Color Picker 대화상자가 표시되면 C를 '14%', M을 '26%', Y를 '84%', K를 '0%'로 지정한 다음 〈OK〉 버튼을 클릭합니다.

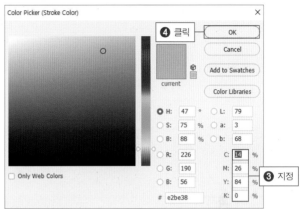

4 Layers 패널에서 'GREEN MARKET' 레이어와 'Layer 2' 레이어를 선택합니다. Tools 패널에서 이동 도구(⊕)를 선택하고 옵션바에서 'Align horizontal centers' 아이콘(⊞)과 'Align vertical centers' 아이콘(⊞)을 각각 클릭하여 글자와 사각형의 중심을 맞춥니다.

5 전체적으로 완성된 이미지를 확인한 다음 작업을 완성합니다.

CHAPTER 03

필터와 도형으로
티셔츠 디자인하기

포토샵에는 이미지를 가공할 수 있는 다양한 필터와 보정 기능이 있습니다. 필터와 도형 요소를 이용하여

개성 있는 그래픽을 제작할 수 있으며, 이를 활용해 티셔츠 등 다양한 상품을 개발할 수도 있습니다.

예제 파일 03\photo1-moon.jpg, photo2-석고상.jpg   **완성 파일** 03\티셔츠_완성.psd

색상 배경 만들기

검은색을 채워 색상 배경을 만듭니다.

이미지에 조정 레이어 기능 적용하기

조정 레이어의 'Gradient Map' 기능을 적용하여
이미지 색상을 원본 손상 없이 간단히 변형할 수 있습니다.

이미지 효과로 개성 있는 그래픽 만들기

다양한 필터 효과와 이미지 가공 기능을
활용하여 감각적인 그래픽 소스를 만듭니다.

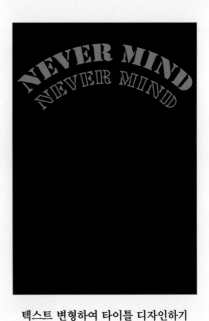

텍스트 변형하여 타이틀 디자인하기

'Create warped text' 기능과 Layer Style의
'Stroke'를 선택하여 타이틀을 디자인합니다.

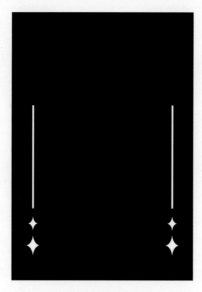

다각형 도구 활용하기

다각형 도구를 선택하고 옵션을 설정하여 현대적인 느낌의 장식을 추가합니다.

—

사용자 셰이프 도구 활용하기

다양한 셰이프를 활용하면 그래픽 꾸밈 요소를 쉽게 만들 수 있습니다.

흑백 이미지로 보정하기

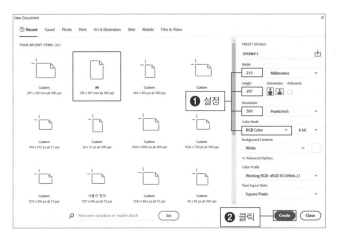

1 새로운 캔버스를 만들기 위해 메뉴에서 (File) → New를 실행합니다. New Document 대화상자가 표시되면 Width를 '210mm', Height를 '297mm', Resolution을 '300', Color Mode를 'RGB Color'로 설정한 다음 〈Create〉 버튼을 클릭합니다.

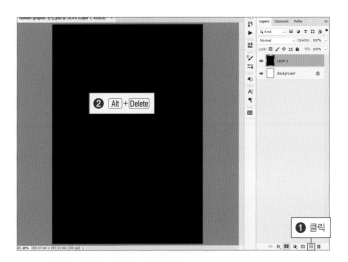

2 Layers 패널에서 새 레이어를 생성합니다. Tools 패널에서 전경색을 '검은색'으로 지정한 다음 [Alt]+[Delete]를 눌러 캔버스를 채웁니다.

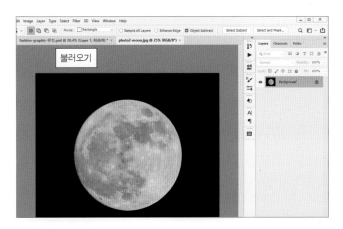

3 메뉴에서 (File) → Open을 실행하여 03 폴더에서 'photo1 - moon.jpg' 파일을 불러옵니다.

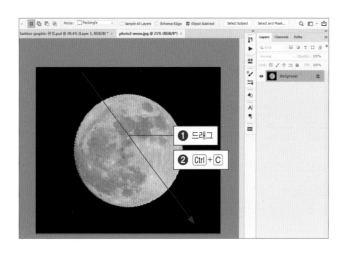

4 Tools 패널에서 오브젝트 선택 도구(⬚)를 선택합니다. 달을 드래그하여 선택 영역으로 지정한 다음, Ctrl+C를 눌러 복사합니다.

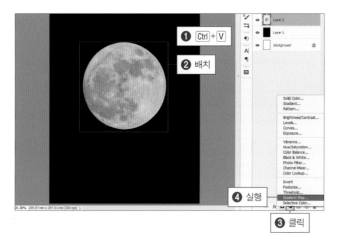

5 작업하던 캔버스로 돌아와 Ctrl+V를 눌러 달 이미지를 붙여 넣은 다음 캔버스 중앙에 배치합니다.
Layers 패널에서 'Create new fill or adjustment layer' 아이콘(◐)을 클릭한 다음 Gradient Map을 실행합니다.

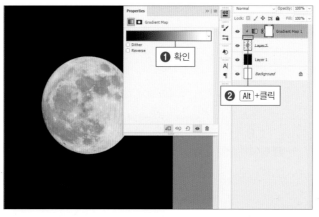

6 Properties 패널이 표시되면 전경색(검은색)과 배경색(흰색)을 기준으로 흑백 그러데이션이 적용되는 것을 확인할 수 있습니다.
Alt를 누른 상태로 'Gradient Map 1' 레이어와 'Layer 2' 레이어 사이를 클릭하여 클리핑 마스크를 적용하면 달 이미지에만 그러데이션이 적용됩니다.

TIP

조정 레이어는 레이어 순서에 영향을 받습니다. 조정 레이어 위에 있는 이미지 레이어에는 영향을 미치지 않고, 하단에 있는 모든 레이어에 영향을 미치므로 특정 이미지에만 효과를 적용하려면 클리핑 마스크를 사용합니다.

이미지에 다양한 효과 적용하기

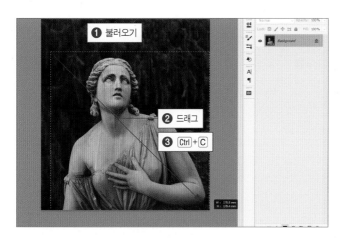

1 메뉴에서 [File] → Open을 실행하여 03 폴더에서 'photo2-석고상.jpg' 파일을 불러옵니다.

오브젝트 선택 도구(📍)로 석고상을 드래그하여 선택 영역으로 지정한 다음, Ctrl + C 를 눌러 복사합니다.

2 작업하던 캔버스로 돌아와 Ctrl + V 를 눌러 석고상 이미지를 붙여 넣은 다음 그림과 같이 배치합니다.

Ctrl + J 를 눌러 석고상 이미지인 'Layer 3' 레이어를 복사합니다.

3 'Layer 3 copy' 레이어를 선택하고 메뉴에서 [Image] → Adjustments → Threshold를 실행합니다.

Threshold 대화상자가 표시되면 Threshold Level을 '140'으로 설정한 다음 〈OK〉 버튼을 클릭합니다.

4 석고상 이미지에 판화 느낌의 효과
가 적용되었습니다.

5 이미지에 흐림 효과를 적용하기 위해 메뉴에서 (Filter) → Blur → Gaussian Blur를 실행합니다.
Gaussian Blur 대화상자가 표시되면 Radius를 '10Pixels'로 설정한 다음 〈OK〉 버튼을 클릭합니다.

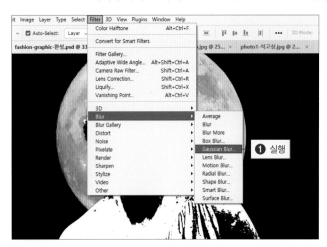

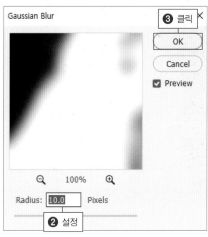

6 석고상 이미지에 뿌옇게 흐림 효과
가 적용되었습니다.

7 　망점 효과를 적용하기 위해 메뉴에서 (Filter) → Pixelate → Color Halftone을 실행합니다.
Color Halftone 대화상자가 표시되면 Max. Radius를 '15 Pixels', Channel 1 ~ Channel 4를 '90'으로 설
정한 다음 〈OK〉 버튼을 클릭합니다.

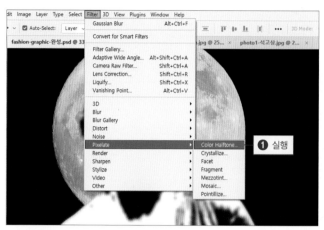
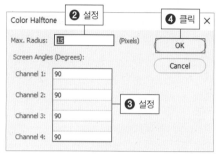

8 　석고상 이미지에 망점 효과가 적용
되었습니다.

9 　Layers 패널에서 블렌딩 모드를
'Pin Light'로 지정합니다. 자연스러운 이
미지 처리를 위해 Opacity를 '30%'로 설
정합니다.

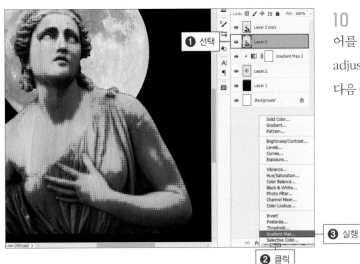

10 Layers 패널에서 'Layer 3' 레이어를 선택합니다. 'Create new fill or adjustment layer' 아이콘(⊘)을 클릭한 다음 Gradient Map을 실행합니다.

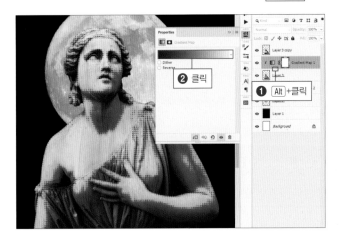

11 [Alt]를 누른 상태로 'Gradient Map 1' 레이어와 'Layer 3' 레이어 사이를 클릭하여 클리핑 마스크를 적용합니다. Properties 패널에서 그러데이션을 클릭합니다.

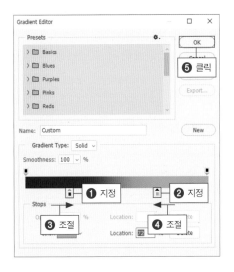

12 Gradient Editor 대화상자가 표시되면 그러데이션 바에서 왼쪽의 Color Stop을 C를 '100%', M을 '97%', Y를 '2%', K를 '2%'로, 오른쪽의 Color Stop을 C를 '53%', M을 '0%', Y를 '81%', K를 '0%'로 지정합니다.
그러데이션 바 중앙으로 Color Stop을 조절하여 컬러 경계가 좀 더 선명하게 설정한 다음 〈OK〉 버튼을 클릭하여 적용을 완료합니다.

문자 변형하고 장식 요소 추가하기

1 Tools 패널에서 문자 도구(T)를 선택하고 옵션바에서 글꼴을 'Stencil', 글꼴 스타일을 'Regular', 글꼴 크기를 '80pt', 색상을 C를 '60%', M을 '44%', Y를 '1%', K를 '0%'로 지정합니다. 'Center text' 아이콘(畺)을 클릭한 다음 'NEVER MIND'를 입력합니다.

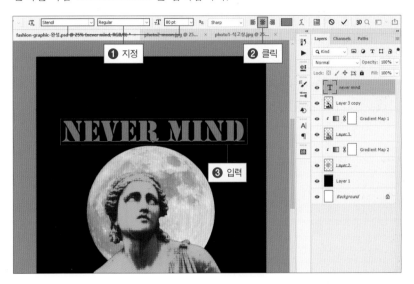

2 옵션바에서 'Create warped text' 아이콘(工)을 클릭합니다. Warp Text 대화상자가 표시되면 Style 을 'Arc'로 지정하고, Bend를 '50%'로 설정한 다음 〈OK〉 버튼을 클릭합니다.

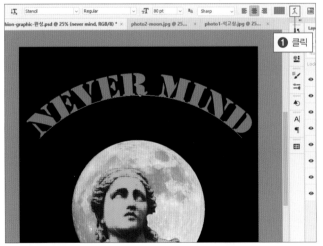

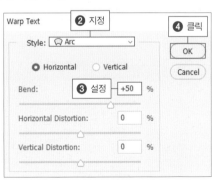

3 Tools 패널에서 이동 도구(⊕)를 선택하고, [Alt]+[Shift]를 누른 상태로 'NE-VER MIND' 텍스트를 아래로 드래그하여 복사합니다.
옵션바에서 글꼴 크기를 '65pt'로 지정하여 줄입니다.

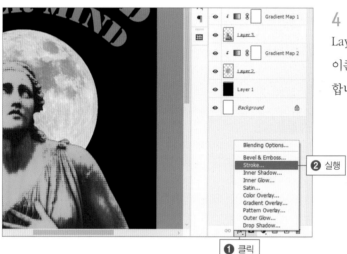

4 텍스트에 라인을 적용하기 위해 Layers 패널에서 'Add a layer style' 아이콘(fx)을 클릭한 다음 Stroke를 실행합니다.

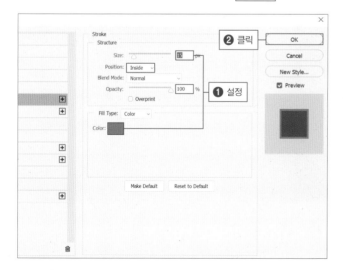

5 Layer Style 대화상자가 표시되면 Size를 '15px', Position을 'Inside', Opacity를 '100%', Color를 C를 '60%', M을 '44%', Y를 '1%', K를 '0%'로 설정한 다음 〈OK〉 버튼을 클릭합니다.

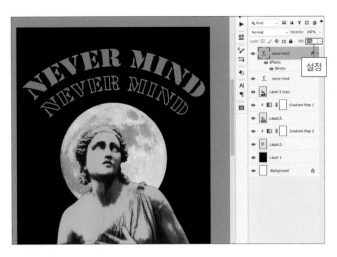

6 Layers 패널에서 Fill을 '0%'로 설정 하면 선은 그대로 유지되고, 텍스트의 면 색상만 사라집니다.

7 Tools 패널에서 사각형 도구(▭)를 선택하고, 옵션바에서 'Shape'로 지정한 다음 Fill을 '흰색', Stroke를 'No Color' 로 지정합니다. 그림과 같이 왼쪽에 드 래그하여 세로로 긴 선을 그립니다.

8 Tools 패널에서 다각형 도구(⬠)를 선택하고, 옵션바에서 'Shape'로 지정한 다음 Fill을 '흰색', Stroke를 'No Color' 로 지정합니다.

9 옵션바에서 'Path Options' 아이콘 (⚙)을 클릭하여 Star Ratio를 '50%'로 설정하고, 'Smooth Star Indents'를 체크 표시한 다음 Sides를 '4'로 설정합니다.

10 흰색 선 아래에 Shift 를 누른 상태로 드래그하여 반짝이를 그린 다음 회전합니다. Enter 를 누른 다음 다시 Ctrl + T 를 눌러 폭을 좁게 조절해 줍니다.

11 Tools 패널에서 이동 도구(⊕)를 선택하고 Alt + Shift 를 누른 상태로 반짝이를 위로 드래그하여 복사합니다. Ctrl + T 를 눌러 크기를 줄이고 그림과 같이 배치합니다.

12 흰색 선과 반짝이를 선택하고, Ctrl+J를 눌러 복사한 다음 그림과 같이 오른쪽에 대칭이 되도록 배치합니다.

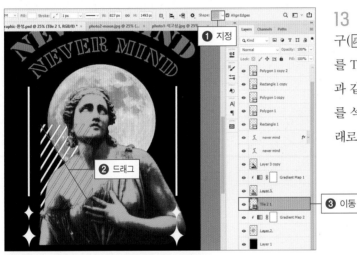

13 Tools 패널에서 사용자 셰이프 도구(🖼)를 선택하고, 옵션바에서 Shape를 Tile → 'Tile 2'로 지정한 다음, 그림과 같이 드래그합니다. 'Tile 2 1' 레이어를 석고상 이미지인 'Layer 3' 레이어 아래로 이동합니다.

14 Ctrl+J를 눌러 'Tile 2 1' 레이어를 복사한 다음, 그림과 같이 배치합니다. 복사한 레이어는 달 이미지인 'Layer 2' 레이어 아래로 이동하여 완성합니다.

CHAPTER 04

로고로 패턴을 제작하여
카페 패키지 포장지 디자인하기

포토샵에서 로고를 제작한 다음 만든 로고에 패턴 기능을 적용하여 하나의 패턴으로 만들 수 있습니다.
로고로 만든 패턴을 이용해 손쉽게 포장지를 디자인한 다음 로고만 활용해 패키지 띠지를 만들어 봅니다.

 03\포장지BI_01.ai, 포장지BI_02.ai   03\카페 패키지 로고_완성.psd, 카페 패키지 포장지_완성.psd, 카페 패키지 띠지_완성.psd

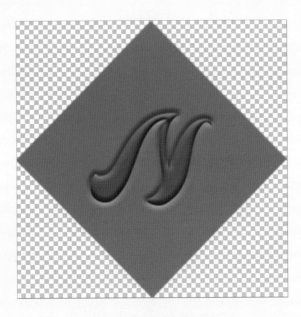

로고에 입체감 적용하기

Layer Style에서 'Bevel&Emboss'를 선택하여 패턴에 사용할 로고에 입체감을 적용합니다.
또한 로고 색상을 톤 다운해서 오목한 느낌을 표현합니다.

패턴을 만들기 위해 지그재그로 모양 만들기

상하좌우 중심에 가이드라인을 그리고 사방 모서리에 이미지를 복사하여 이동합니다.

로고 텍스트 넣고 패턴으로 저장하기

중앙에 레터 마크를 넣고 패턴을 만들기 위해 Define Pattern을 실행합니다.

———

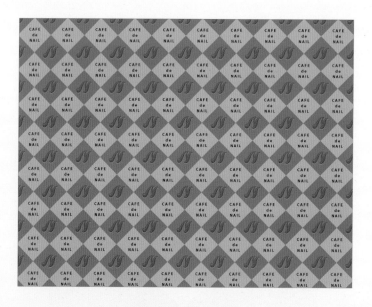

패턴으로 포장지 만들기

새로운 캔버스를 만들고 Fill을 실행하여 패턴을 적용합니다.
캔버스의 크기를 달리하여 다양한 크기의 패턴 포장지를 만들 수 있습니다.

패턴에 사용할 로고 제작하기

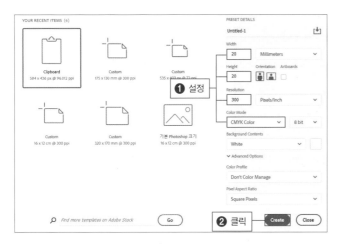

1 새로운 캔버스를 만들기 위해 메뉴에서 [File] → New를 실행합니다. New Document 대화상자가 표시되면 Width를 '20mm', Height를 '20mm', Resolution을 '300', Color Mode를 'CMYK Color'로 설정한 다음 〈Create〉 버튼을 클릭하여 패턴 하나의 크기로 캔버스를 만듭니다.

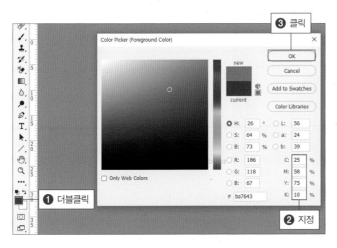

2 Layers 패널에서 새 레이어를 생성합니다. Tools 패널에서 전경색을 더블클릭하여 Color Picker 대화상자가 표시되면 C를 '25%', M을 '58%', Y를 '75%', K를 '10%'로 지정한 다음 〈OK〉 버튼을 클릭합니다.

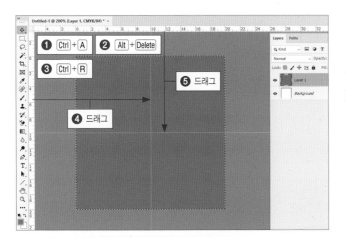

3 Ctrl+A를 눌러 캔버스를 전체 선택한 다음 Alt+Delete를 눌러 지정한 색상으로 캔버스를 채웁니다.

Ctrl+R을 눌러 눈금자를 표시한 다음 왼쪽 눈금자와 상단 눈금자를 각각 드래그하여 10mm 위치에, 상단 눈금자를 10mm 위치에 가이드라인을 만듭니다.

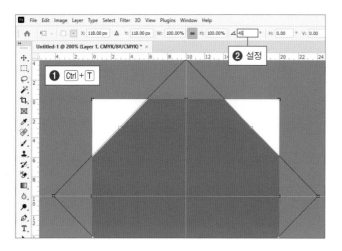

4 Ctrl+T를 누른 다음 옵션바에서 Rotate를 '45°'로 설정합니다.

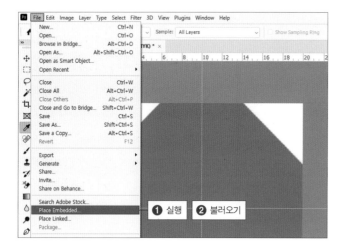

5 메뉴에서 (File) → Place Embedded 를 실행하여 03 폴더에서 '포장지BI_01. ai' 파일을 불러옵니다.

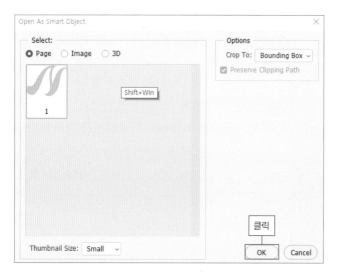

6 Open As Smart Object 대화상자 가 표시되면 〈OK〉 버튼을 클릭합니다.

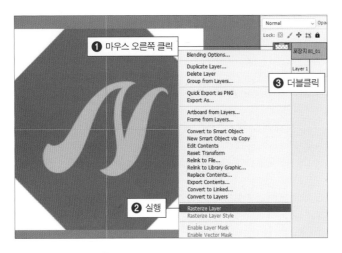

7 Layers 패널에서 벡터 이미지로 불러온 '포장지BI_01' 레이어를 마우스 오른쪽 버튼으로 클릭하여 Rasterize Layer를 실행한 다음 레이어를 더블클릭합니다.

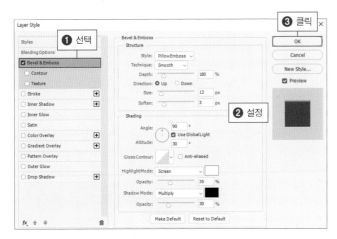

8 Layer Style 대화상자가 표시되면 'Bevel & Emboss'를 선택하고, 옵션값을 그림과 같이 설정한 다음 〈OK〉 버튼을 클릭합니다.

9 Layers 패널에서 블렌딩 모드를 'Multiply'로 지정한 다음, '포장지BI_01' 레이어와 'Layer 1' 레이어를 선택합니다. Layers 패널에서 '패널 메뉴' 아이콘(≣)을 클릭한 다음 Merge Layers를 실행합니다.

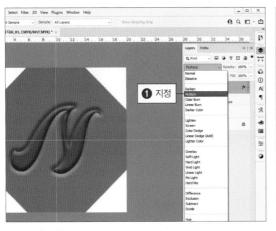
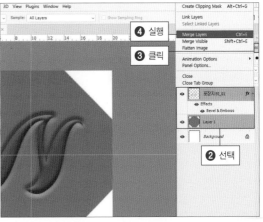

패턴 제작하여 포장지 만들기

1 Ctrl+T를 누른 다음 드래그하여 캔버스 크기에 맞춰 로고 크기를 조절합니다. Tools 패널에서 이동 도구(⊕)를 선택하고, 로고를 왼쪽 상단으로 가이드라인에 맞춰 이동합니다.

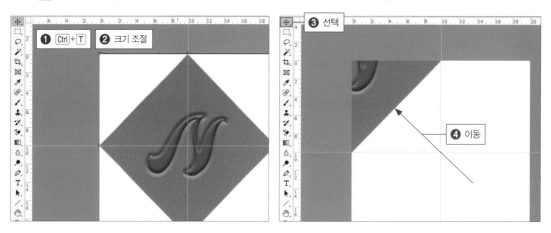

2 Ctrl+Alt를 누른 상태로 오른쪽으로 드래그하여 로고를 복사합니다. 그림과 같이 가이드라인에 맞춰 위치를 조절합니다. Layers 패널에서 '포장지BI_01' 레이어와 '포장지BI_01 copy' 레이어를 선택합니다. Ctrl+Alt를 누른 상태로 아래로 드래그하여 복사한 다음 가이드라인에 맞춰 위치를 조절합니다.

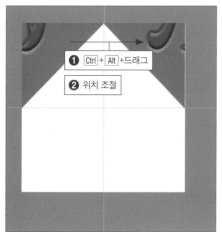

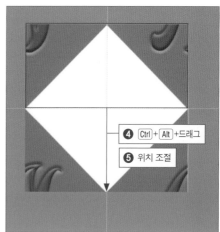

❶ 선택

❷ 입력　❸ 이동

3 　Tools 패널에서 문자 도구(T)를 선택하고 Character 패널에서 글꼴을 'Myriad Pro', 글꼴 스타일을 'Bold', 글꼴 크기를 '6.6pt', 행간을 '9pt', 자간을 '200', 색상을 '검은색'으로 지정합니다. 캔버스를 클릭하여 'CAFE de NAIL'을 입력한 다음 가이드라인에 맞춰 중앙으로 이동합니다.

색상 지정

4 　Tools 패널에서 전경색을 C를 '5%', M을 '28%', Y를 '37%', K를 '0%'로 지정합니다.

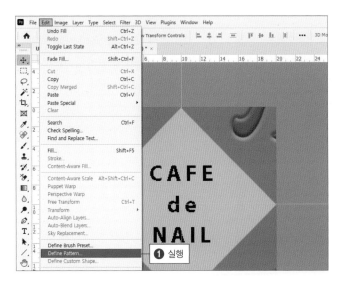

❶ 실행

5 　메뉴에서 (Edit) → Define Pattern 을 실행합니다. Pattern Name 대화상자가 표시되면 Name을 'BI패턴'으로 입력한 다음 〈OK〉 버튼을 클릭합니다.

❷ 입력　❸ 클릭

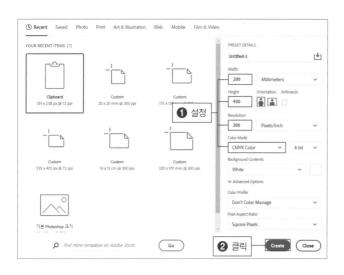

6 패턴으로 구성된 포장지를 만들기 위해 메뉴에서 (File) → New를 실행합니다. New Document 대화상자가 표시되면 Width를 '200mm', Height를 '400mm', Resolution을 '300', Color Mode를 'CMYK Color'로 설정한 다음 〈Create〉 버튼을 클릭합니다.

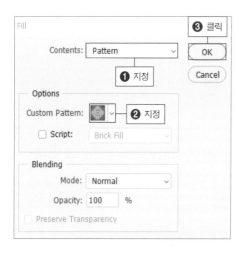

7 메뉴에서 (Edit) → Fill을 실행합니다. Fill 대화상자가 표시되면 Contents를 'Pattern'으로 지정하고, Custom Pattern을 미리 저장한 패턴으로 지정한 다음 〈OK〉 버튼을 클릭합니다.

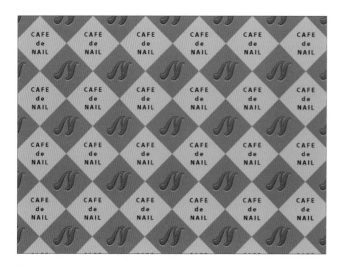

8 캔버스에 적용된 패턴을 확인합니다. 캔버스 크기를 조절하여 더 큰 크기의 포장지도 만들 수 있습니다.

패키지 띠지 만들기

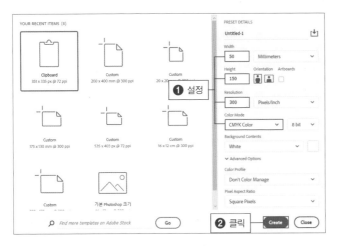

1 띠지를 만들기 위해 메뉴에서 [File] → New를 실행합니다. New Document 대화상자가 표시되면 Width를 '50mm', Height를 '150mm', Resolution을 '300', Color Mode를 'CMYK Color'로 설정한 다음 〈Create〉 버튼을 클릭합니다.

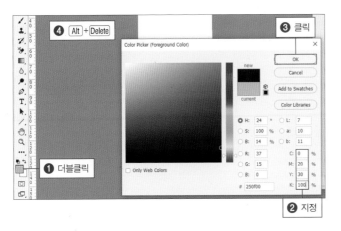

2 Tools 패널에서 전경색을 더블클릭 하여 Color Picker 대화상자가 표시되 면 C를 '0%', M을 '20%', Y를 '30%', K를 '100%'로 지정한 다음 〈OK〉 버튼을 클 릭합니다. [Alt]+[Delete]를 눌러 지정한 색 상으로 캔버스를 채웁니다.

3 [Ctrl]+[R]을 눌러 눈금자를 표시합니다. 왼쪽 눈금자를 드래그하여 10mm와 40mm 위치에 가이드라 인을 만듭니다. 상단 눈금자를 드래그하여 53mm와 97mm 위치에 가이드라인을 만듭니다.

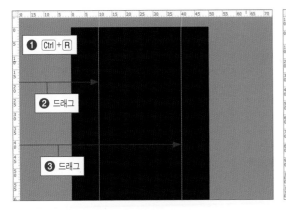

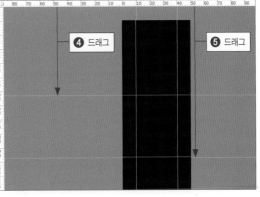

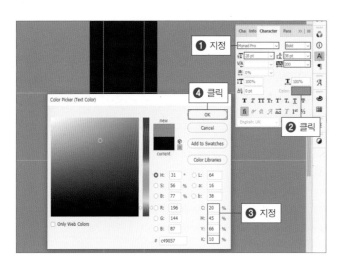

4 Tools 패널에서 문자 도구([T])를 선택합니다. Character 패널에서 글꼴을 'Myriad Pro', 글꼴 스타일을 'Bold', 글꼴 크기를 '28pt', 행간을 '38pt', 자간을 '200'으로 지정하고, Color의 색상 상자를 클릭합니다.

Color Picker 대화상자가 표시되면 C를 '20%', M을 '45%', Y를 '66%', K를 '10%'로 지정한 다음 〈OK〉 버튼을 클릭합니다.

5 'CAFE de NAIL'을 입력합니다. Tools 패널에서 이동 도구([+])를 선택하고 가이드라인에 맞춰 중앙으로 이동합니다.

Layers 패널에서 'Create a new layer' 아이콘([▣])을 클릭하여 새 레이어를 생성합니다.

6 Tools 패널에서 선 도구([/])를 선택하고, 텍스트 상단 가이드라인에 맞춰 선을 그립니다.

Properties 패널에서 Fill을 'No Color', Stroke를 '흰색', Stroke Width를 '1px'로 설정합니다.

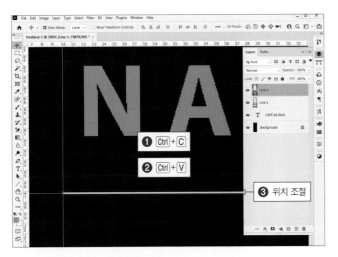

7 Ctrl+C 를 눌러 선을 복사한 다음 Ctrl+V 를 눌러 붙여 넣습니다. 텍스트 하단 가이드라인에 맞춰 위치를 조절합니다. 메뉴에서 (View) → Show → Guides를 실행하여 체크 해제한 다음 선을 확인합니다.

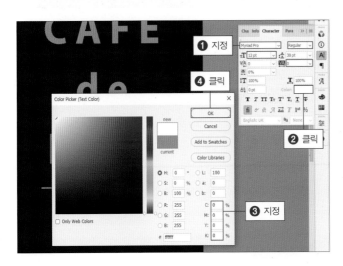

8 Tools 패널에서 문자 도구(T)를 선택합니다. Character 패널에서 글꼴을 'Myriad Pro', 글꼴 스타일을 'Regular', 글꼴 크기를 '12pt', 자간을 '0'으로 지정하고, Color의 색상 상자를 클릭합니다. Color Picker 대화상자가 표시되면 C를 '0%', M을 '0%', Y를 '0%', K를 '0%'로 지정한 다음 〈OK〉 버튼을 클릭합니다.

9 하단에 'Nail Gallery'를 입력합니다. Tools 패널에서 이동 도구(⊕)를 선택하고 위치를 조절합니다.

10   메뉴에서 (File) → Place Embedded를 실행하여 03 폴더에서 '포장지BI_02.ai' 파일을 불러온 다음
상단 선 위에 배치합니다.

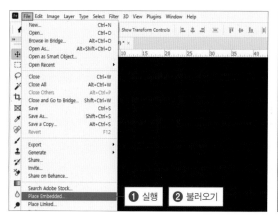

11   상단 눈금자를 드래그하여 캔버스
상단과 하단에 맞춰 가이드라인을 만듭
니다.

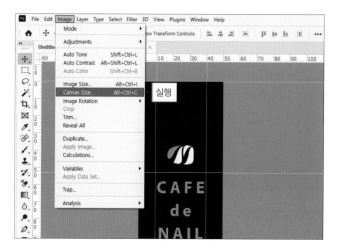

12   상자를 감쌀 수 있는 길이의 띠지를
만들기 위해 캔버스 크기를 변경합니다.
메뉴에서 (Image) → Canvas Size를 실
행합니다.

13 Canvas Size 대화상자가 표시되면 Height를 '400mm', Canvas extension color를 'Other'로 지정하고, 색상 상자를 클릭합니다. Color Picker 대화상자가 표시되면 C를 '0%', M을 '20%', Y를 '30%', K를 '100%'로 지정한 다음 〈OK〉 버튼을 클릭합니다. Canvas Size 대화상자의 〈OK〉 버튼도 클릭합니다.

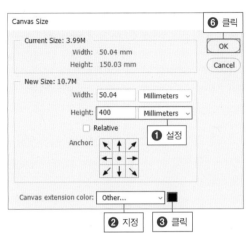

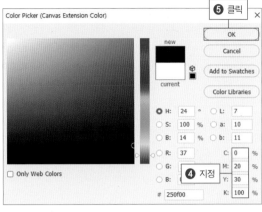

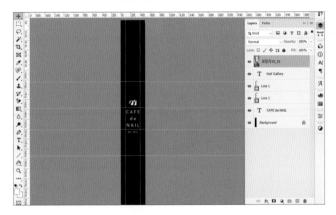

14 위아래가 더 길어진 띠지가 만들어졌습니다.

15 앞에서 만든 포장지와 띠지를 카페 패키지 제작에 활용합니다.

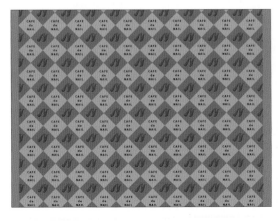

CHAPTER 05

동물 캐릭터 BI를 만들어
친환경 세제 패키지 디자인하기

도형을 이용하여 간단한 동물 이미지를 벡터 기반으로 그릴 수 있습니다.

디졸브와 블러 필터를 사용해 동물 캐릭터의 몸을 뿌옇게 표현하여

사라져 가는 멸종 위기 동물들을 나타낸 친환경 세제 패키지를 디자인해 봅니다.

완성 파일 03\세제 패키지_완성.psd

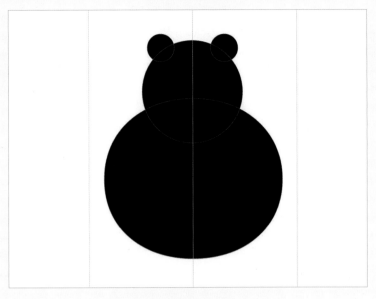

원형 도구를 이용하여 곰돌이 그리기

원형 도구로 얼굴과 몸통, 귀를 그리고 직접 선택 도구로 원의 형태를 다듬습니다.

형태 다듬기

펜 도구를 이용하여 모양을 정리하고 얼굴과 배를 그립니다.

판다에 흩뿌려지는 효과 적용하기

패스로 만든 레이어를 이미지화하고 'Dissolve'를 적용합니다. Blur Gallery에서
'Field Blur' 효과를 적용한 다음 블러 영역의 위치와 크기를 조절하며 몸통과 귀 부분에 흩어지는 효과를 적용합니다.

—

그리드에 맞춰 텍스트 넣기

가운데 가이드라인을 만들고 중심에 맞춰 텍스트를 정렬합니다.

펜 도구로 동물 캐릭터 BI 만들기

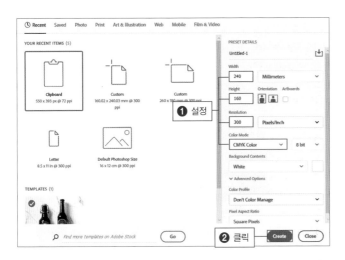

1 새로운 캔버스를 만들기 위해 메뉴에서 (File) → New를 실행합니다.
New Document 대화상자가 표시되면 Width를 '240mm', Height를 '160mm', Rcsolution을 '300', Color Mode를 'CMYK Color'로 설정한 다음 〈Create〉 버튼을 클릭합니다.

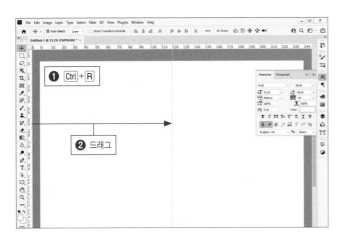

2 Ctrl+R을 눌러 눈금자를 표시합니다. 왼쪽 눈금자를 드래그하여 정 가운데인 120mm 위치에 가이드라인을 만듭니다.

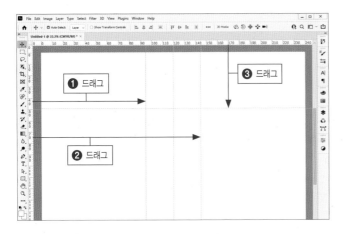

3 다시 왼쪽 눈금자를 드래그하여 가운데 가이드라인 좌우 95mm, 145mm 위치에 가이드라인을 만듭니다. 상단 눈금자를 드래그하여 50mm 위치에 가이드라인을 만듭니다.

4 Tools 패널에서 원형 도구(◎)를 선택하고, 옵션바에서 Fill의 색상 상자를 클릭합니다. 'Color Picker'
아이콘(▦)을 클릭하여 Color Picker 대화상자가 표시되면 C를 '0%', M을 '0%', Y를 '0%', K를 '100%'로 지
정한 다음 〈OK〉 버튼을 클릭합니다. Stroke는 'No Color'로 지정합니다.

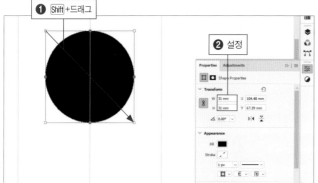

5 Shift 를 누른 상태로 중앙에 드래그
하여 정원을 그립니다. Properties 패널
에서 W와 H를 '31mm'로 설정합니다.

6 Tools 패널에서 직접 선택 도구(▷)를 선택하고, 정원의 위쪽을 드래그하여 위쪽 조절점 한 개를 선택
합니다. Shift 를 누른 상태로 아래로 드래그하여 이동한 다음, 같은 방법으로 정원의 아래쪽 조절점을 한 개
선택해서 위로 드래그하여 납작한 원을 만듭니다.

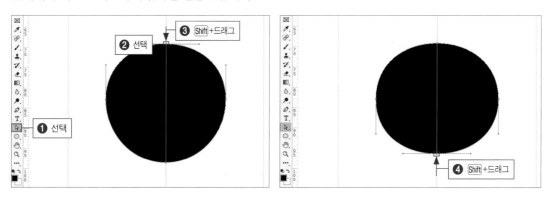

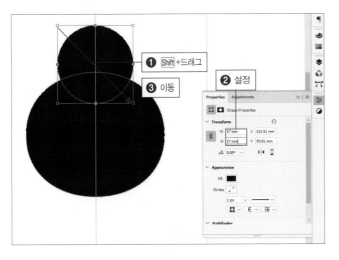

7 `Shift`를 누른 상태로 만든 원 위에 작은 정원을 그림과 같이 겹쳐 그립니다. Properties 패널에서 W와 H를 '17mm'로 설정한 다음 가이드라인 중심으로 이동합니다.

① `Shift`+드래그
② 설정
③ 이동

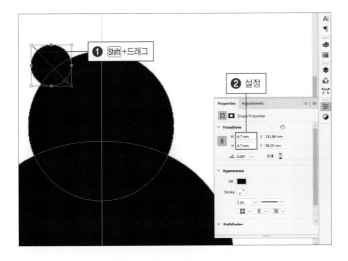

8 `Shift`를 누른 상태에서 작은 원 위에 정원을 그려 왼쪽에 겹쳐 놓습니다. Properties 패널에서 W와 H를 '4.7mm'로 설정합니다.

① `Shift`+드래그
② 설정

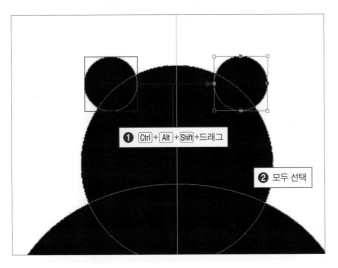

9 `Ctrl`+`Alt`+`Shift`를 누른 상태로 가장 작은 원을 오른쪽으로 드래그하여 복사한 다음 그린 4개의 원을 모두 선택합니다.

① `Ctrl`+`Alt`+`Shift`+드래그
② 모두 선택

10 Tools 패널에서 직접 선택 도구(▶)를 선택하고, 옵션바에서 'Path operations' 아이콘(□)을 클릭한 다음 'Merge Shape Components'를 실행합니다. 4개의 원이 하나의 패스로 합쳐져 판다의 형태가 완성되었습니다.

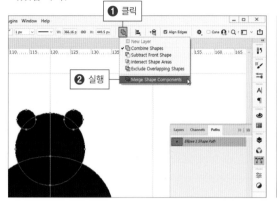
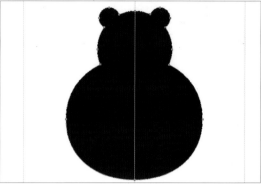

11 판다 머리와 어깨 부분의 움푹 들어간 곳을 부드럽게 조절하기 위해 Tools 패널에서 펜 도구(✎)를 선택한 다음, 그림과 같이 머리에서 어깨로 이어지는 지점 아래쪽을 클릭하여 조절점을 만듭니다.
뾰족하게 들어간 부분에 펜 도구를 가져가면 - 아이콘이 표시되며, 조절점을 클릭하면 삭제되어 조절점 위와 아래에 핸들이 표시됩니다.

12 핸들을 조절하여 그림과 같이 얼굴과 몸통이 부드럽게 이어지도록 곡선을 만듭니다.

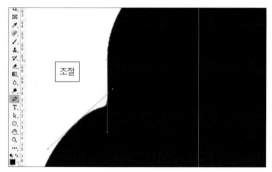

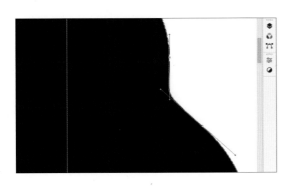

13 오른쪽도 11번 ~ 12번 과정과 같은 방법으로 얼굴과 몸통이 부드럽게 이어지도록 곡선을 만듭니다.

14 Tools 패널에서 원형 도구(◉)를 선택합니다. Alt 를 누르면 - 아이콘이 표시되며, 패스로 그린 판다 몸통에 드래그하여 동그랗게 원을 그려 뚫을 수 있습니다. Properties 패널에서 W와 H를 '19.5mm'로 설정한 다음 위치를 조절합니다. Layers 패널에서 'Background' 레이어의 '눈' 아이콘(◉)을 클릭하여 비활성화하면 몸통이 뚫린 것을 확인할 수 있습니다.

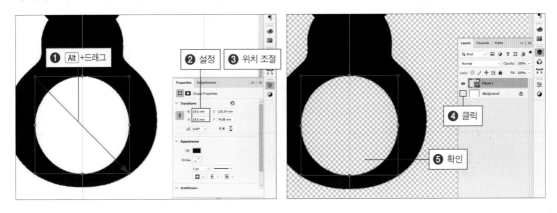

15 Tools 패널에서 직접 선택 도구(▷)를 선택하고, 정원 위쪽의 조절점 한 개를 선택합니다. Shift 를 누른 상태에서 아래로 드래그하여 이동한 다음, 같은 방법으로 정원 아래쪽의 조절점을 한 개 선택하고 위로 드래그하여 납작한 원을 만듭니다.

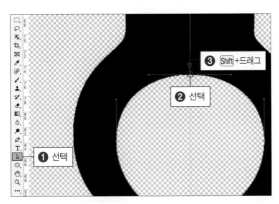

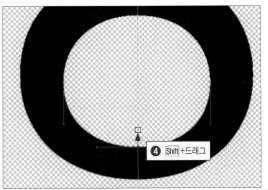

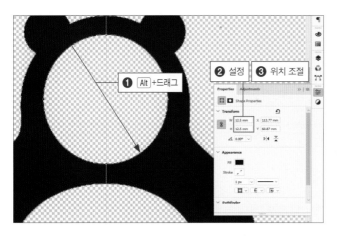

16 Alt 를 누르면 - 아이콘이 표시되 며, 판다 얼굴에 드래그하여 원을 그려 뚫어 줍니다. Properties 패널에서 W와 H를 '12.5mm'로 설정한 다음 위치를 조 절합니다.

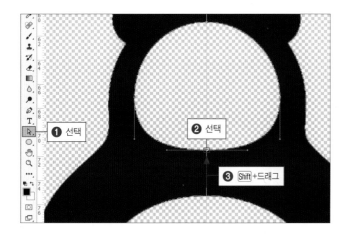

17 Tools 패널에서 직접 선택 도구(▷.) 를 선택하고 얼굴 아래쪽의 조절점 한 개 를 선택합니다. Shift 를 누른 상태에서 위 로 드래그하여 이동합니다.

18 Tools 패널에서 원형 도구(◯)를 선택한 다음 Shift 를 누른 상태에서 얼굴에 작은 정원을 그립니다. Properties 패널에서 W와 H를 '4.3mm'로 설정한 다음 Ctrl + T 를 누릅니다. Ctrl + Alt 를 누른 상태로 위 에서 아래로 드래그하여 크기를 줄입니다.

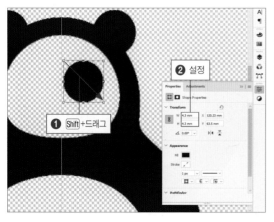

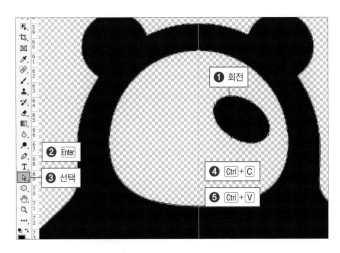

19 오른쪽으로 회전하여 눈을 만듭니
다. Enter를 누른 다음 Tools 패널에서 직접
선택 도구(▷)를 선택하고, Ctrl+C를
눌러 눈을 복사한 다음 Ctrl+V를 눌러
붙여 넣습니다.

20 Ctrl+T를 눌러 자유 변형 상태
를 만든 다음 마우스 오른쪽 버튼을 클릭
하여 Flip Horizontal을 실행합니다.

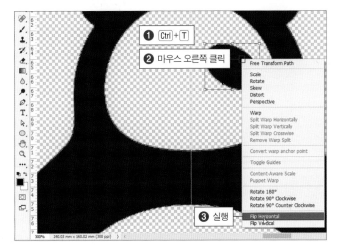

21 납작한 원이 가로로 반전되었습니다. Shift를 누른 상태에서 왼쪽으로 드래그하여 이동한 다음 Enter를
눌러 적용합니다.

동물 캐릭터 BI에 흩뿌려지는 효과 적용하기

1 Layers 패널에서 패스로 만들어진 'Ellipse 1' 레이어가 선택된 상태로 마우스 오른쪽 버튼을 클릭한 다음 Convert to Smart Object를 실행합니다. 블렌딩 모드를 'Dissolve'로 지정한 다음 'Background' 레이어의 '눈' 아이콘(◉)을 클릭하여 배경이 보이도록 합니다.

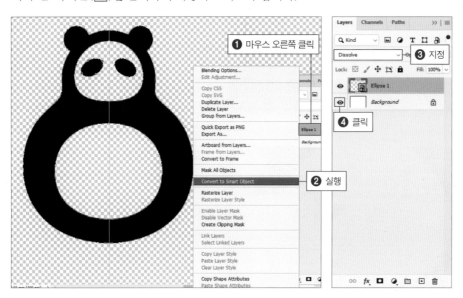

2 메뉴에서 (Filter) → Blur Gallery → Field Blur를 실행합니다. 판다 전체에 흩뿌려지듯이 블러 효과가 적용되었습니다. 가운데 블러 영역을 오른쪽 하단으로 이동한 다음 Blur Tools 패널에서 Field Blur의 Blur를 '50px'로 설정합니다.

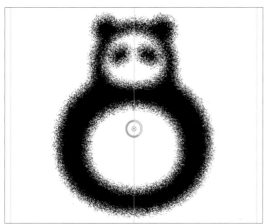

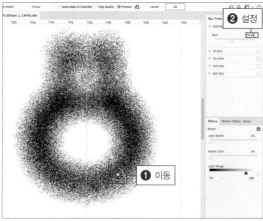

3 판다 얼굴 아래쪽을 클릭하여 블러 영역을 추가한 다음 Blur Tools 패널에서 Field Blur의 Blur를 '0px'
로 설정합니다.

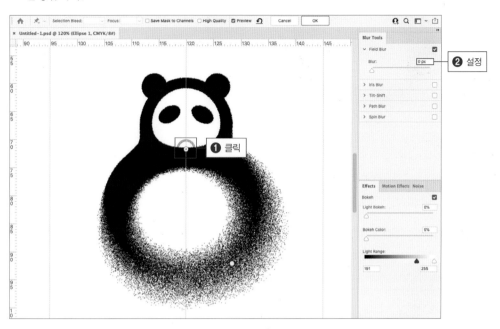

4 Blur Tools 패널에서 Iris Blur의 Blur를 '90px'로 설정한 다음 블러 영역을 조금 위로 이동합니다.
귀 위쪽으로도 흩어지게 블러 효과가 적용되었으면 〈OK〉 버튼을 클릭합니다.

패키지에 필요한 정보 넣기

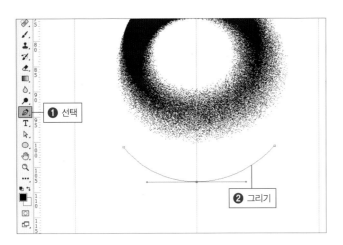

1 Tools 패널에서 펜 도구(✍)를 선택하고, 판다 아래쪽 원을 따라 그림과 같이 곡선을 그립니다.

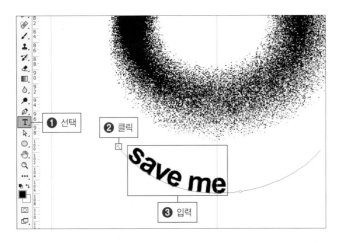

2 Tools 패널에서 문자 도구(T)를 선택하고, 펜 도구로 그린 패스를 클릭합니다.
패스를 따라 텍스트를 입력할 수 있도록 커서가 활성화되면 'save me'를 입력합니다.

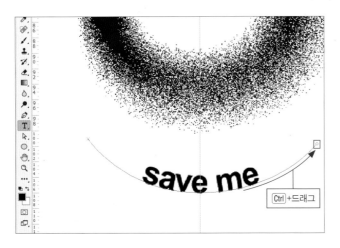

3 Ctrl을 누른 상태로 패스의 가운데 조절점을 오른쪽으로 드래그하면 텍스트가 가운데로 이동됩니다.

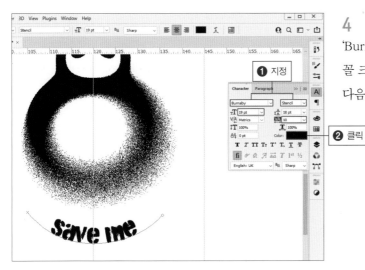

프로젝트

4   Character 패널에서 글꼴을 'Burnaby', 글꼴 스타일을 'Stencil', 글 꼴 크기를 '19pt', 자간을 '10'으로 지정한 다음 Color의 색상 상자를 클릭합니다.

① 지정

② 클릭

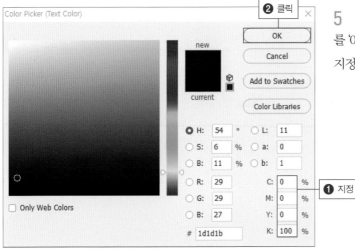

② 클릭

5   Color Picker 대화상자가 표시되면 C 를 '0%', M을 '0%', Y를 '0%', K를 '100%'로 지정한 다음 〈OK〉 버튼을 클릭합니다.

① 지정

이동

6   Tools 패널에서 이동 도구(⊕)를 선택하고 텍스트를 BI 아래로 가까이 이 동합니다.

7 Layers 패널에서 'Ellipse 1' 레이어와 'save me' 레이어를 선택한 다음 상단 가이드라인에 맞게 이동합니다.

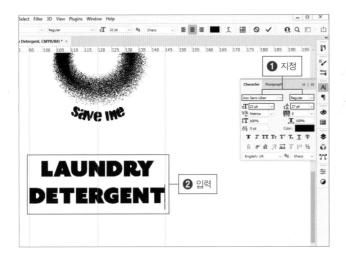

8 Tools 패널에서 문자 도구(T)를 선택합니다. Character 패널에서 글꼴을 'Azo Sans Uber', 글꼴 스타일을 'Regular', 글꼴 크기를 '22pt', 행간을 '27pt'로 지정한 다음 BI 아래에 'LAUNDRY DETERGENT'를 두 줄로 입력합니다.

9 Tools 패널에서 선 도구(☑)를 선택하고 가이드라인에 맞게 선을 그립니다. Properties 패널에서 Fill을 'No Color', Stroke Width를 '0.5pt'로 설정합니다.

10 Ctrl + Alt 를 누른 상태에서 아래로 드래그하여 선을 복사합니다.

11 Tools 패널에서 문자 도구(T.)를 선택합니다. Character 패널에서 글꼴을 'Arno Pro', 글꼴 크기를 '13pt'로 지정한 다음 선 아래에 'Eco Friendly Products'를 입력합니다.

12 Ctrl + Alt 를 누른 상태에서 텍스트를 아래로 드래그하여 복사한 다음 '500ml'로 변경합니다. Character 패널에서 글꼴 크기를 '11pt'로 지정하여 완성합니다.

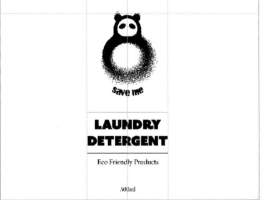

CHAPTER 06

조정 레이어를 활용하여
비누 패키지 라벨 디자인하기

조정 레이어를 사용하면 이미지를 직접 보정하는 것보다 더 세밀하고 유연하게 편집할 수 있습니다.
이미지의 색상과 톤을 훼손하지 않고 보정할 수 있으므로 조정 레이어를 편집하더라도 원본 이미지는
그대로 유지되며, 조정 레이어를 숨기거나 삭제하면 원래 이미지로 되돌릴 수 있습니다.
조정 레이어를 이용해 이미지를 보정한 다음 직접 라벨 전개도를 만들어 봅니다.

예제 파일) 03\photo-leaf.jpg   **완성 파일**) 03\비누 패키지 라벨_완성.psd

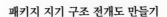

패키지 지기 구조 전개도 만들기

색상 단 구성을 통해 패키지 라벨 전개도를 만듭니다.

———

이미지 배치하기

그래픽 소스로 활용할 이미지를 원본 상태로 불러와 크기를 조절하여 배치합니다.

———

조정 레이어 Threshold 기능 적용하기

조정 레이어의 'Threshold' 기능을 적용하여 이미지를 판화 느낌으로 연출합니다.

Gradient Map 기능 활용하기

'Gradient Map' 기능을 활용하면 그래픽 색상 스타일을 간단하게 변경할 수 있습니다.

Smart Sharpen 기능 활용하기

이미지의 경계선을 정교하게 강조하는 기능으로 판화 느낌을 극대화합니다.

메인 타이틀 디자인하기

문자 도구 옵션 기능인 'Create warped text' 기능을 적용하여 메인 타이틀을 디자인합니다.

판화 느낌의 이미지 만들기

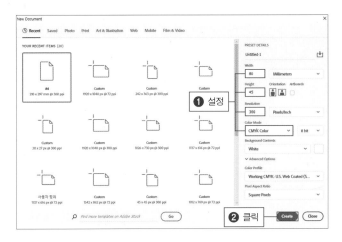

1 새로운 캔버스를 만들기 위해 메뉴에서 [File] → New를 실행합니다. New Document 대화상자가 표시되면 Width를 '80mm', Height를 '45mm', Resolution을 '300', Color Mode를 'CMYK Color'로 설정한 다음 〈Create〉 버튼을 클릭합니다.

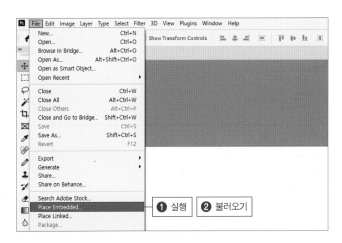

2 메뉴에서 [File] → Place Embedded를 실행하여 03 폴더에서 'photo-leaf.jpg' 파일을 불러옵니다.

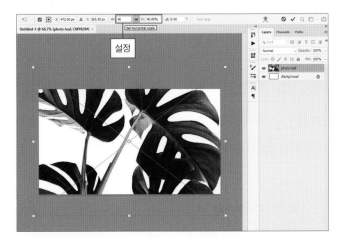

3 캔버스에 이미지가 삽입되면 옵션바에서 W와 H를 '40%'로 설정합니다.

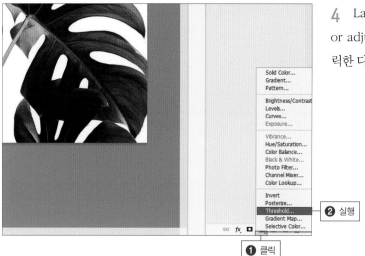

4 Layers 패널에서 'Create new fill or adjustment layer' 아이콘(◉)을 클릭한 다음 Threshold를 실행합니다.

❷ 실행

❶ 클릭

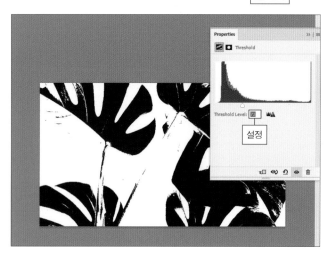

5 Properties 패널에서 Threshold Level을 '73'으로 설정합니다.

설정

6 Layers 패널에서 'Create new fill or adjustment layer' 아이콘(◉)을 클릭한 다음 Gradient Map을 실행합니다.

❷ 실행

❶ 클릭

7 Properties 패널에서 전경색과 배경색을 기준으로 그러데이션이 적용되는 것을 확인할 수 있습니다.

TIP
Gradient Map은 이미지의 밝고 어두운 부분에 맞게 그러데이션을 적용해 주는 기능입니다. 왼쪽 색상(전경색)은 어두운 영역, 오른쪽 색상(배경색)은 밝은 영역에 적용됩니다.

8 Propertise 패널에서 그러데이션을 클릭합니다.

9 Gradient Editor 대화상자가 표시되면 그러데이션 바에서 오른쪽의 'Color Stop' 아이콘(📧)을 더블클릭합니다.

10 Color Picker 대화상자가 표시되면 C를 '50%', M을 '0%', Y를 '55%', K를 '0%'로 지정한 다음 〈OK〉 버튼을 클릭합니다.

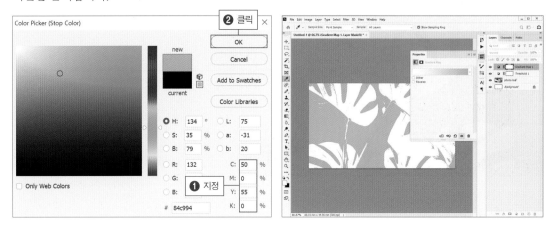

11 그러데이션 바에서 왼쪽의 'Color Stop' 아이콘()을 더블클릭 합니다.

12 Color Picker 대화상자가 표시되면 C를 '85%', M을 '25%', Y를 '85%', K를 '11%'로 지정한 다음 〈OK〉 버튼을 클릭합니다.

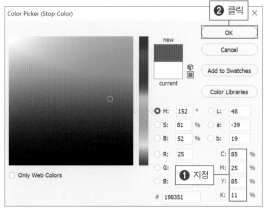
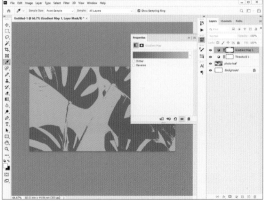

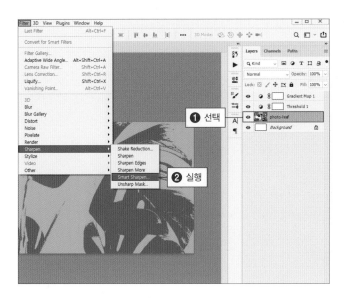

13 Layers 패널에서 'photo-leaf' 레이어를 선택한 다음, 메뉴에서 (Filter) → Sharpen → Smart Sharpen을 실행합니다.

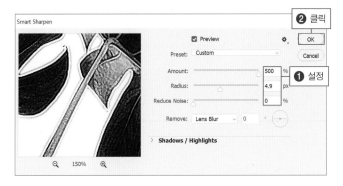

14 Smart Sharpen 대화상자가 표시되면 Amount를 '500%', Radius를 '4.9px', Reduce Noise를 '0%'로 설정한 다음 〈OK〉 버튼을 클릭합니다.

15 Smart Sharpen을 이용하여 이미지의 경계선을 강조하고, 보다 선명하게 보정하여 판화 느낌을 극대화하였습니다.

문자 변형하여 패키지 라벨 앞면 완성하기

1 Tools 패널에서 문자 도구(T)를 선택합니다. 옵션바에서 글꼴을 'MetaPlusMedium', 글꼴 크기를 '13pt', 색상을 '흰색'으로 지정하고, 'Center text' 아이콘(圭)을 클릭합니다. 'Organic Skin Care'를 입력합니다.

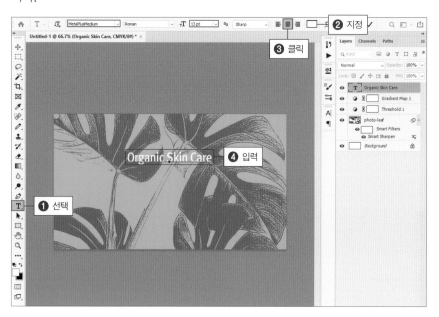

2 옵션바에서 'Create warped text' 아이콘(工)을 클릭합니다.

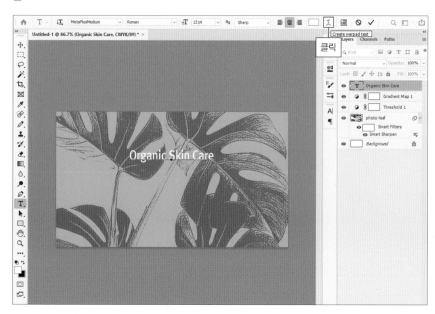

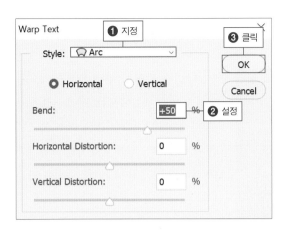

3 Warp Text 대화상자가 표시되면 Style을 'Arc'로 지정하고, Bend를 '50%'로 설정한 다음 〈OK〉 버튼을 클릭합니다.

4 Tools 패널에서 문자 도구(T)를 선택하고, 옵션바에서 글꼴을 'Script MT Bold', 글꼴 크기를 '30pt', 색상을 '흰색'으로 지정합니다. 'Center text' 아이콘(≣)을 클릭한 다음 'Natuer Soap'을 입력합니다.

5 Layers 패널에서 'Create a new layer' 아이콘(⊞)을 클릭하여 새로운 레이어를 생성하고, Tools 패널에서 연필 도구(✏)를 선택합니다.
옵션바에서 Size를 '3px'로 설정한 다음 Shift를 누른 상태로 드래그하여 그림과 같이 선을 그립니다.

패키지 라벨 전개도 만들고 디자인하기

1 앞면 디자인이 완성되면 전개도를 만들기 위해 메뉴에서 (View) → Rulers 를 실행하거나, Ctrl+R을 눌러 눈금자를 표시합니다. 왼쪽 눈금자를 드래그하여 캔버스 양쪽 끝에 가이드라인을 만듭니다.

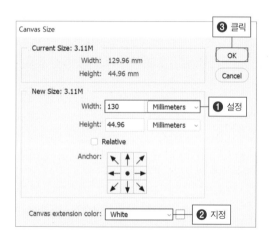

2 메뉴에서 (Image) → Canvas Size를 실행하여 Canvas Size 대화상자가 표시되면 Width를 기존 앞면 가로 크기(80mm)에 양쪽 측면 가로 크기 50mm 를 더한 '130mm'로 설정합니다. Canvas extension color를 'White'로 지정한 다음 〈OK〉 버튼을 클릭합니다.

3 라벨 앞면을 기준으로 양쪽 측면 날개가 생긴 것을 확인합니다.

TIP
패키지 라벨 크기
앞면 크기 : 가로 80mm × 세로 45mm
측면 크기 : 가로 25mm × 세로 45mm

4 다시 왼쪽 눈금자를 드래그하여 캔버스 양쪽 끝에 가이드라인을 만듭니다.

❶ 드래그

❷ 드래그

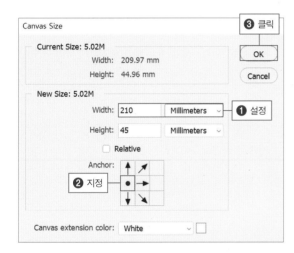

Canvas Size

Current Size: 5.02M
　　　Width: 209.97 mm
　　　Height: 44.96 mm

New Size: 5.02M
　　　Width: 210　Millimeters
　　　Height: 45　Millimeters
　　　☐ Relative
　Anchor:

Canvas extension color: White

❸ 클릭
OK
Cancel

❶ 설정

❷ 지정

5 메뉴에서 (Image) → Canvas Size를 실행하여 Canvas Size 대화상자가 표시되면 Width를 기존 라벨 가로 크기(130mm)에 뒷면 가로 크기 80mm를 더한 '210mm'로 설정합니다. Anchor를 왼쪽 가운데로 지정한 다음 〈OK〉 버튼을 클릭합니다.

6 캔버스 오른쪽으로 라벨의 뒷면이 생성된 것을 확인합니다.

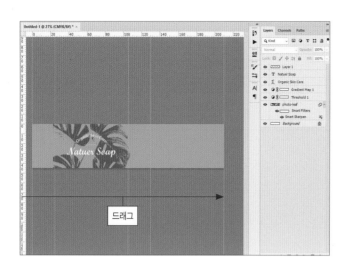

7 왼쪽 눈금자를 드래그하여 캔버스 오른쪽 끝에 가이드라인을 만듭니다.

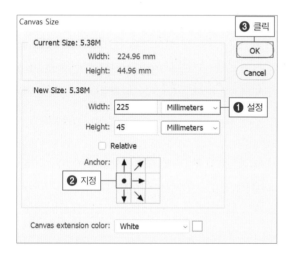

8 마지막으로 붙임 면을 만들기 위해 메뉴에서 [Image] → Canvas Size를 실행하여 Canvas Size 대화상자가 표시되면 Width를 기존 라벨 가로 크기(210mm)에 붙임 면 가로 크기 15mm를 더한 '225mm'로 설정합니다. Anchor를 왼쪽 가운데로 지정한 다음 〈OK〉 버튼을 클릭합니다.

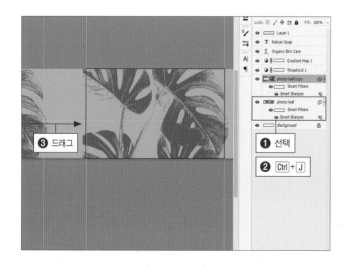

9 Layers 패널에서 'photo-leaf' 레이어를 선택하고 [Ctrl]+[J]를 눌러 복사합니다. 그림과 같이 식물 이미지를 드래그하여 뒷면에도 앞면과 같이 배치합니다.

10 앞면의 문자 레이어와 선을 그린 레이어를 모두 선택하고 Ctrl+J를 눌러 복사합니다. Tools 패널에서 이동 도구(⊞)를 선택하고, 드래그하여 그림과 같이 뒷면에 배치합니다.

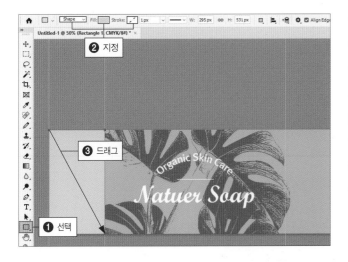

11 패키지 라벨의 측면을 만들기 위해 Tools 패널에서 사각형 도구(▢)를 선택하고, 옵션바에서 'Shape'로 지정한 다음 Fill을 C를 '29%', M을 '0%', Y를 '33%', K를 '0%', Stroke를 'No Color'로 지정합니다.
라벨 왼쪽 측면의 가이드라인을 참고하여 연한 초록색의 직사각형을 그립니다.

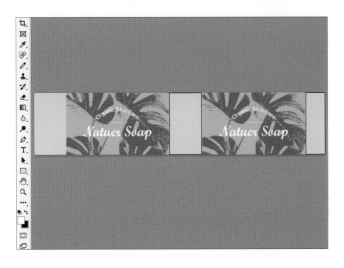

12 오른쪽 측면과 붙임 면에도 연한 초록색의 직사각형을 그려 비누 패키지 라벨 디자인을 완성합니다.

CHAPTER 07

사진을 활용한 손 그림 표현으로
강아지 사료 패키지 디자인하기

디자인 실무를 하다 보면, 사진으로는 개성을 표현하기에 부족할 때가 있습니다.
사진을 가공해 일러스트로 표현할 수 있는 방법이 있다면 매우 유용하게 사용할 수 있습니다.
포토샵 브러시 도구를 이용해 사진을 회화 느낌의 손그림으로 표현하는 방법을 알아보고,
강아지 사진으로 파스텔 드로잉을 연출하여 패키지에 적용해 봅니다.

예제 파일 03\지기구조.ai, 강아지사진.jpg   **완성 파일** 03\사료 패키지_완성.psd

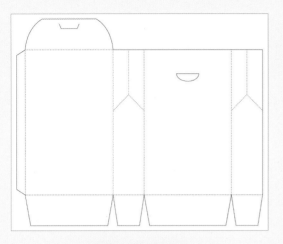

전개도 파일 불러오기

정확한 수치를 요구하는 지기 구조 전개도
일러스트 파일을 불러옵니다.

상자 덮개와 바닥 만들기

상자의 덮개와 바닥에 해당하는 부분은
단색 색상을 채워 디자인합니다.

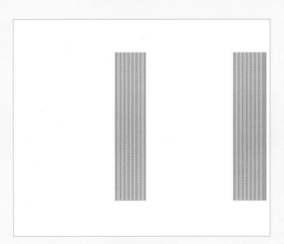

줄무늬 만들기

사각형 도구를 활용하여
세로 줄무늬를 만들어 패키지 측면을 디자인합니다.

표기 사항 입력하고 물결 형태의 배경 넣기

제품의 주요 표기 사항은 반드시 앞면에 표기하고,
안정적이면서 눈에 잘 띄도록 디자인해야 합니다.
사용자 셰이프 도구로 셰이프를 넣고, Wave 필터로
사각형 테두리에 물결 효과를 적용합니다.

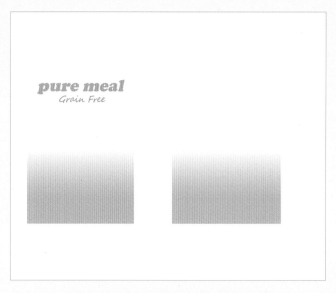

제품명 입력하고 그러데이션 배경 적용하기

제품명은 강조하고 전체적인 디자인과 잘 어우러지도록 배경에 그러데이션을 적용합니다.

이미지에 유화 느낌의 손 그림 표현하기

소비자들의 시선은 패키지 디자인 요소 중 가장 먼저 메인 그래픽에 닿게 되어 있습니다. 따라서 독창적이면서 아름다워야 하고, 동시에 제품을 가장 잘 설명할 수 있어야 합니다. 메인 그래픽 이미지에 필터와 브러시를 이용하여 손 그림을 표현합니다.

지기 구조 가져와 사진에 손 그림 표현하기

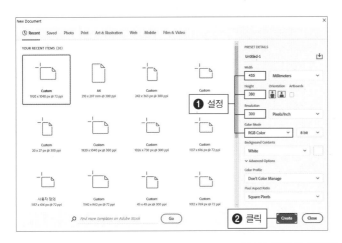

1 새로운 캔버스를 만들기 위해 메뉴에서 (File) → New를 실행합니다. New Document 대화상자가 표시되면 Width를 '455mm', Height를 '380mm', Resolution을 '300', Color Mode를 'RGB Color'로 설정한 다음 〈Create〉 버튼을 클릭합니다.

TIP
인쇄용 파일은 반드시 CMYK 색상 모드로 설정합니다. 예제에서는 이미지 필터 효과를 위해 RGB 색상 모드로 설정하고 작업을 진행합니다.

2 메뉴에서 (File) → Place Embedded를 실행하여 03 폴더에서 '지기구조.ai' 파일을 불러옵니다. Layers 패널에서 '지기구조' 레이어를 선택하고, 'Lock all' 아이콘(🔒)을 클릭하여 이미지가 움직이지 않도록 잠급니다.

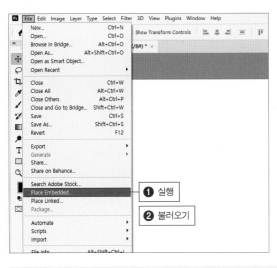

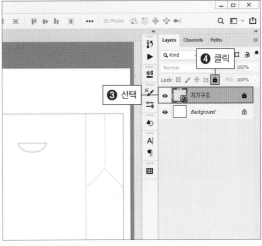

TIP
'지기구조' 레이어는 Layers 패널에서 가장 상단에 위치한 상태로 예제를 진행합니다.

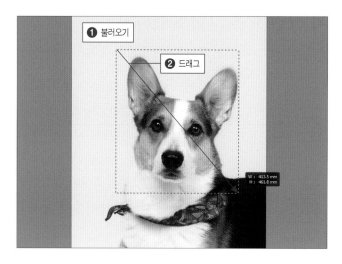

3 메뉴에서 (File) → Open을 실행하여 03 폴더에서 '강아지사진.jpg' 파일을 불러옵니다. Tools 패널에서 오브젝트 선택 도구(⬚)를 선택하고, 그림과 같이 강아지 얼굴 부분을 드래그하여 선택 영역으로 지정합니다.

4 선택 영역이 활성화된 상태에서 Ctrl+C를 눌러 이미지를 복사합니다.

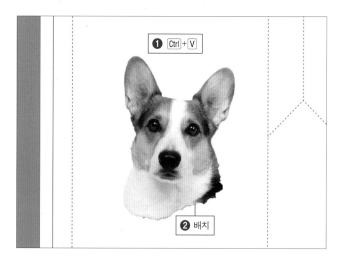

5 작업하던 캔버스로 돌아와 Ctrl+V를 눌러 강아지 얼굴 이미지를 붙여 넣습니다. 그림과 같이 지기 구조 앞면 중앙에 배치합니다.

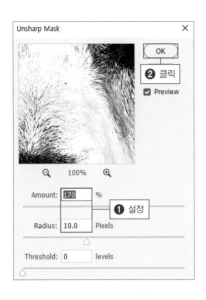

6 이미지를 선명하게 조절하기 위해 메뉴에서 (Filter) → Sharpen → Unsharp Mask를 실행합니다. Unsharp Mask 대화 상자가 표시되면 Amount를 '170%', Radius를 '10Pixels'로 설정한 다음 〈OK〉 버튼을 클릭합니다.

7 Tools 패널에서 손가락 도구(☞)를 선택하고, 옵션바에서 브러시를 'Rough Dry Brush'로 지정합니다. 털의 방향에 따라 붓 자국이 생기도록 드래그하여 회화 느낌을 만듭니다.

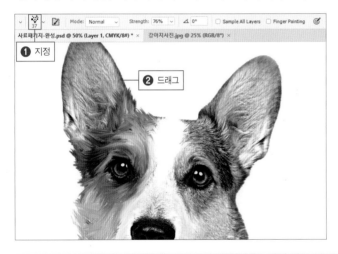

TIP

Rough Dry Brush가 보이지 않는다면, '설정' 아이콘(⚙)을 클릭한 다음 **Legacy Brushes**
를 실행합니다. 브러시 목록에 Legacy Brushes 폴더가 표시되면 Wet Media Brushes
폴더에서 Rough Dry Brush를 선택할 수 있습니다.

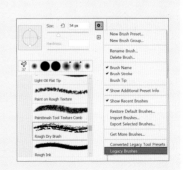

8 [[]와 []를 이용하여 브러시 크기를 자유롭게 조절하면서 강아지 이미지를 리터칭합니다.

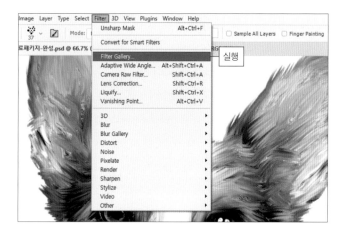

9 메뉴에서 (Filter) → Filter Gallery 를 실행합니다.

10 Filter Gallery 대화상자가 표시되면 Artistic에서 'Rough Pastels'를 선택한 다음 Stroke Length를 '1', Stroke Detail을 '18', Texture를 'Canvas', Scaling을 '142%', Relief를 '5'로 설정한 다음 〈OK〉 버튼을 클릭합니다.

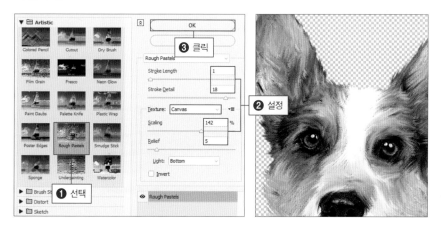

패키지 앞면 디자인하기

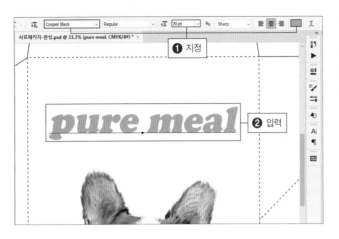

1 Tools 패널에서 문자 도구(T)를 선택하고, 옵션바에서 글꼴을 'Cooper Black', 글꼴 크기를 '70pt', 색상을 C를 '2%', M을 '40%', Y를 '100%', K를 '0%'로 지정한 다음, 'pure meal'를 입력합니다. Character 패널에서 'Faux italic' 아이콘 (T)을 클릭하여 문자를 기울입니다.

2 옵션바에서 글꼴을 'Segoe Script', 글꼴 크기를 '35pt', 색상을 C를 '46%', M을 '38%', Y를 '39%', K를 '3%'로 지정한 다음, 'Grain Free'를 입력합니다. Character 패널에서 'Faux italic' 아이콘 (T)을 클릭하여 문자를 기울입니다.

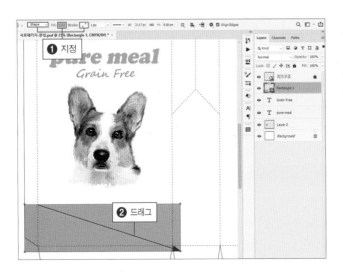

3 Tools 패널에서 사각형 도구(□)를 선택하고, 옵션바에서 'Shape'로 지정한 다음 Fill을 C를 '3%', M을 '40%', Y를 '100%', K를 '0%', Stroke를 'No Color'로 지정합니다.
하단 부분에 드래그하여 직사각형을 그립니다.

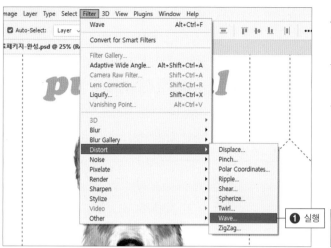

4 사각형을 물결 형태로 만들기 위해 메뉴에서 (Filter) → Distort → Wave 를 실행합니다. 포토샵 경고창이 표시 되면 스마트 오브젝트로 변경하기 위해 <Convert To Smart Object> 버튼을 클릭합니다.

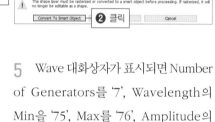

5 Wave 대화상자가 표시되면 Number of Generators를 '7', Wavelength의 Min을 '75', Max를 '76', Amplitude의 Min을 '1', Max를 '40'으로 설정한 다음 <OK> 버튼을 클릭합니다.

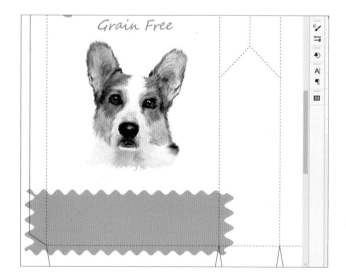

6 사각형의 모서리가 구불구불한 물결로 변경되었습니다.

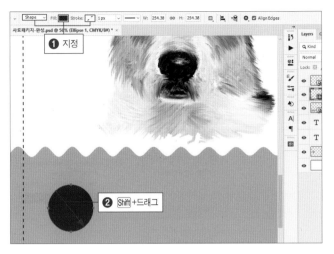

7 Tools 패널에서 원형 도구(◎)를 선택하고, 옵션바에서 'Shape'로 지정한 다음 Fill을 C를 '51%', M을 '63%', Y를 '97%', K를 '56%', Stroke를 'No Color'로 지정합니다.
하단에 Shift를 누른 상태로 드래그하여 원을 그립니다.

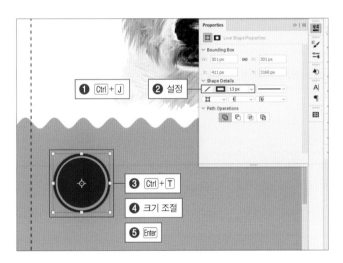

8 Ctrl+J를 눌러 원을 복사합니다. Properties 패널에서 Fill을 'No Color', Stroke를 C를 '51%', M을 '63%', Y를 '97%', K를 '56%', Stroke Width를 '13px'로 설정합니다.
Ctrl+T를 누른 다음 Alt+Shift를 누른 상태로 조절점을 드래그하여 크기를 키우고 Enter를 누릅니다.

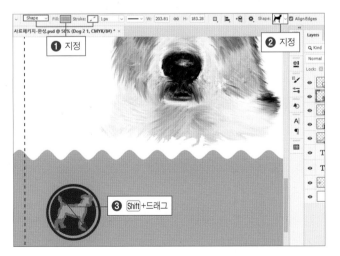

9 Tools 패널에서 사용자 셰이프 도구(☒)를 선택합니다. 옵션바에서 'Shape'로 지정한 다음, Fill을 C를 '2%', M을 '40%', Y를 '99%', K를 '0%', Stroke를 'No Color'로 지정하고 Shape를 Farm Animals → 'Dog 2'로 지정합니다.
Shift를 누른 상태로 드래그하여 그림과 같이 그립니다.

TIP

다양한 Shape가 보이지 않는다면, 메뉴에서 (Window) → Shapes를 실행하여 Shapes 패널이 표시되면 '패널 메뉴' 아이콘(≣)을 클릭한 다음 Legacy Shapes and More을 실행합니다.

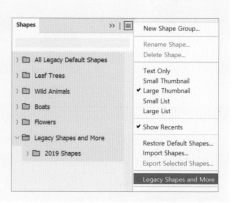

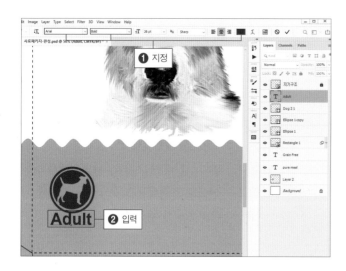

10 Tools 패널에서 문자 도구(T)를 선택하고, 옵션바에서 글꼴을 'Arial', 글꼴 크기를 '26pt', 글꼴 스타일을 'Bold', 색상을 C를 '51%', M을 '63%', Y를 '97%', K를 '56%'로 지정합니다. 'Adult'를 입력합니다.

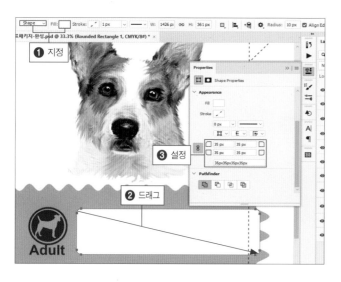

11 Tools 패널에서 사각형 도구(□)를 선택하고, 옵션바에서 'Shape'로 지정한 다음 Fill을 '흰색'으로 지정합니다. 하단에 드래그하여 사각형을 그립니다. Propertise 패널에서 모든 Radius를 '35px'로 설정합니다.

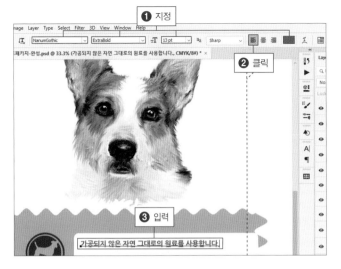

12 Tools 패널에서 문자 도구(T)를 선택하고 옵션바에서 글꼴을 'Nanum-Gothic', 글꼴 스타일을 'ExtraBold', 글꼴 크기를 '13pt', 색상을 C를 '73%', M을 '32%', Y를 '100%', K를 '17%'로 지정하고, 'Left align text' 아이콘(▤)을 클릭합니다. 흰색 사각형에 그림과 같이 텍스트를 입력합니다.

13 옵션바에서 글꼴을 'Nanum-Myeongjo', 글꼴 스타일을 'Bold', 글꼴 크기를 '10pt', 행간을 '15pt', 색상을 '검은색'으로 지정하고, 'Left align text' 아이콘(▤)을 클릭합니다. 그림과 같이 제품 설명을 입력합니다.

14 오른쪽 빈 공간에 잘 보이도록 '1kg'도 입력합니다.

디자이너's 노하우

모든 패키지에는 법적 표기 사항과 글씨 크기에 대한 규정이 있습니다. 따라서 디자이너는 분야별 규정을 꼼꼼히 체크하여 디자인해야 합니다.

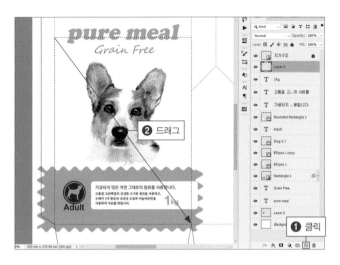

15 　새로운 레이어를 생성한 다음, Tools 패널에서 사각형 선택 도구(▢)를 선택하고, 지기 구조 앞면에 맞게 드래그합니다.

16 　Tools 패널에서 그레이디언트 도구(▢)를 선택하고, 옵션바에서 'Linear Gradient' 아이콘(▢)을 클릭한 다음 그러데이션을 Basics → 'Foreground to Transparent'로 지정합니다. 하단에서 위로 드래그하여 그러데이션을 적용합니다.

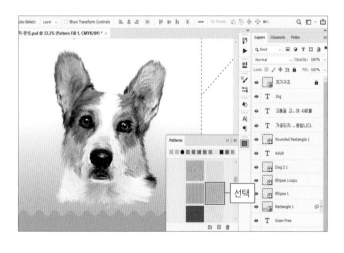

17 　메뉴에서 (Window) → Patterns를 실행하여 Patterns 패널이 표시되면 Color Paper → 'Buff Textured'를 선택합니다.

패키지 측면 디자인하고 마무리하기

1 Tools 패널에서 사각형 도구(□)를 선택하고, 옵션바에서 'Shape'로 지정한 다음, Fill을 C를 '3%', M을 '40%', Y를 '100%', K를 '0%', Stroke를 'No Color'로 지정합니다. 지기 구조 측면에 맞게 드래그하여 직사각형을 그립니다. Ctrl+J를 눌러 복사한 다음, 옵션바에서 Fill을 C를 '0%', M을 '27%', Y를 '75%', K를 '0%'로 지정합니다. Ctrl+T를 눌러 가로 크기를 줄여 그림과 같이 선 형태로 만듭니다.

2 Tools 패널에서 이동 도구(✛)를 선택하고, Alt+Shift를 누른 상태로 선을 오른쪽으로 드래그하여 6개 복사합니다.

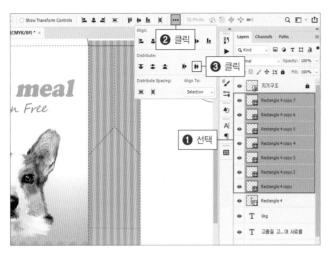

3 Layers 패널에서 선을 그린 레이어를 모두 선택합니다. 옵션바에서 'Align and Distribute' 아이콘(⋯)을 클릭한 다음 'Distribute horizontal centers' 아이콘(♯)을 클릭합니다.

선 사이의 간격이 균등하게 조절됩니다.

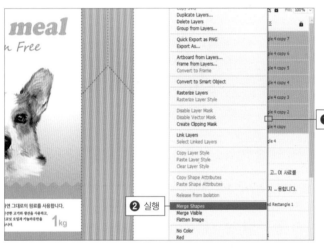

4 Layers 패널에서 마우스 오른쪽 버튼을 클릭한 다음 Merge Shapes를 실행하여 선택한 레이어를 하나로 합칩니다.

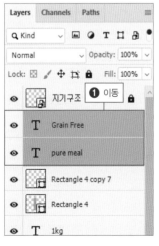
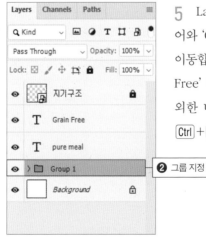

5 Layers 패널에서 'pure meal' 레이어와 'Grain Free' 레이어를 가장 위로 이동합니다. '지기구조' 레이어와 'Grain Free' 레이어, 'pure meal' 레이어를 제외한 나머지 레이어는 모두 선택하고 Ctrl+G를 눌러 그룹으로 지정합니다.

6 Ctrl + J 를 눌러 'Group 1' 그룹 레이어를 복사합니다. 'Group 1 copy' 그룹 레이어를 'Group 1' 그룹
레이어 아래로 이동합니다. 오른쪽으로 디자인을 드래그하여 나머지 면을 채웁니다.

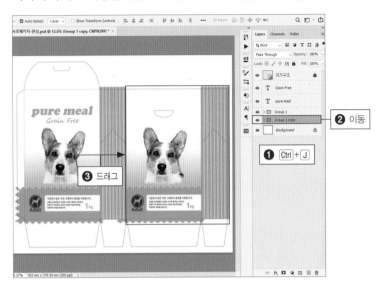

7 Tools 패널에서 사각형 도구(▢)를 선택하고, 옵션바에서 'Shape'로 지정한 다음 Fill을 C를 '3%', M을
'40%', Y를 '100%', K를 '0%', Stroke를 'No Color'로 지정합니다. 지기 구조 상단과 하단 부분에 드래그하여
사각형을 그려 마무리합니다.

디자이너's 노하우
인쇄를 위한 최종 파일을 인쇄소에 넘길 때에는 포토샵에서 색상 모드가 CMYK인지 반드시 확인하고 pdf 파일로 전달합니다.

Part 4

효율적
정보 제공을 위한
웹&앱 디자인

웹&앱 디자인은 사용자의 편의성을 높여주기 위해 디자인해야 합니다. 우리는 필요한 정보를 탐색하기 위해 넓은 화면에서 PC를 하거나, 스마트폰을 손에 들고 하루에도 수십 번씩 들여다봅니다. 여기에서 필요한 것이 PC 웹 디자인과 모바일 웹·앱 디자인입니다. 웹 디자이너의 역할은 무한한 세계가 펼쳐지는 웹에서 사용자가 어떤 경험을 할지 면밀하게 계획하고 잘 이끌어 주는 것입니다. 사용자가 요구하는 문제를 발견하고, 창의적으로 아이디어를 해결해 가는 과정을 함께 시작해 봅니다.

by Photoshop ————————

프로젝트

물방울 형태의 여름 세일
SNS 광고 디자인하기

포토샵의 '레이어 스타일' 기능을 이용하면
평면적인 일반 문자를 투명한 형태의 물방울 문자로 쉽게 만들 수 있습니다.
레이어 스타일 기능을 알아보고, 콘텐츠 제작에 활용하여 SNS 광고를 만들어 봅니다.

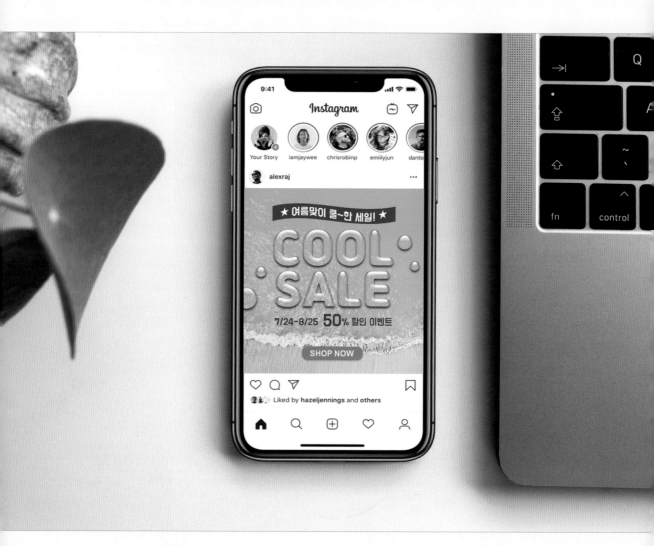

예제 파일   04\photo-바다.jpg   완성 파일   04\여름 SNS 광고_완성.psd

COOL
SALE

배경 이미지 배치하기

콘텐츠와 직접적인 연관이 있는
이미지를 배경으로 배치합니다.

물방울 형태의 문자 만들기

Layer Style 기능을 활용하여 일반적인 문자를
투명하고 영롱한 형태의 물방울 문자로 만듭니다.

★ 여름맞이 쿨~한 세일! ★

7/24-8/25 **50**% 할인 이벤트

서브 타이틀 디자인하기

사용자 셰이프 도구와 'Create warped text'
기능을 활용하여 물결 느낌의 문자를 디자인합니다.

설명 문구 입력하기

문자 도구로 설명 문구를 입력합니다. 문구에서 강조할 부분은
텍스트의 크기나 모양, 색, 두께 등을 달리하여 디자인합니다.

링크 버튼 만들기

사각형 도구와 문자 도구로 쇼핑몰 바로가기 링크 버튼을 디자인합니다.

———

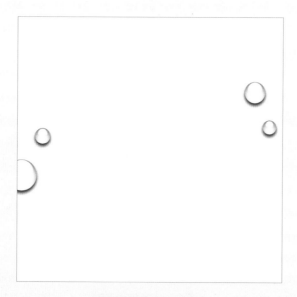

물방울 꾸밈 요소 만들기

물방울 문자에 적용된 Layer Style은 다른 레이어에
간단히 복제가 가능하므로 주변 꾸밈 요소에 적용하여 물방울을 만들 수 있습니다.

물방울 형태의 문자 만들기

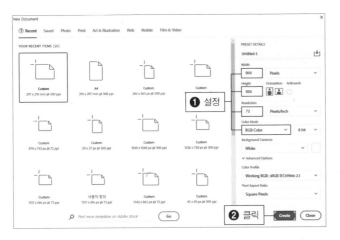

1   새로운 캔버스를 만들기 위해 메뉴에서 (File) → New를 실행합니다. New Document 대화상자가 표시되면 Width를 '900px', Height를 '900px', Resolution을 '72', Color Mode를 'RGB Color'로 설정한 다음 〈Create〉 버튼을 클릭합니다.

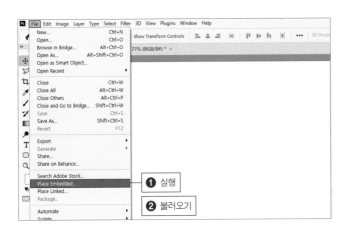

2   메뉴에서 (File) → Place Embedded를 실행하여 04 폴더에서 'photo-바다.jpg' 파일을 불러옵니다.

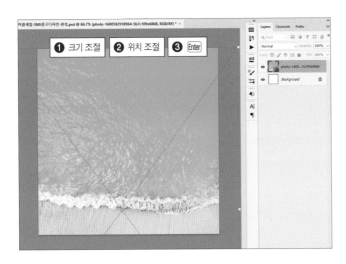

3   바다 이미지가 캔버스로 삽입되면 크기와 위치를 조절한 다음 (Enter)를 눌러 적용합니다.

4 Tools 패널에서 문자 도구(T)를 선택하고, Character 패널에서 글꼴을 'Jalnan', 글꼴 크기를 '213pt', 행간을 '200pt', 색상을 '흰색'으로 지정합니다. 옵션바에서 'Center text' 아이콘(畺)을 클릭한 다음 'COOL SALE'을 입력합니다.

5 Layers 패널에서 'COOL SALE' 레이어의 Fill을 '0%'로 설정합니다. 'Add a layer style' 아이콘(fx)을 클릭한 다음 Blending Options를 실행합니다.

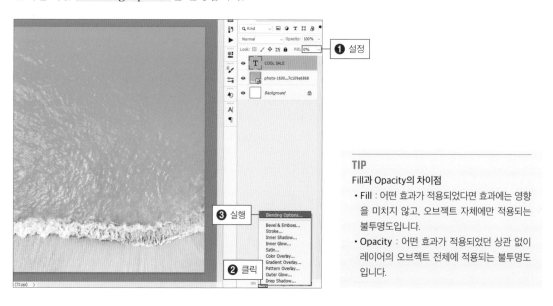

> **TIP**
> Fill과 Opacity의 차이점
> • Fill : 어떤 효과가 적용되었다면 효과에는 영향을 미치지 않고, 오브젝트 자체에만 적용되는 불투명도입니다.
> • Opacity : 어떤 효과가 적용되었던 상관 없이 레이어의 오브젝트 전체에 적용되는 불투명도입니다.

6 Layer Style 대화상자가 표시되면 'Drop Shadow'를 선택하고, Blend Mode를 'Multiply', 색상을 C를 '99%', M을 '73%', Y를 '36%', K를 '21%', Opacity를 '100%', Distance를 '8px', Spread를 '0%', Size를 '13px' 로 설정합니다.

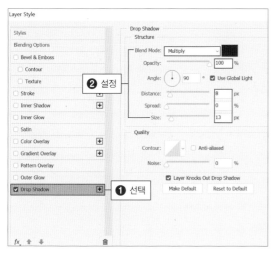

TIP

Drop Shadow는 오브젝트 외곽에 그림자 스타일을 제작할 때 사용합니다. 설정 값을 조절하여 그림자의 위치, 방향, 크기 등을 쉽게 설정할 수 있습니다.

7 계속해서 'Inner Shadow'를 선택하고, Blend Mode를 'Multiply', 색상을 '#C를 '78%', M을 '23%', Y를 '12%', K를 '0%', Opacity를 '100%', Distance를 '10px', Choke를 '0%', Size를 '20px'로 설정합니다.

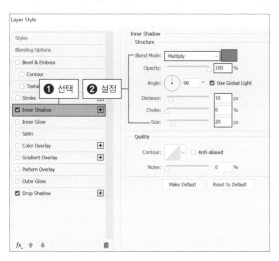

TIP

Inner Shadow는 문자 안쪽에 그림자 효과를 주어 입체감과 투명한 느낌을 높여 줍니다.

8 'Bevel&Emboss'를 선택하고, Style을 'Inner Bevel', Depth를 '70%', Size를 '25px', Soften을 '0px'로 설정합니다. Highlight Mode를 'Linear Dodge(Add)', Shadow Mode를 'Color Dodge'로 지정한 다음 나머지 옵션은 그림과 같이 설정합니다.

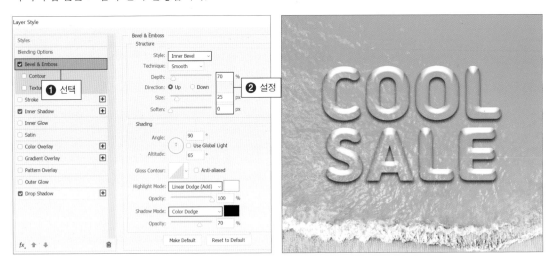

9 Bevel&Emboss의 'Contour'를 선택합니다. Contour를 'Half Round'로 지정하고, Range를 '75%'로 설정한 다음 〈OK〉 버튼을 클릭합니다.

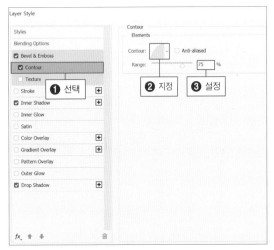

TIP
Bevel&Emboss는 레이어 스타일 중 3차원적인 입체 효과를 적용하기 위해 주로 사용합니다. 금속, 물, 젤리, 석재 등 다양한 질감을 표현할 때 활용할 수 있습니다.

서브 타이틀 만들기

1 Tools 패널에서 사용자 셰이프 도구(⬚)를 선택하고, 옵션바에서 'Shape'로 지정하고, Fill을 C를 '93%', M을 '64%', Y를 '26%', K를 '8%', Stroke를 'No Color'로 지정합니다. Shape의 '펼침' 아이콘(☑)을 클릭한 다음 Banners and Awards → 'Flag'를 선택합니다. 타이틀 위에 드래그하여 띠를 그립니다.

2 Tools 패널에서 문자 도구(T)를 선택하고, 옵션바에서 글꼴을 'BM DoHyeon', 글꼴 크기를 '45pt', 색상을 '흰색'으로 지정합니다. 'Center text' 아이콘(☰)을 클릭한 다음, 띠에 그림과 같이 텍스트를 입력합니다.

3 텍스트 양쪽 끝에 특수 문자 별을 추가로 입력합니다. 한글 'ㅁ'을 입력하고 곧바로 한자 를 누르면 특수 문자표가 표시되며, 8번에서 별 특수 문자를 선택할 수 있습니다.

TIP

포토샵에서 특수 문자 입력하는 방법

한글 'ㄱ~ㅎ' 중 자음 하나를 입력한 다음 한자 를 누르면 특수 문자표가 표시됩니다. 원하는 특수 문자의 번호를 누르거나 클릭하면 특수 문자가 입력됩니다.

---

4 입력한 글자에 웨이브 효과를 주기 위해 옵션바에서 'Create warped text' 아이콘(ㅈ)을 클릭합니다.

5 Warp Text 대화상자가 표시되면 Style을 'Flag'로 지정하고, Bend를 '40%'로 설정한 다음 〈OK〉 버튼을 클릭합니다.

6 다시 Tools 패널에서 문자 도구(T)를 선택하고, 옵션바에서 글꼴을 'BM DoHyeon', 글꼴 크기를 '40pt', 색상을 C를 '93%', M을 '64%', Y를 '26%', K를 '8%'로 지정하고, 'Center text' 아이콘(三)을 클릭합니다. 그림과 같이 하단에 텍스트를 입력합니다.

TIP

SNS 광고 콘텐츠의 경우, 서브 타이틀이나 본문에서 강조해야 할 내용에 디자인적인 포인트나 크기를 달리하는 등의 방식으로 눈에 잘 띄게 조정합니다.

링크 버튼과 물방울 만들기

1 Tools 패널에서 사각형 도구(□)를 선택하고, 옵션바에서 'Shape'로 지정한 다음 Fill을 C를 '28%', M을 '38%', Y를 '100%', K를 '4%', Stroke를 'No Color'로 지정합니다. 하단에 드래그하여 사각형을 그린 다음, Propertise 패널에서 모든 Radius를 '30px'로 설정합니다.

2 Tools 패널에서 문자 도구(T)를 선택합니다. 옵션바에서 글꼴을 'Arial', 글꼴 스타일을 'Bold', 글꼴 크기를 '40pt', 색상을 '흰색'으로 지정하고, 'Center text' 아이콘(≡)을 클릭합니다. 둥근 사각형에 'SHOP NOW'를 입력합니다.

3 Tools 패널에서 원형 도구(⬭)를 선택합니다. 옵션바에서 'Shape'로 지정하고, Fill을 '흰색', Stroke를 'No Color'로 지정합니다. 'Path operations' 아이콘(⬭)을 클릭하고 'Combine Shapes'를 선택한 다음 드래그하여 그림과 같이 원을 그립니다.

TIP
Combine Shapes를 선택하면, 셰이프가 추가되어도 레이어는 추가되지 않습니다.

4 Layers 패널에서 'Ellipse 1' 레이어의 Fill을 '0%'로 설정합니다. 'COOL SALE' 레이어에 적용된 레이어 스타일을 적용하기 위해 Alt 를 누른 상태로 'Indicates layer effects' 아이콘(fx)을 'Ellipse 1' 레이어로 드래그합니다.

5 타이틀에 적용된 물방울 효과를 원에도 동일하게 적용하여 완성하였습니다.

그러데이션을 적용한 메타버스 박람회
SNS 배너 디자인하기

SNS 배너는 주로 온라인 마케팅에서 이벤트나 행사, 프로모션을 진행할 때 홍보용으로 제작하여 사용합니다.

따라서 주제에 맞는 적절한 분위기를 연출하고 디자인 해야 합니다.

또한 소비자들의 이목을 끌 수 있도록 정해진 타깃층이 선호하는 스타일을 파악하는 것이 중요합니다.

 04\photo-background.jpg, photo-사막.jpg   04\메타버스 SNS 배너_완성.psd

배경 이미지 불러오기

콘텐츠 디자인에 적합한 이미지를 선택하고
배경으로 불러온 다음 조정 레이어의 'Gradient Map'
기능을 이용하여 색상을 조정합니다.

도형을 활용한 그래픽 요소 만들기

여러 도형 도구와 Layer Style을 활용하여 기하학적이면서
초현실적인 느낌의 꾸밈 요소를 만들 수 있습니다.

그러데이션 배경 만들기

배경에 그러데이션을 적용하여 신비로운 느낌을
표현하면서, 동시에 배경 이미지와 여러 가지
그래픽 요소들이 어우러지도록 합니다.

이미지를 활용한 그래픽 요소 만들기

이미지와 'Gradient Map' 기능을 활용한 색 보정,
그리고 간단한 합성만으로 우주의 행성을 표현한 듯한
초현실적인 이미지를 연출할 수 있습니다.

긴 그림자 형태의 메인 타이틀 디자인하기

현대적인 서체와 긴 그림자, 그리고 신비감을 더해 주는 색상 그러데이션을 활용하여 메인 타이틀 타이포그래피를 디자인합니다.

서브 타이틀 입력하기

서브 타이틀은 단순히 보조적인 내용을 전달하는 것만이 아닙니다.
전체의 디자인 레이아웃에서 포인트가 되기도 하고 안정감을 더해 주는 역할을 합니다.

이미지와 그러데이션으로 배경 만들기

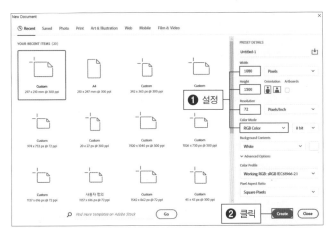

1 새로운 캔버스를 만들기 위해 메뉴에서 (File) → New를 실행합니다. New Document 대화상자가 표시되면 Width를 '1080px', Height를 '1500px', Resolution을 '72', Color Mode를 'RGB Color'로 설정한 다음 〈Create〉 버튼을 클릭합니다.

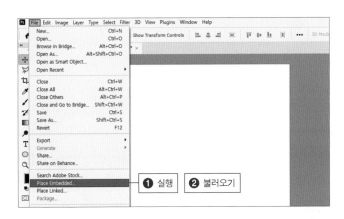

2 메뉴에서 (File) → Place Embedded를 실행하여 04 폴더에서 'photo-background.jpg' 파일을 불러옵니다.

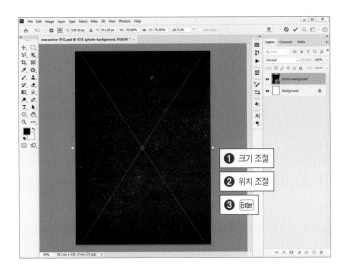

3 밤하늘 이미지가 캔버스에 삽입되면 크기와 위치를 조절한 다음 Enter 를 누릅니다.

4 Layers 패널에서 'Create new fill or adjustment layer' 아이콘(⬤)을 클릭한 다음 Gradient Map을 실행합니다. Properties 패널에서 그러데이션을 클릭합니다.

5 Gradient Editor 대화상자가 표시되면 그러데이션 바에서 왼쪽의 Color Stop을 C를 '99%', M을 '100%', Y를 '36%', K를 '47%', 오른쪽의 Color Stop을 '흰색'으로 지정한 다음 〈OK〉 버튼을 클릭합니다. Layers 패널에서 Alt를 누른 상태로 'Gradient Map' 레이어와 이미지 레이어 사이를 클릭하여 클리핑 마스크를 적용합니다.

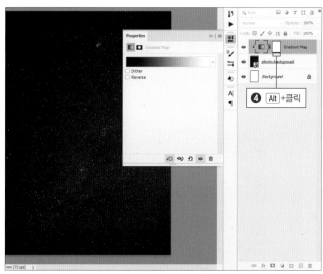

TIP

조정 레이어는 레이어 순서에 영향을 받습니다. 조정 레이어 위에 있는 레이어에는 영향을 미치지 않고, 하단에 있는 모든 레이어에 영향을 미치므로 특정 이미지에만 효과를 적용하려면 클리핑 마스크를 사용합니다.

메인 그래픽 디자인하기

1 Tools 패널에서 사각형 도구(▢)를 선택하고, 옵션바에서 'Shape'로 지정하고, Fill을 'No Color', Stroke를 C를 '3%', M을 '82%', Y를 '0%', K를 '0%'로 지정합니다. Stroke Width를 '53px', Radius를 '350px' 로 설정하고, 드래그하여 그림과 같이 세로로 긴 둥근 사각형을 그립니다.

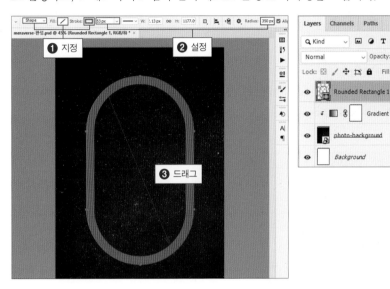

2 Layers 패널에서 'Add a layer style' 아이콘(fx)을 클릭한 다음 Drop Shadow를 실행합니다. Layer Style 대화상자가 표시되면 색상을 C를 '95%', M을 '100%', Y를 '27%', K를 '24%', Angle을 '120°', Distance 를 '20px', Spread를 '0%', Size를 '33px'로 설정한 다음 〈OK〉 버튼을 클릭합니다.

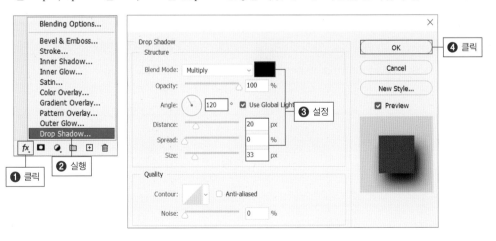

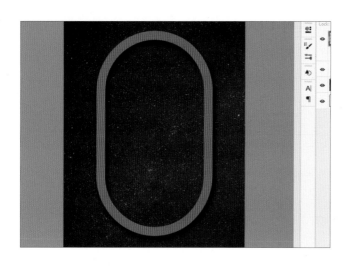

3 둥근 사각형에 그림자가 적용되었습니다.

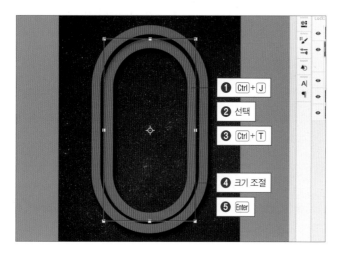

① Ctrl + J
② 선택
③ Ctrl + T
④ 크기 조절
⑤ Enter

4 Ctrl + J 를 눌러 둥근 사각형의 레이어를 복사합니다. 두 개의 둥근 사각형 중 뒤에 위치한 둥근 사각형을 선택하고, Ctrl + T 를 누른 다음 Alt + Shift 를 누른 상태로 조절점을 안쪽으로 드래그하여 크기를 줄입니다. 크기 조절이 완료되었으면 Enter 를 누릅니다.

TIP
Ctrl + J 를 누르면 선택된 레이어의 개체가 같은 위치에 그대로 복사됩니다.

5 Layers 패널에서 'Add a layer style' 아이콘(fx)을 클릭한 다음 Pattern Overlay를 실행합니다. Layer Style 대화상자가 표시되면 Pattern을 Water → 'Water-Sand'로 지정하고, Scale을 '50%'로 설정한 다음 〈OK〉 버튼을 클릭합니다.

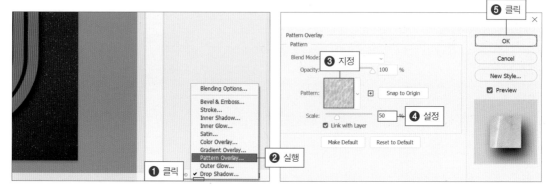

① 클릭
② 실행
③ 지정
④ 설정
⑤ 클릭

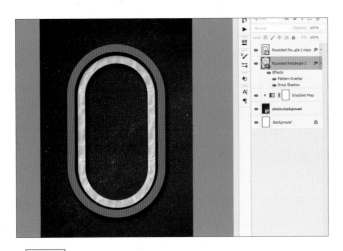

6 안쪽 둥근 사각형에 물결 패턴이 적용되었습니다.

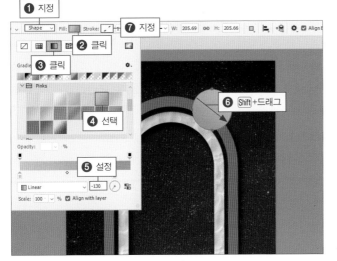

① 지정
② 클릭
③ 클릭
④ 선택
⑤ 설정
⑥ Shift+드래그
⑦ 지정

7 Tools 패널에서 원형 도구(◯)를 선택하고, 옵션바에서 'Shape'로 지정한 다음, Fill의 색상 상자를 클릭합니다. 'Gradient' 아이콘(▣)을 클릭하고 Pinks → 'pink_06'을 선택한 다음, Rotate the gradient를 '-130'으로 설정합니다. Shift를 누른 상태로 드래그하여 원을 그리고, Stroke를 'No Color'로 지정합니다.

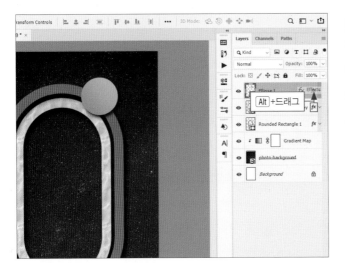

Alt +드래그

8 Layers 패널에서 둥근 사각형에 적용된 레이어 스타일을 적용하기 위해 Alt 를 누른 상태로 'Indicates layer effects' 아이콘(fx)을 'Ellipse 1' 레이어로 드래그합니다.

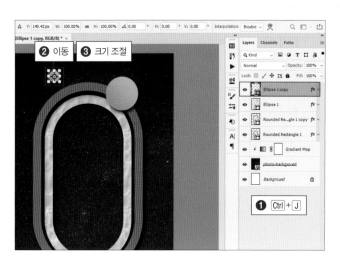

9 Ctrl+J를 눌러 원 레이어를 복사하고 그림과 같이 왼쪽 상단으로 이동한 다음 크기를 줄입니다.

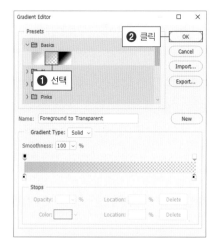

10 Tools 패널에서 전경색을 C를 '39%', M을 '3%', Y를 '28%', K를 '0%'로 지정하고, 그레이디언트 도구(■)를 선택합니다. 옵션바에서 'Linear Gradient' 아이콘(■)을 클릭하고, 그러데이션을 클릭합니다.

Gradient Editor 대화상자가 표시되면 Basics → 'Foreground to Transparent'를 선택한 다음 〈OK〉 버튼을 클릭합니다.

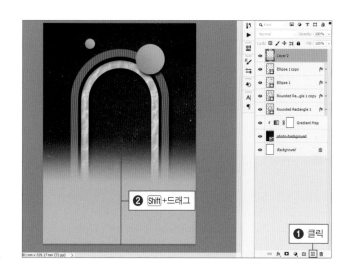

11 Layers 패널에서 'Create a new layer' 아이콘(■)을 클릭하여 새로운 레이어를 생성합니다. Shift를 누른 상태로 캔버스 하단에서 중간으로 드래그합니다. 지정한 색상의 그러데이션이 적용됩니다.

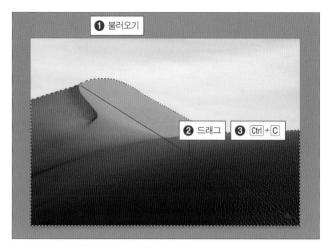

12 메뉴에서 (File) → Open을 실행하여 04 폴더에서 'photo-사막.jpg' 파일을 불러옵니다. Tools 패널에서 오브젝트 선택 도구(￼)를 선택하고, 모래 언덕을 드래그하여 선택 영역으로 지정한 다음 Ctrl + C를 눌러 복사합니다.

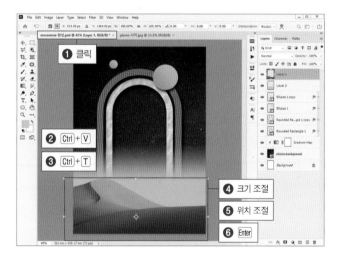

13 작업하던 캔버스로 돌아와 Ctrl + V를 눌러 모래 언덕 이미지를 붙여 넣은 다음, Ctrl + T를 눌러 크기와 위치를 조절합니다. 조절이 완료되었으면 Enter를 누릅니다.

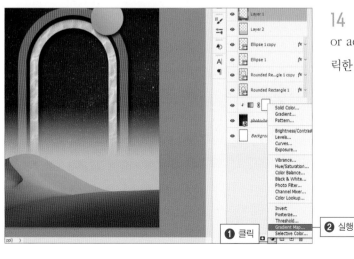

14 Layers 패널에서 'Create new fill or adjustment layer' 아이콘(￼)을 클릭한 다음 Gradient Map을 실행합니다.

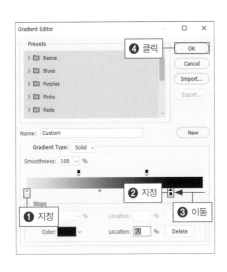

15 Properties 패널에서 그러데이션을 클릭하여 Gradient Editor 대화상자를 표시합니다.

그러데이션 바에서 왼쪽의 Color Stop을 C를 '2%', M을 '15%', Y를 '0%', K를 '0%'로 지정하고, 오른쪽의 Color Stop을 C를 '100%', M을 '95%', Y를 '33%', K를 '25%'로 지정한 후 왼쪽으로 이동합니다. 〈OK〉 버튼을 클릭합니다.

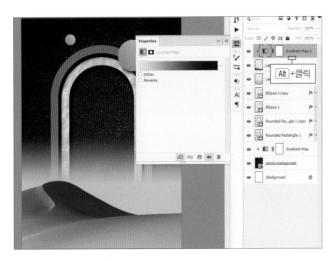

16 Layers 패널에서 [Alt]를 누른 상태로 'Gradient Map 2' 레이어와 이미지 레이어 사이를 클릭하여 클리핑 마스크를 적용합니다.

17 Tools 패널에서 문자 도구([T])를 선택하고, Character 패널에서 글꼴을 'Impact', 글꼴 크기와 행간을 '172pt', 색상을 '검은색'으로 지정한 다음, 옵션바에서 'Center text' 아이콘(🔳)을 클릭합니다.

그림과 같이 'META VERSE EXPO'를 세 줄로 입력합니다.

긴 그림자 만들고 서브 타이틀 입력하기

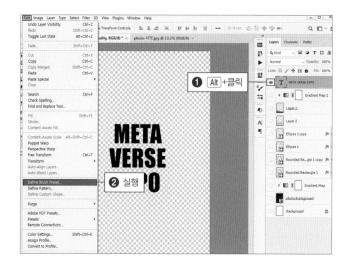

1 문자를 브러시로 등록하기 위해 해당 문자를 제외한 나머지 레이어는 비활성화합니다. Alt 를 누른 상태로 'META VERSE EXPO' 레이어의 '눈' 아이콘( )을 클릭합니다.

메뉴에서 (Edit) → Define Brush Preset을 실행합니다.

2 Brush Name 대화상자가 표시되면 Name을 'metaverse'로 입력한 다음 〈OK〉 버튼을 클릭합니다.

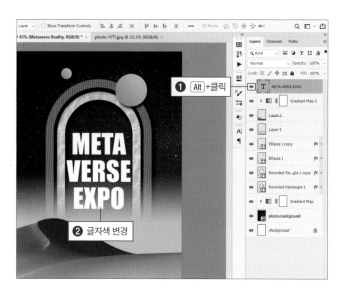

3 다시 Alt 를 누른 상태로 'META VERSE EXPO' 레이어의 '눈' 아이콘( )을 클릭하여 모든 레이어를 활성화합니다. 'META VERSE EXPO' 텍스트의 색상을 '흰색'으로 변경합니다.

4 Tools 패널에서 브러시 도구(✐)를 선택하고 옵션바에서 브러시를 새로 등록한 'metaverse'로 지정합니다.

F5 를 눌러 Brush Settings 패널을 표시한 다음 Spacing을 '1%'로 설정합니다.

5 Layers 패널에서 'Create a new layer' 아이콘(⊞)을 클릭하여 'META VERSE EXPO' 레이어 아래에 새 레이어를 생성합니다.

문자 부분을 한 번 클릭하고, Shift 를 누른 상태로 캔버스 오른쪽 하단을 다시 한 번 클릭하여 긴 그림자를 만듭니다.

6 Tools 패널에서 전경색을 C를 '11%', M을 '62%', Y를 '1%', K를 '0%', 배경색을 C를 '0%', M을 '33%', Y를 '77%', K를 '0%'로 지정한 다음, 그레이디언트 도구(▥)를 선택합니다.

옵션바에서 'Linear Gradient' 아이콘(▣)을 클릭하고, 그러데이션을 클릭하여 Gradient Editor 대화상자가 표시되면 Basics → 'Foreground to Background'를 선택한 다음 〈OK〉 버튼을 클릭합니다.

7 　Layers 패널에서 'Lock transparent pixels' 아이콘(🖾)을 클릭한 다음 그림과 같이 그림자 왼쪽 상단에서 오른쪽 하단으로 드래그합니다. 신비한 느낌을 더하기 위해 Layers 패널에서 블렌딩 모드를 'Lighten'으로 지정합니다.

프로젝트

TIP
Lock transparent pixels(투명 픽셀 잠그기)를 클릭하면 오브젝트 안에만 작업이 되어 편리하며, Lighten은 이미지의 색상을 비교하여 더 밝은 색상으로 적용합니다.

8 　Tools 패널에서 문자 도구(T.)를 선택하고, Character 패널에서 글꼴을 '윤고딕_150', 글꼴 크기를 '33pt', 행간을 '43pt', 색상을 '흰색'으로 지정합니다. 옵션바에서 'Center text' 아이콘(🖹)을 클릭한 다음 서브 타이틀을 입력합니다.

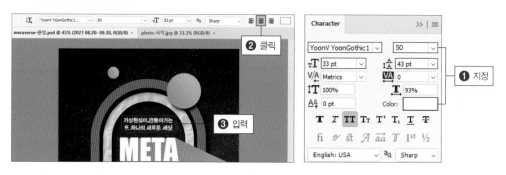

9 　Character 패널에서 글꼴을 'Impact', 글꼴 크기를 '43pt', 행간을 '72pt', 색상을 '흰색'으로 지정합니다. 옵션바에서 'Left align text' 아이콘(🖹)을 클릭한 다음, 캔버스 왼쪽 상단에 행사 일정을 입력하여 마무리합니다.

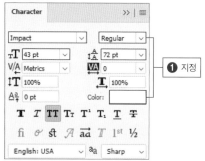

사용자의 시선을 끄는
쇼핑몰 웹 디자인하기

쇼핑몰을 기획할 때 디자이너가 가장 먼저 파악해야 하는 것은 판매하는 상품에 대한 이해입니다. VMD(Visual Merchandiser)가 되어서 브랜드 이미지를 이해하고 미끼 상품과 효자 상품이 무엇인지 파악하는 작업이 선행되어야 합니다. 웹 디자인 콘셉트(Web Concept)와 톤 앤 매너(Tone&Manner), 디자인 시스템(Color, Typo, Grid 등)을 구축하는 것은 실제 매장에 나가서 고객들의 동선을 고려해 디스플레이를 바꾸고, 상품의 진열과 색 조합의 배치를 확인하거나, 조명의 강도를 연출하는 것과 같습니다.

색상표

- C : 3%, M : 76%, Y : 100%, K : 0%
- C : 63%, M : 71%, Y : 66%, K : 77%
- C : 15%, M : 15%, Y : 31%, K : 0%

쇼핑몰에 방문한 고객들의 시선을 매장에 찾아온 고객의 동선이라고 생각해 보세요. 사람들의 시선은 모니터의 왼쪽 상단에서부터 시작하여 오른쪽 하단으로 흐릅니다. 왼쪽 상단 + 중앙 영역이 명당자리라고 할 수 있습니다. 스크롤을 움직이지 않은 첫 화면에는 고객의 눈길을 사로 잡고 발길을 머무르게 하는 이벤트와 주력 상품을 배치합니다. 아래로 내려갈수록 집중력은 분산되니 레이아웃의 변화를 주는 것은 매우 중요합니다. 상품을 얼마나 잘 이해하고 어떤 상품을 연출할지에 대한 고민을 하는 것이 쇼핑몰 디자인의 핵심입니다.

예제 파일 04\쇼핑몰 폴더, 쇼핑몰 웹_01.psd ~ 쇼핑몰 웹_03.psd   *완성 파일* 04\쇼핑몰 웹_완성.psd

① 상단 GNB 영역

브랜드 아이덴티티를 전달하고 각 서브 페이지로 이동하는 내비게이션 영역

② 이미지 카테고리 영역

탑 뷰(Top View)로 촬영한 음식 사진으로 발랄한 느낌을 전하는 카테고리 영역

③ 3단 할인 특가 영역

섬네일에 상품 컷과 이미지 컷을 동시에 구성한 3단 할인 특가 영역

④ 배너 영역

상품 진열 사이에 쉼을 주는 배너 영역

⑤ 1단 추천 상품 영역

하단으로 갈수록 떨어지는 집중력을 잡아 줄 1단 추천 상품 영역

⑥ 4단 인기 상품 영역

4단으로 구성하여 많은 상품이 노출되며, 세로로 긴 섬네일이 특징

새 캔버스 작업 환경 만들기

1 새로운 캔버스를 만들기 위해 메뉴에서 (File) → New를 실행합니다. New Document 대화상자가 표시되면 Width를 '2880px', Height를 '4000px', Resolution을 '72', Color Mode를 'RGB Color'로 설정한 다음 〈Create〉 버튼을 클릭합니다.

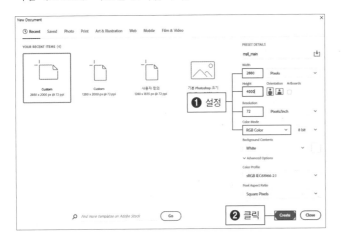

디자이너's 노하우

예제에서는 고해상도의 파일 크기로 2배 크게 작업합니다. 실제 브라우저에서는 1/2 크기로 나타나도록 웹 퍼블리싱하면서 화면 크기를 반영하는 방법으로 진행합니다.
기본 해상도로 디자인 작업 후 고해상도를 대응하는 웹 퍼블리싱의 파일 크기는 p000 예제를 참고하세요.

2 웹 사이트의 BODY 영역과 여백을 구분하기 위한 가이드라인을 만듭니다. 메뉴에서 (View) → New Guide Layout을 실행하여 New Guide Layout 대화상자가 표시되면 'Margin'을 클릭하여 체크 표시하고, Top을 '426px', Left를 '240px', Bottom을 '0px', Right를 '240px'로 설정한 다음 〈OK〉 버튼을 클릭합니다.

디자이너's 노하우

매직 넘버 12
그리드 시스템(Grid System)은 그리드 형태의 격자 패턴에 따라 구성하는 계획 기법으로, 많은 콘텐츠를 보여 주는 화면에서 일관된 정리에 도움이 됩니다. 12 컬럼(Column)으로 그리드를 나누면 2단 또는 3단, 4단, 6단의 콘텐츠에도 깔끔하게 배치가 가능하여 '매직 넘버 12'라고도 부릅니다.
12 컬럼의 가이드라인을 만들 경우, 'Columns'를 체크 표시하고 Number를 '12', Gutter를 '20px(컬럼과 컬럼 사이의 여백)'로 설정해 보세요.

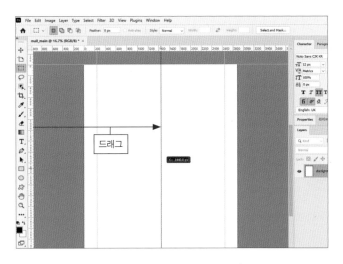

3 왼쪽 눈금자를 드래그하여 1440px 위치에 정중앙을 지나는 가이드라인을 만듭니다.

TIP
정중앙으로 마우스 커서가 위치하면 자석처럼 커서가 붙기 때문에 정중앙의 위치를 쉽게 파악할 수 있습니다.

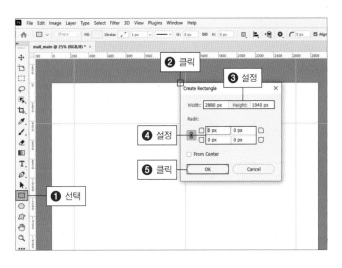

4 메인 이미지 영역의 레이아웃을 잡기 위해 Tools 패널에서 사각형 도구(□)를 선택하고, 캔버스를 클릭합니다.
Create Rectangle 대화상자가 표시되면 Width를 '2880px', Height를 '1040px', Radii를 모두 '0px'로 설정한 다음 〈OK〉 버튼을 클릭합니다.

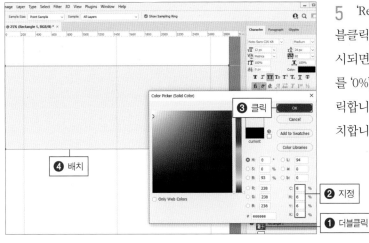

5 'Rectangle 1' 레이어의 섬네일을 더블클릭하여 Color Picker 대화상자가 표시되면 C를 '8%', M을 '6%', Y를 '6%', K를 '0%'로 지정한 다음 〈OK〉 버튼을 클릭합니다. 상단의 가이드라인에 맞춰 배치합니다.

GNB 영역 디자인하기

1 Ctrl + O 를 눌러 04 → 쇼핑몰 폴더에서 'mall_logo.png' 파일을 불러온 다음 배치합니다.

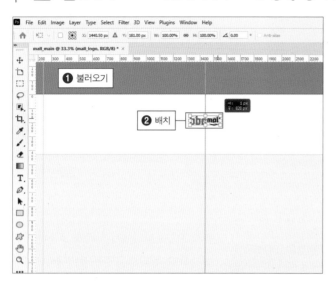

2 Tools 패널에서 문자 도구(T)를 선택하고 그림과 같이 메뉴를 입력한 다음 Character 패널에서 글꼴을 '나눔스퀘어라운드OTF', 글꼴 스타일을 'ExtraBold', 글꼴 크기를 '34px', 자간을 '-25', 앤티앨리어싱을 'Sharp'로 지정합니다. 옵션바에서 'Left align text' 아이콘(▤)을 클릭하여 중앙의 로고와 균형을 이룰 수 있도록 위치를 조절합니다.

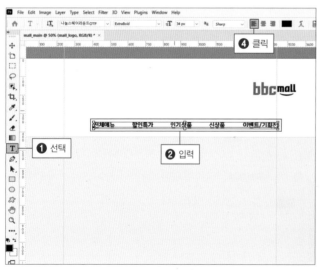

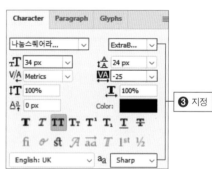

3 Ctrl+O를 눌러 04 → 쇼핑몰 폴더에서 'mall_icons_svg.psd' 파일을 불러옵니다. 이동 도구(⊕)로 'hamberger' 레이어를 선택하고, 캔버스에서 해당 아이콘을 작업하던 작업 창으로 드래그하면 복사됩니다. 아이콘을 '전체메뉴' 텍스트 왼쪽에 배치합니다.

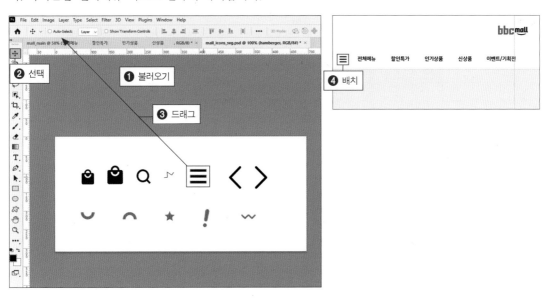

4 Tools 패널에서 원형 도구(◯)를 선택하고, 캔버스를 클릭하여 Create Ellipse 대화상자가 표시되면 Width와 Height를 '90px'로 설정한 다음 〈OK〉 버튼을 클릭합니다. 옵션바에서 Fill을 'No Color', Stroke 를 C를 '17%', M을 '13%', Y를 '13%', K를 '0%', Stroke Width를 '1px'로 설정합니다. 햄버거 아이콘에 맞게 배치합니다.

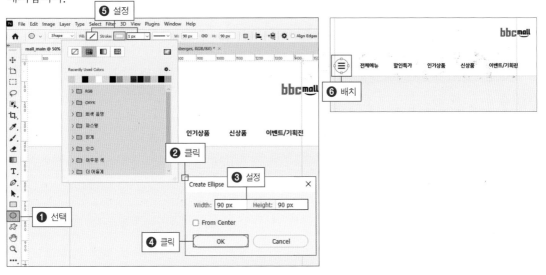

5 Tools 패널에서 사각형 도구(□)를 선택하고, 캔버스를 클릭하여 Create Rectangle 대화상자가 표시되면 Width를 '2880px', Height를 '75px', Radii를 모두 '0px'로 설정한 다음 〈OK〉 버튼을 클릭합니다. 옵션바에서 Fill을 C를 '63%', M을 '71%', Y를 '66%', K를 '77%'로 지정하고, 상단에 배치합니다.

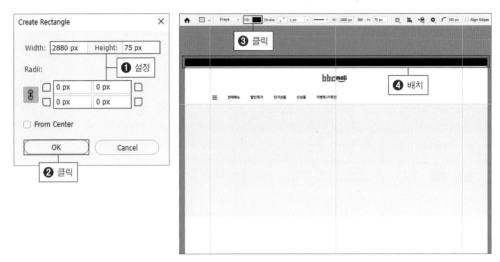

6 웰컴 텍스트 배너를 추가하기 위해 Tools 패널에서 문자 도구(T)를 선택하고, 그림과 같이 입력합니다. Character 패널에서 글꼴을 'Noto Sans CJK KR', 글꼴 스타일을 'DemiLight'와 'Bold', 글꼴 크기를 '26px'과 '32px', 자간을 '-10', 앤티앨리어싱을 'Sharp', 색상을 '흰색'과 '연노란색'으로 지정합니다.

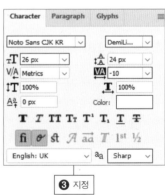

7 텍스트 끝에 화살표 아이콘을 추가하기 위해 메뉴에서 [Window] → Glyphs를 실행합니다. Glyphs 패널이 표시되면 글꼴을 'fontello'로 지정한 다음, 그림과 같은 화살표 아이콘(›)을 더블클릭하여 적용합니다. 옵션바에서 글꼴 크기를 '28px', 앤티앨리어싱을 'Sharp', 색상을 '흰색'으로 지정합니다.

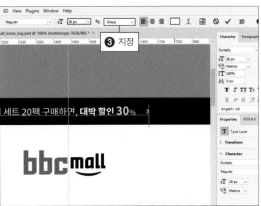

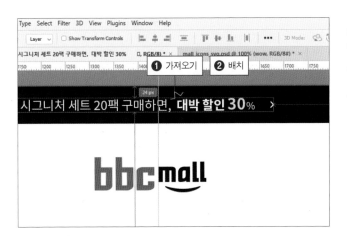

8 'mall_icons_svg.psd' 작업 창에서 'wow' 레이어를 가져온 다음 Stroke를 '흰색'으로 지정합니다. '대' 텍스트 위에 배치하여 강조해 줍니다.

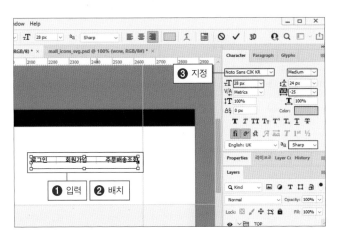

9 유틸리티(Utilities) 메뉴를 추가하기 위해 오른쪽 상단에 그림과 같이 텍스트를 입력한 다음, 중앙 로고와 수평을 맞춰 배치합니다.

Character 패널에서 글꼴을 'Noto Sans CJK KR', 글꼴 스타일을 'Medium', 글꼴 크기를 '28px', 자간을 '-25', 앤티앨리어싱을 'Sharp', 색상을 '검은색'과 '회색'으로 지정합니다.

437

10 검색창을 만들기 위해 Tools 패널에서 사각형 도구(□)를 선택하고 캔버스를 클릭합니다. Create Rectangle 대화상자가 표시되면 Width를 '900px', Height를 '90px', Radii를 모두 '45px'로 설정한 다음 〈OK〉 버튼을 클릭하여 둥근 사각형을 만듭니다.

옵션바에서 Fill을 'No Color', Stroke를 C를 '17%', M을 '13%', Y를 '13%', K를 '0%', Stroke Width를 '1px'로 설정한 다음 메뉴 옆에 배치합니다.

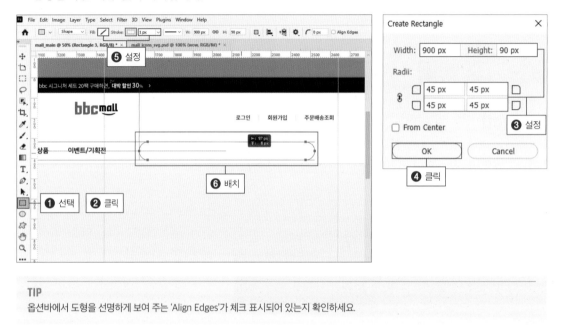

TIP

옵션바에서 도형을 선명하게 보여 주는 'Align Edges'가 체크 표시되어 있는지 확인하세요.

---

11 'mall_icons_svg.psd' 작업 창에서 검색 버튼으로 사용할 'search' 레이어와 장바구니 버튼으로 사용할 'cart' 레이어를 가져온 다음 그림과 같이 배치합니다.

12 장바구니에 상품을 담았을 때 표시되는 장바구니 액티브(Active) 상태를 디자인하기 위해 Tools 패널에서 원형 도구(◎)를 선택하고, 캔버스를 클릭하여 Width와 Height가 '13px'인 원을 만듭니다. 옵션바에서 Fill을 C를 '3%', M을 '76%', Y를 '100%', K를 '0%'로 지정하고, 장바구니 아이콘 오른쪽 상단에 배치합니다.

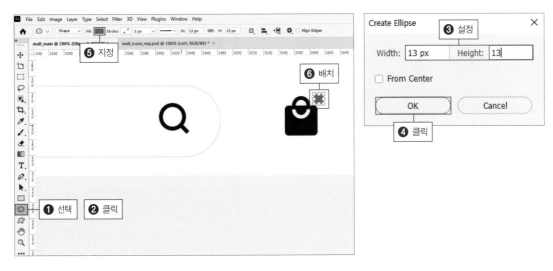

13 Layers 패널에서 'Create a new group' 아이콘(▣)을 클릭하여 새로운 그룹 레이어를 생성한 다음 더블클릭하여 이름을 'TOP'으로 변경합니다. 'Rectangle 1' 레이어를 제외한 나머지 레이어를 'TOP' 그룹 레이어로 이동합니다.

메인 이미지 영역 디자인하기

1 Ctrl + O 를 눌러 04 → 쇼핑몰 폴더에서 'mall_img_01.jpg' 파일을 불러온 다음 메인 슬라이드 영역에 배치합니다. 'mall_img_01' 레이어를 'Rectangle 1' 레이어 위로 이동한 다음 Ctrl + Alt + G 를 눌러 클리핑 마스크를 적용합니다.

TIP

클리핑 마스크는 모양 안에 있는 영역만 보이도록 이미지에 마스크 모양으로 레이어를 클리핑합니다. 위에 있는 레이어가 바로 아래에 있는 레이어의 모양으로 클리핑하기 위해, Layers 패널에서 보여질 오브젝트가 있는 레이어를 선택하고 메뉴에서 (Layer) → Create Clipping Mask(Ctrl + Alt + G)를 실행하여 적용합니다. 이때 Layers 패널에서 클리핑 마스크를 적용하고자 하는 레이어 사이를 Alt 를 누른 상태로 클릭하면 빠르게 적용할 수 있습니다.

2 Tools 패널에서 사각형 도구(▢)를 선택하고, Width가 '830px', Height가 '125px', Radii가 모두 '0px'인 사각형을 만듭니다. 옵션바에서 Fill을 C를 '63%', M을 '71%', Y를 '66%', K를 '77%'로 지정합니다. 'Rectangle 4' 레이어를 문자 레이어 아래로 이동하여 메인 카피의 가독성을 확보합니다.

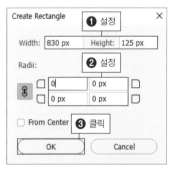

TIP

Radii는 직각 모서리를 둥근 모서리로 변경해 주는 옵션입니다. '링크' 아이콘(▓)을 활성화한 경우 하나의 항목에 '10px'을 입력하면 나머지 항목에 동일한 값을 적용할 수 있습니다.

3 문자 레이어를 마우스 오른쪽 버튼으로 클릭한 다음 Blending Options를 실행합니다.

Layer Style 대화상자가 표시되면 'Drop Shadow'를 선택하여 색상을 '연갈색'으로 지정하고, 나머지 옵션은 그림과 같이 설정합니다. 'Outer Glow'를 선택하여 색상을 '연갈색'으로 지정하고, 나머지 옵션을 그림과 같이 설정한 다음 〈OK〉 버튼을 클릭합니다.

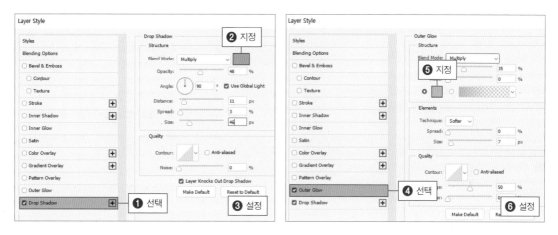

4 Tools 페널에서 사각형 도구(▢)를 선택하고, Width가 '352px', Height가 '94px', Radii가 모두 '47px'인 둥근 사각형을 만듭니다. 옵션바에서 Fill을 '흰색', Stroke를 'No Color'로 지정합니다.

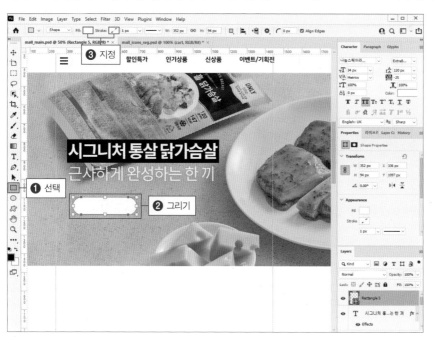

5   Tools 패널에서 문자 도구(T.)를 선택하고, 텍스트를 입력합니다. Glyphs 패널에서 화살표 아이콘을 더블클릭하여 텍스트 옆에 적용합니다.

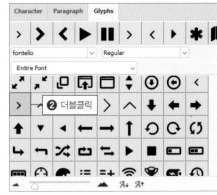

6   Ctrl+O를 눌러 04 → 쇼핑몰 폴더에서 'mall_signature.png' 파일을 불러와 그림과 같이 배치합니다. 배경 이미지에서 그림자 영역에 배치함으로 흰색의 마크가 돋보입니다.

'mall_icons_svg.psd' 작업 창에서 슬라이드 이동 버튼으로 사용할 'arr_r' 레이어와 'arr_l' 레이어를 가져와 그림과 같이 배치한 다음 색상을 '흰색'으로 변경합니다. 사용한 레이어는 모두 선택하여 그룹으로 지정한 다음 이름을 'MAIN SLIDES'로 변경합니다.

이미지 카테고리 영역 디자인하기

1 Tools 패널에서 원형 도구(◎)를 선택하고, Width와 Height가 '258px'인 원을 만듭니다. 옵션바에서 Fill을 C를 '18%', M을 '13%', Y를 '14%', K를 '0%'로 지정한 다음, 메인 이미지 아래에 배치합니다.

Tools 패널에서 패스 선택 도구(▶)를 선택하고, Alt 를 누른 상태로 오른쪽으로 드래그하여 원을 5개 복사합니다. 옵션바에서 'Path alignment' 아이콘(♣)을 클릭한 다음, 'Distribute horizontally' 아이콘(Ⅲ)을 클릭하여 같은 간격으로 배치합니다.

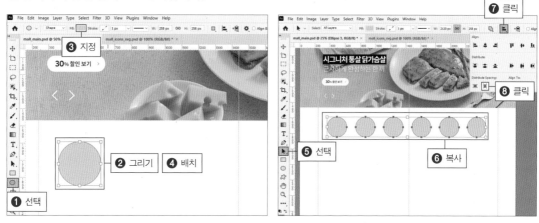

> **TIP**
> 이전 작업 과정을 거치지 않고 곧바로 현재 과정을 작업하려면 04 폴더에서 '쇼핑몰 웹_01.psd' 파일을 불러와 이어서 작업합니다.

2 Ctrl + O 를 눌러 04 → 쇼핑몰 폴더에서 'mall_img_11.jpg' 파일을 불러와 배치한 다음 Ctrl + Alt + G 를 눌러 클리핑 마스크를 적용합니다. 'Ellipse 3' 레이어를 더블클릭하여 Layer Style 대화상자가 표시되면 'Drop Shadow'를 선택하여 옵션을 그림과 같이 설정합니다.

3 자연스러운 그림자를 표현하기 위해 그림자를 한 개 더 만듭니다. Drop Shadow 옆에 '+' 아이콘(⊞)을 클릭하고, 그림과 같이 옵션을 설정한 다음 〈OK〉 버튼을 클릭합니다.

나머지 원에도 [Ctrl]+[O]를 눌러 04 → 쇼핑몰 폴더에서 'mall_img_12.jpg' ~ 'mall_img_16.jpg' 파일을 차례대로 불러와 배치한 다음 메뉴명을 입력합니다.

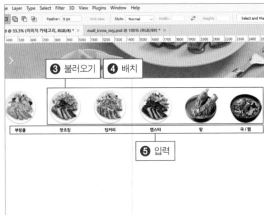

4 원 형태가 아닌 '탕' 이미지와 그릇 모양이 다른 '국/찜' 이미지는 반원으로 만들어 줍니다. Tools 패널에서 직접 선택 도구(▷)를 선택하고, 원의 상단 조절점을 선택한 다음 [Delete]를 눌러 삭제합니다. 그림자는 살리면서 이미지도 자연스럽게 처리했습니다.

사용한 레이어는 모두 선택하여 그룹으로 지정한 다음, 더블클릭하여 이름을 '이미지 카테고리'로 변경합니다.

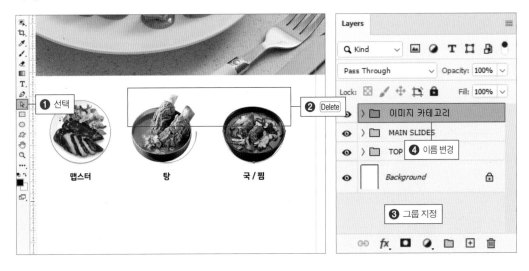

3단 할인 특가 영역 디자인하기

1 할인 특가 코너를 만들기 위해 Tools 패널에서 문자 도구([T.])를 선택하고, '할인 특가'와 그림과 같이 내용을 입력합니다. Character 패널에서 다음과 같이 글자의 속성 값을 지정합니다.

2 웃는 느낌의 아이콘을 넣어 발랄한 느낌을 더하기 위해 'mall_icons_svg.psd' 작업 창에서 'smile' 레이어를 가져온 다음, 제목과 설명 사이에 배치합니다. 사각형 도구([⬜])로 Width가 '770px', Height가 '520px', Radii가 모두 '20px'인 사각형을 만들고, 옵션바에서 Fill을 C를 '5%', M을 '3%', Y를 '3%', K를 '0%'로 지정합니다.

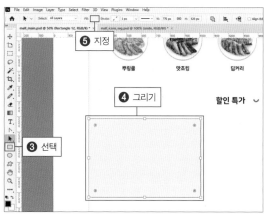

3 Tools 패널에서 이동 도구(⊕)를 선택하고, Alt 를 누른 상태로 사각형을 오른쪽으로 드래그하여 2개
복사합니다. 3개의 사각형을 그린 레이어를 선택하고, 그룹으로 지정한 다음, 더블클릭하여 이름을 'col 3'
으로 변경합니다.

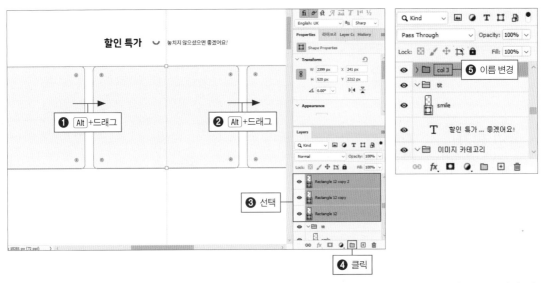

4 'col 3' 그룹 레이어를 더블클릭하여 Layer Style 대화상자가 표시되면 'Stroke'를 선택하고 그림과 같
이 옵션을 설정합니다. 계속해서 'Inner Glow'를 선택하고 그림과 같이 옵션을 설정한 다음 〈OK〉 버튼을
클릭합니다.

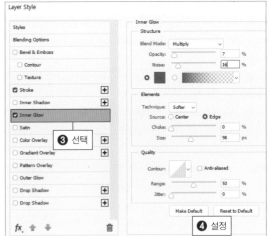

5 첫 번째 사각형을 선택하고 옵션바에서 Fill의 색상 상자를 클릭합니다. 'Pattern' 아이콘(▦)을 클릭하고 '설정' 아이콘(⚙)을 클릭한 다음 Import Patterns를 실행하여 04 → 쇼핑몰 폴더에서 'fabric.pat' 파일을 불러옵니다. 패브릭 → 'fabric_1_@2x.png'를 선택합니다.

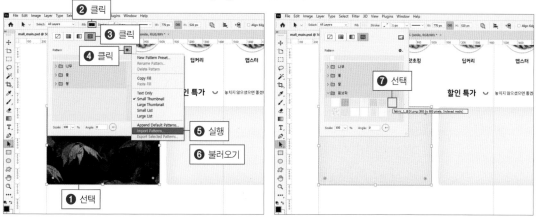

TIP
'설정' 아이콘(⚙)을 클릭하여 표시되는 메뉴에서 Small Thumbnail 대신 Large List로 적용하면 패턴의 섬네일과 함께 파일명을 쉽게 확인할 수 있습니다.

6 Ctrl + O를 눌러 04 → 쇼핑몰 폴더에서 'mall_img_21.png' 파일을 불러옵니다. Ctrl + Alt + G를 눌러 클리핑 마스크를 적용하여 상품이 잘 보이도록 배치합니다. 오른쪽에는 상품 포장 이미지와 시그니처 마크가 들어가야하므로 왼쪽에 배치합니다.

7 Ctrl + O 를 눌러 04 → 쇼핑몰 폴더에서 'mall_img_22.png' 파일을 불러와 그림과 같이 배치합니다. 'mall_img_22' 레이어를 마우스 오른쪽 버튼으로 클릭한 다음 Blending Options를 실행합니다.

Layer Style 대화상자가 표시되면 'Drop Shadow'를 선택하고 색상을 C를 '33%', M을 '27%', Y를 '31%', K를 '0%'로 지정하고, 나머지 옵션은 그림과 같이 설정한 다음 〈OK〉 버튼을 클릭합니다.

8 Ctrl + O 를 눌러 04 → 쇼핑몰 폴더에서 'mall_signature.png' 파일을 불러와 그림과 같이 배치하고, Layer Style 대화상자를 표시하여 'Color Overlay'를 선택합니다. Blend Mode를 'Multiply', 색상을 C를 '51%', M을 '74%', Y를 '100%', K를 '19%'로 설정한 다음 〈OK〉 버튼을 클릭합니다.

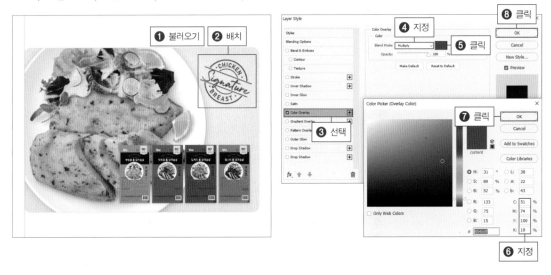

9 Tools 패널에서 문자 도구(T)를 선택하고, 상품명과 가격 및 할인 정보를 입력합니다. 이미지를 참고하여 Character 패널에서 글자의 속성 값을 지정합니다.

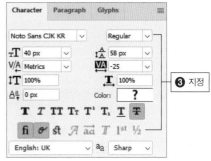

10 Ctrl+O를 눌러 04 → 쇼핑몰 폴더에서 'mall_img_23.png' ~ 'mall_img_27.png' 파일을 불러와 그림과 같이 배치합니다. 두 번째 상품 이미지는 누끼를 딴 이미지로 배경에 'skin_side_up_@2X.png' 패턴을 적용합니다.

'mall_icons_svg.psd' 작업 창에서 장바구니 버튼으로 사용할 'cart_s' 레이어를 가져온 다음 그림과 같이 배치합니다.

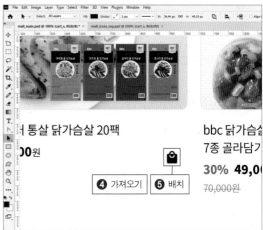

11 Tools 패널에서 원형 도구(◎)를 선택하고, Width와 Height가 '90px'인 원을 그립니다. 옵션바에서 Fill을 '흰색', Stroke를 C를 '17%', M을 '13%', Y를 '13%', K를 '0%', Stroke Width를 '1px'로 설정합니다. Layer 패널에서 레이어 순서를 'cart_s' 레이어 아래로 이동한 다음 그림과 같이 배치합니다.

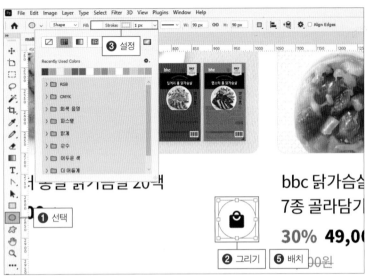

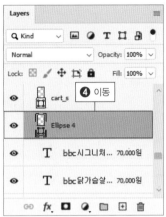

12 'Ellipse 4' 레이어를 더블클릭하여 Layer Style 대화상자가 표시되면 'Drop Shadow'를 이중으로 적용하여 부드럽고 넓게 퍼지는 그림자와 좁고 진하게 떨어지는 그림자를 적용하여 자연스럽게 표현합니다.

디자이너's 노하우

웹 퍼블리싱할 때 CSS의 box-shadow를 통해 그림자를 적용합니다. 이때 콤마(,)를 사용하면 이중으로 그림자를 적용할 수 있어, 다음과 같이 코드를 간단히 정리할 수 있습니다.

{box-shadow: 0px 0px 34px 0px rgba(0, 0, 0, 0.06),
            0px 1.5px 3px 0.4px rgba(0, 0, 0, 0.18);}

13 'cart_s' 레이어와 'Ellipse 4' 레이어를 선택하고 마우스 오른쪽 버튼을 클릭한 다음 Convert to Smart Object를 실행합니다. 1개의 스마트 오브젝트 레이어로 변환되었습니다.

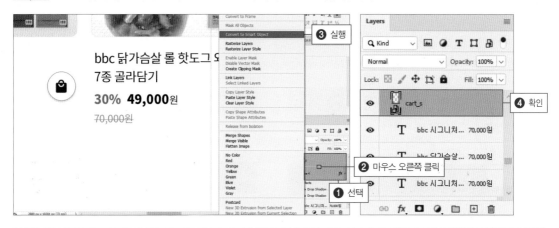

> **TIP**
> 'Convert to Smart Object'는 픽셀로 이루어진 이미지를 벡터(Vector)화하여 원본 이미지를 훼손시키지 않는 파일 관리 방법입니다. 여기에서는 반복적으로 사용하는 장바구니 버튼을 스마트 오브젝트로 변환한 다음 복사하여 사용합니다. 만약 장바구니 버튼의 디자인을 수정하는 경우 일괄적으로 바뀐 디자인으로 적용할 수 있는 장점이 있습니다.

14 장바구니 버튼을 복사하여 그림과 같이 상품에 각각 배치한 다음 나머지 제품에도 상품명과 가격 및 할인 정보를 입력합니다. 사용한 레이어는 모두 선택하여 그룹으로 지정한 다음, 더블클릭하여 이름을 '할인 특가'로 변경합니다.

풀 배너 영역 디자인하기

1 사각형 도구(□)로 Width가 '2400px', Height가 '312px', Radii가 모두 '20px'인 사각형을 그린 다음 옵션바에서 Fill을 '검은색'으로 지정합니다. [Ctrl]+[O]를 눌러 04 → 쇼핑몰 폴더에서 'mall_img_31.jpg' 파일을 불러온 후 [Ctrl]+[Alt]+[G]를 눌러 클리핑 마스크를 적용하고, 토마토가 잘 보이도록 배치합니다.

TIP
이전 작업 과정을 거치지 않고 곧바로 현재 과정을 작업하려면 04 폴더에서 '쇼핑몰 웹_02.psd' 파일을 불러와 이어서 작업합니다.

2 Layers 패널에서 'Add layer mask' 아이콘(■)을 클릭하여 마스크를 적용합니다. Tools 패널에서 전경색을 C를 '60%', M을 '51%', Y를 '51%', K를 '20%'로 지정한 다음 그레이디언트 도구(■)를 선택합니다. 옵션바에서 그러데이션의 '펼침' 아이콘(∨)을 클릭한 다음 Basics → 'Foreground to Transparent'를 선택합니다. 왼쪽에서 오른쪽으로 드래그하여 그러데이션을 적용합니다.

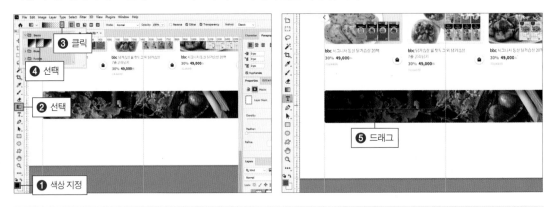

TIP
그러데이션을 적용할 때 '검은색'으로 지정하면 마스크가 100%로 진하게 적용됩니다. 예제와 같이 검은색이 아닌 '진회색'으로 지정한 다음 이미지에 반투명하게 마스크를 적용하면 어두운 영역에서도 이미지의 형태를 확인할 수 있습니다.

3 Tools 패널에서 문자 도구(T.)를 선택하고 배너에 제목과 설명을 입력한 다음, 글자의 속성 값을 변경하여 다음과 같이 수정합니다.

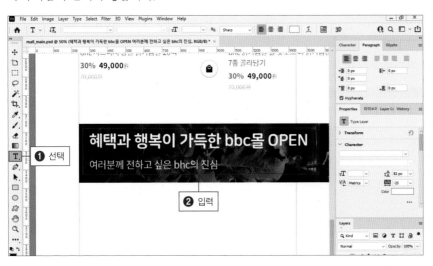

4 하단에 콘텐츠를 배치하기 위해서 캔버스 크기를 늘립니다. 메뉴에서 (Image) → Canvas Size를 실행하여 Canvas Size 대화상자가 표시되면 Anchor를 위쪽 가운데로 지정하고, Height를 '10465Pixels'로 설정한 다음 ⟨OK⟩ 버튼을 클릭합니다.

이동 도구(♦.)로 가로의 가이드라인을 캔버스 밖으로 드래그하여 지우고, 사용한 레이어는 모두 선택하여 그룹으로 지정한 다음 더블클릭하여 이름을 'full banner'로 변경합니다.

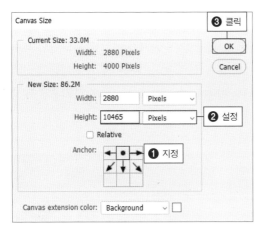

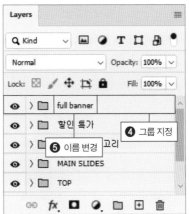

1단 추천 상품 영역 디자인하기

1 Tools 패널에서 사각형 도구(▢)를 선택하고, Width가 '1600px', Height가 '907px', 색상은 C를 '60%', M을 '51%', Y를 '51%', K가 '20%'인 사각형을 그립니다. 문자 속성을 그대로 사용하기 위해 '할인 특가' 타이틀을 복사한 다음 가이드라인에 맞춰 배치합니다. 왼쪽 정렬로 변경하고 그림과 같이 텍스트를 변경합니다.

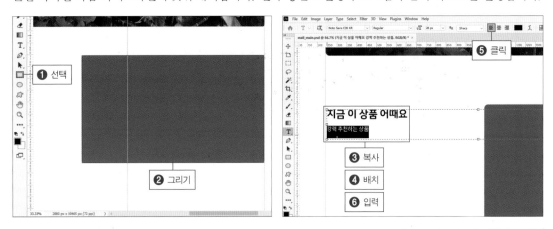

TIP

레이아웃을 구성할 때 단(Column)을 다양하게 이용해 보세요. 웹 페이지는 상단에서 하단으로 쌓아 가는 테트리스와 같습니다. 이를 차곡차곡 쌓아 가는 '계층 그리드'라고 합니다. 쇼핑몰과 같이 반복되는 상품을 기획할 때는 가로로 나눠 단을 활용하면 생동감을 줄 수 있습니다.

2 Tools 패널에서 원형 도구(◯)를 선택하고 Width와 Height가 '8.8px'인 원을 그립니다. 옵션바에서 Fill을 '주황색'으로 지정한 다음 '상품' 텍스트를 강조하기 위해 그림과 같이 두 개를 배치합니다. 할인 특가 코너에서 만든 가격 정보와 장바구니 버튼을 복사하여 배치한 다음 Ctrl+O를 눌러 04 → 쇼핑몰 폴더에서 'mall_img_40.jpg' 파일을 불러옵니다. Ctrl+Alt+G를 눌러 클리핑 마스크를 적용하고, 사용한 레이어는 모두 선택하여 그룹으로 지정한 다음 더블클릭하여 이름을 '지금 이 상품 어때요'로 변경합니다.

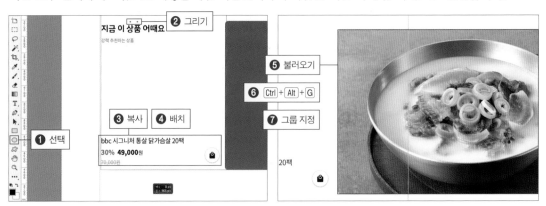

4단 인기 상품 영역 디자인하기

1 '할인 특가' 타이틀을 복사하여 가운데로 배치한 다음 그림과 같이 텍스트를 변경합니다.
'mall_icons_svg.psd' 작업 창에서 'star' 레이어를 가져온 다음 제목과 설명 사이에 배치합니다. 사용한 레이어는 모두 선택하여 그룹으로 지정한 다음 더블클릭하여 이름을 '인기 상품'으로 변경합니다.

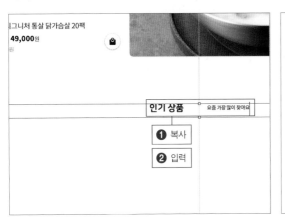

2 Tools 패널에서 사각형 도구(▢)를 선택하고 Width가 '584px', Height가 '706px', Radii가 모두 '20px'인 사각형을 그립니다. Tools 패널에서 이동 도구(✛)를 선택하고, Alt 를 누른 상태에서 오른쪽으로 드래그하여 사각형 3개를 복사합니다.
마지막 사각형을 오른쪽 가이드라인에 맞춰 배치한 다음 옵션바에서 'Distribute horizontally' 아이콘(❙❙)을 클릭하여 같은 간격으로 배치합니다.

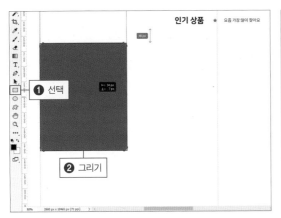

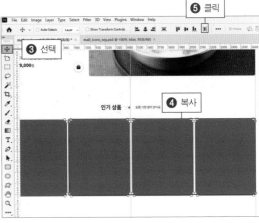

3 4개의 사각형을 그린 레이어를 선택하고 그룹으로 지정한 다음 더블클릭하여 이름을 'col 4'로 변경합니다. 레이어 스타일을 복사하기 위해 'col 3' 그룹 레이어를 선택하고 마우스 오른쪽 버튼을 클릭한 다음 Copy Layer Style을 실행합니다. 'col 4' 그룹 레이어를 선택하고 마우스 오른쪽 버튼을 클릭한 다음 Paste Layer Style을 실행하여 적용합니다.

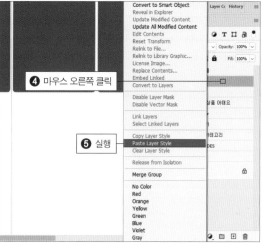

4 할인 특가 코너에서 사용한 상품 이미지와 같은 톤 앤 매너로 꾸미기 위해 Ctrl+O를 눌러 04 → 쇼핑몰 폴더에서 'mall_img_23.png' ~ 'mall_img_25.png' 파일을 불러옵니다. 상품명과 가격 및 할인 정보 스타일도 통일하여 디자인합니다.

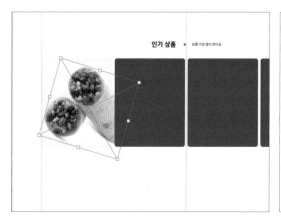

디자이너's 노하우

톤 앤 매너(Tone & Manner)

톤 앤 매너는 디자인 작업물의 전체적인 콘셉트를 말합니다. 톤 앤 매너를 유지한다는 것은 디자인 콘셉트를 '유지'하여 디자인하는 것을 뜻하며, 웹 사이트 전체적으로 통일된 브랜드 정체성을 가져가며 사용자에게 통일되고 긍정적인 이미지를 형성할 수 있습니다.

5 Ctrl + O 를 눌러 04 → 쇼핑몰 폴더에서 'mall_img_27.png', 'mall_img_41.jpg', 'mall_signature. png' 파일을 불러와 그림과 같이 꾸민 다음 'mall_img_42.jpg' 파일을 불러옵니다. 이미지의 배경을 투명 하게 만들기 위해 Tools 패널에서 마술봉 도구( )를 선택하고, 옵션바에서 'Anti-alias'를 체크 표시하고 Tolerance를 '32'로 설정한 다음 흰색 배경을 클릭합니다.

6 선택 영역을 반전하기 위해 Ctrl + Shift + I 를 누릅니다. Layers 패널에서 'Add layer mask' 아이콘 ( )을 클릭하여 배경을 투명하게 만듭니다. Ctrl + O 를 눌러 04 → 쇼핑몰 폴더에서 'mall_img_43.png' ~ 'mall_img_45.png', 'mall_img_21.png', 'mall_signature.png' 파일을 불러와 그림과 같이 배치한 후 다른 상품 이미지 작업을 마무리합니다.

신년 인사 배너 디자인하기

1 신년 인사 배너를 제작하기 위해 Tools 패널에서 사각형 도구(□)를 선택하고, Width가 '2400px', Height가 '312px', Radii가 모두 '20px'인 사각형을 그립니다. 옵션바에서 Fill의 색상 상자를 클릭한 다음, 'Gradient' 아이콘(▣)을 클릭합니다.

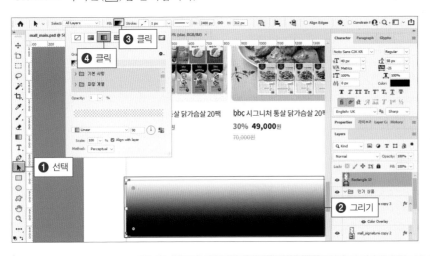

> **TIP**
> 이전 작업 과정을 거치지 않고 곧바로 현재 과정을 작업하려면 04 폴더에서 '쇼핑몰 웹_03.psd' 파일을 불러와 이어서 작업합니다.

2 그러데이션 바에서 왼쪽의 Color Stop을 C를 '37%', M을 '26%', Y를 '23%', K를 '0%', 오른쪽의 Color Stop을 C를 '7%', M을 '4%', Y를 '1%', K를 '0%'로 지정합니다. Specify gradient style을 'Linear', Rotate the gradient를 '145', Scale을 '484%'로 설정합니다. 'Rectangle 10' 레이어를 더블클릭하여 Layer style 대화상자가 표시되면 'Pattern Overlay'를 선택합니다. Blend Mode를 'Multiply', Pattern을 'scribble_light_@2X.png', Scale을 '129%'로 설정한 다음 〈OK〉 버튼을 클릭합니다.

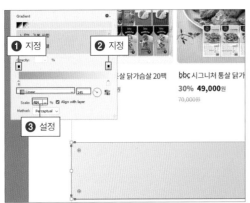

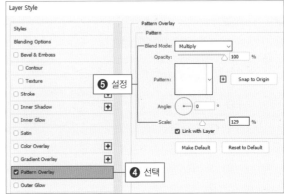

3 배너 오른쪽에 'Happy New Year!'를 입력한 다음 Character 패널에서 글자의 속성 값을 지정합니다. Ctrl+O를 눌러 04 → 쇼핑몰 폴더에서 'mall_fireworks_1.psd' 파일을 불러온 다음 'orange' 레이어와 'white' 레이어만 가져옵니다. 그림과 같이 'orange' 레이어의 크기를 조절하고 배경색과 잘 어울리도록 Opacity를 '86%'로 설정합니다.

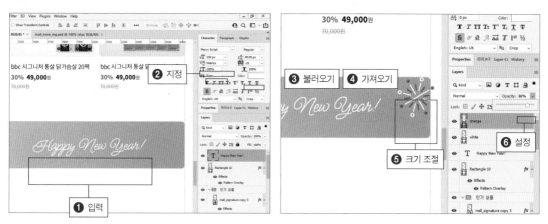

4 사용한 레이어는 모두 선택하여 그룹으로 지정한 다음 더블클릭하여 이름을 'full banner 2'로 변경합니다. Ctrl을 누른 상태로 'Rectangle 10' 레이어의 섬네일을 클릭한 다음 'full banner 2' 그룹 레이어를 선택하고 'Add layer mask' 아이콘(▣)을 클릭하여 마스크를 적용합니다.

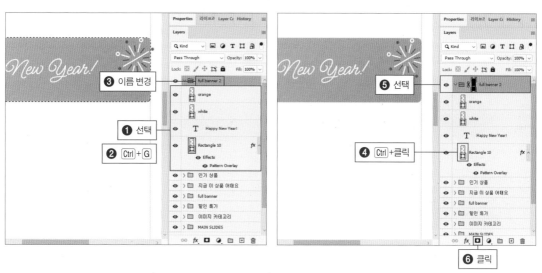

5 불꽃 모티브의 도형을 그림과 같이 다양한 크기로, 흰색과 주황색을 적용하여 배치합니다. '18px'의 정사각형과 원을 활용해 풍부한 느낌을 더합니다. 왼쪽에 그림과 같이 응원의 메시지를 입력한 다음 글자의 속성 값을 지정합니다.

6 Ctrl+O를 눌러 04 → 쇼핑몰 폴더에서 'mall_fireworks_2.psd' 파일을 불러와 'fireworks' 레이어를 가져온 다음 배너 왼쪽 하단에 배치합니다.

그림과 같이 신상품 코너의 제목과 설명을 입력합니다. 상단에서 미리 구성한 타이틀 레이어를 복사하면 문자 서식을 그대로 유지한 상태로 입력할 수 있습니다.

신상품 영역 디자인하기

1 'mall_icons_svg.psd' 작업 창에서 'smile_v' 레이어를 가져온 다음 '신상품' 텍스트 위에 배치합니다. 사용한 레이어는 모두 선택하여 그룹으로 지정한 다음 이름을 'tit'로 변경합니다. 신상품 목록을 배치하기 위해 다시 한번 그룹으로 지정한 다음 이름을 '신상품'으로 변경합니다.

2 Tools 패널에서 패스 선택 도구(🔺)를 선택하고, 옵션바에서 Select를 'All Layers'로 지정합니다. 4단으로 구성된 인기 상품의 섬네일 영역을 드래그하면 패스로 그려진 사각형 레이어 4개가 선택됩니다. Ctrl +C를 눌러 복사합니다.

3 '신상품' 그룹 레이어를 선택한 다음, 원을 그려 새로운 Shape 레이어를 생성합니다. [Ctrl]+[V]를 눌러 복사한 사각형을 붙여 넣은 다음, 신상품 영역으로 이동합니다. 방금 그린 원은 [Delete]를 눌러 삭제합니다.

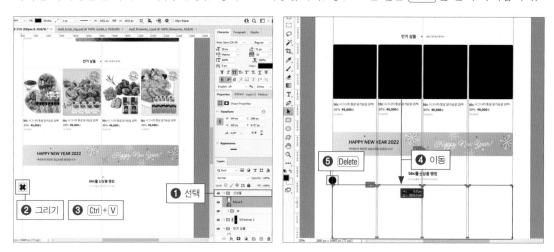

4 [Ctrl]+[O]를 눌러 04 → 쇼핑몰 폴더에서 'mall_img_61.jpg' ~ 'mall_img_64.jpg' 파일을 불러와 사각형에 배치합니다. 'mall_signature.png' 파일도 불러온 다음 크기를 조절하여 배치합니다. 다른 섬네일 이미지에도 시그니처 마크를 복사하여 그림과 같이 배치합니다.

상단에서 구성한 상품명과 가격 정보를 복사해 문자의 서식을 그대로 유지한 상태로 입력합니다.

MD 추천 상품 영역 디자인하기

1 　신상품의 제목을 복사한 다음 'MD 추천 상품'으로 변경하고, 'mall_icons_svg.psd' 작업 창에서 'point' 레이어를 가져온 다음 '상품' 텍스트의 오른쪽에 배치합니다. 그림과 같이 탭 메뉴명을 입력한 Character 패널에서 글자의 속성 값을 지정합니다.

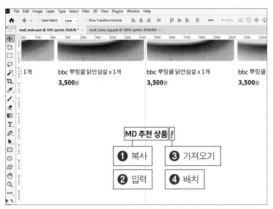
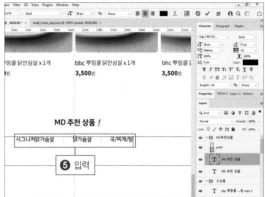

2 　활성화된 탭을 디자인합니다. 'mall_icons_svg.psd' 작업 창에서 W 모양의 레이어를 가져옵니다. '시그니처닭가슴살' 텍스트 위로 배치한 다음 텍스트의 색상을 '주황색'으로 지정합니다. 신상품에서 구성한 상품 목록 디자인을 모두 복사하여 붙여 넣습니다. 한 줄에 4개의 상품을 2줄로 구성하여 상품 정보가 반복하여 배치됨을 나타냅니다.

디자이너's 노하우

디자인 시안 작업 시 시선이 오래 머무는 상단 영역은 실제 운영할 때와 같이 상품명과 상품 사진을 다양하게 구성하여 실제감을 주었으나, 하단에 배치되는 콘텐츠는 상대적으로 콘텐츠 중요도가 떨어지므로 디자인을 반복 배치하여도 무성의해 보이지 않는 특징이 있습니다. 디테일한 작업이 필요한 영역과 상대적으로 덜 중요한 영역을 구분한다면 디자인 작업 시간을 단축할 수 있으니 참고하세요.
'쇼핑몰 웹 완성.psd' 파일에서 각 영역별로 완성된 디자인을 자세하게 확인하려면, Layers 패널에서 해당 영역 레이어의 섬네일 더블클릭합니다.

CHAPTER 04

사용자 경험을 높이는
서비스 웹 디자인하기

웨딩 관련 포털 사이트는 찾아오는 고객의 방문 목적이 쇼핑몰과 크게 다릅니다. 주기적으로 방문하도록 유도하기 쉽지 않으며, 라이프 사이클에서 결혼을 준비하며 집중적으로 방문이 이뤄집니다. 상품 정보를 진열하고 판매하는 쇼핑몰과 웨딩홀 정보를 진열하여 정보를 주는 웨딩 관련 포털 사이트는 구조적으로 비슷합니다. 다만 괜찮은 물건이 여기 있는지 찾는 쇼핑몰 방문 고객과는 다르게, 웨딩 관련 포털 사이트에는 예비 신랑, 신부들이 결혼에 대한 정보를 얻기 위해 방문합니다.

색상표

- C : 49%, M : 47%, Y : 22%, K : 1%
- C : 85%, M : 83%, Y : 6%, K : 1%
- C : 66%, M : 9%, Y : 14%, K : 0%

이에 웹 사이트의 콘텐츠 구조는 수많은 웨딩홀 사용자의 요구도에 맞게 다양하게 분류(Sorting)를 제시하게 됩니다. '어떠한 분류 체계를 통해 고객 목적을 달성하게 할 것인가'와 '어떻게 브랜드의 신뢰도를 형성할 것인가'가 웹 디자인의 목적이라고 할 수 있습니다. 관심과 수요가 많은 키워드를 중심으로 하여 상단에서부터 주요 콘텐츠를 배치하여 사용자가 원하는 정보에 쉽게 다다르게 구성합니다.

예제 파일 04\서비스 폴더, 서비스 웹_01.psd ~ 서비스 웹_04.psd   *완성 파일* 04\서비스 웹_완성.psd

GNB + 메인 슬라이드 영역

전체 이미지로 구현하는 메인 슬라이드 영역은 대형 스크린을 대응할 수 있도록 확장 영역까지 고려하여 디자인

빠른 검색 영역

사용자의 방문 목적을 쉽게 달성할 수 있도록 상단에 배치된 퀵 서치 영역

스페셜 이벤트 영역

지금 이 순간 특별한 할인 이벤트를 진행하는 웨딩홀을 별도로 노출하는 공간으로, 사용자에게 혜택을 주는 느낌을 전달

숫자로 보는 웨딩홀 영역

정확한 데이터 수치를 통한 웨딩홀 정보는 강력한 전달력과 신뢰성 형성

고객 리뷰 영역

리뷰를 말풍선으로 보여 주는 레이아웃과 이미지 목록 형식으로 다양하게 연출

메뉴 영역

전체 웨딩홀 정보를 확인하고 탭 레이아웃으로 분류에 따라 정렬

새 캔버스 작업 환경 만들기

1 새로운 캔버스를 만들기 위해 메뉴에서 [File] → New를 실행합니다. New Document 대화상자가 표시되면 Width를 '1920px', Height를 '2000px', Resolution을 '72', Color Mode를 'RGB Color'로 설정한 다음 ⟨Create⟩ 버튼을 클릭합니다.

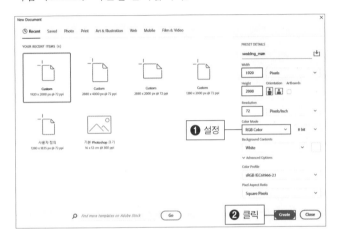

> **TIP**
> 예제에서는 기본 해상도로 작업합니다. 이미지 파일을 저장할 때 2배 크게 저장하여, 고해상도의 스크린에 대응할 수 있도록 웹 퍼블리싱합니다. 고해상도로 디자인 작업 후 일반 해상도를 대응하는 웹 퍼블리싱의 파일 크기는 p432 예제를 참고하세요.

2 브라우저의 여백을 확보하고 콘텐츠 영역을 구분하기 위한 가이드라인을 만듭니다. 메뉴에서 [View] → New Guide Layout을 실행합니다. New Guide Layout 대화상자가 표시되면 좌우 여백을 만들기 위해 'Margin'을 체크 표시하고, Top을 '205px', Left를 '375px', Bottom을 '0px', Right를 '375px'로 설정한 다음 ⟨OK⟩ 버튼을 클릭합니다. 상단 여백은 메인 슬라이드 위의 GNB 영역을 표시합니다.

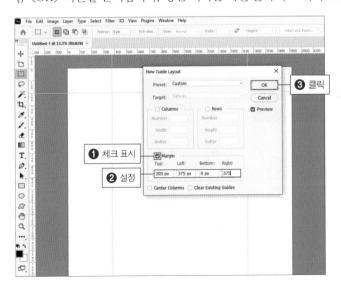

GNB 영역 디자인하기

1 Ctrl+O를 눌러 04 → 서비스 폴더에서 'wedding_logo.png' 파일을 불러옵니다. 웨딩홀 로고를 그림과 같이 배치한 다음 Enter를 눌러 적용합니다. Tools 패널에서 사각형 도구(▢)를 선택하고 캔버스를 클릭하여 Create Rectangle 대화상자가 표시되면 Width를 '1920px', Height를 '5px', Radii를 모두 '0px'로 설정한 다음 〈OK〉 버튼을 클릭합니다. 캔버스 상단 끝으로 사각형을 배치합니다.

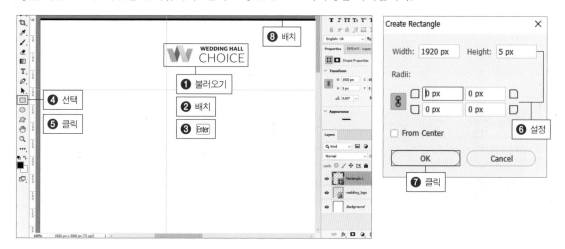

2 옵션바에서 Fill의 색상 상자를 클릭한 다음 'Gradient' 아이콘(▣)를 클릭합니다. 그러데이션 바에서 왼쪽의 Color Stop을 C를 '70%', M을 '96%', Y를 '0%', K를 '0%', 오른쪽의 Color Stop을 C를 '52%', M을 '0%', Y를 '12%', K를 '0%'로 지정합니다. Specify gradient style을 'Linear', Rotate the gradient를 '0', Scale을 '100%'로 설정하여 로고 상단으로 아이덴티티 컬러를 표현합니다.

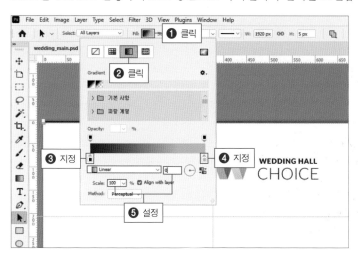

3   메인 슬라이드 영역을 표시하기 위해 Tools 패널에서 사각형 도구(▭)를 선택하고, 캔버스를 클릭하여 Create Rectnagle 대화상자가 표시되면 Width를 '1920px', Height를 '500px', Radii를 모두 '0px'로 설정한 다음 〈OK〉 버튼을 클릭합니다. 옵션바에서 Fill을 C를 '50%', M을 '42%', Y를 '42%', K를 '6%'로 지정합니다.

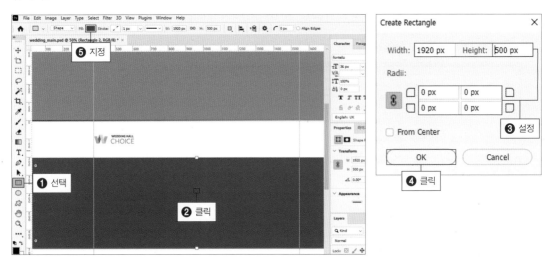

4   내비게이션 영역을 표시하기 위한 선을 그리기 위해 Tools 패널에서 사각형 도구(▭)를 선택하고, 캔버스를 클릭하여 Create Rectangle 대화상자가 표시되면 Width를 '1920px', Height를 '1px', Radii를 모두 '0px'로 설정한 다음 〈OK〉 버튼을 클릭합니다.
'Rectangle 3' 레이어의 섬네일을 더블클릭하여 Color Picker 대화상자가 표시되면 C를 '9%', M을 '5%', Y를 '5%', K를 '0%'로 지정한 다음 〈OK〉 버튼을 클릭합니다.

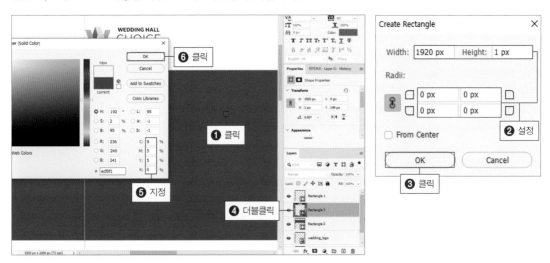

5 메인 슬라이드에서부터 62px 떨어진 곳에 선을 배치하고, 로고의 정렬도 그림과 같이 조절합니다. 문자 도구(T)로 메뉴명을 입력한 다음 Character 패널에서 글꼴을 'Noto Sans CJK KR', 글꼴 스타일을 'Medium', 글꼴 크기를 '17px', 자간을 '-50', 앤티앨리어싱을 'Strong'으로 지정합니다. 내비게이션 선을 기준으로 수직 정렬을 맞춰 줍니다.

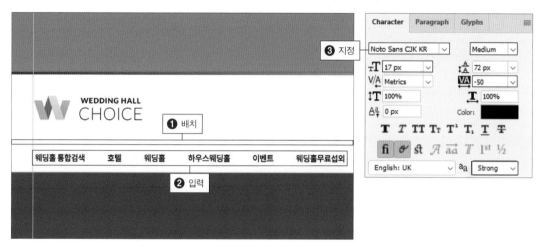

6 로고의 오른쪽에 검색창을 만들기 위해 사각형 도구(□)로 Width가 '500px', Height가 '44px', Radii 가 모두 '5px'인 사각형을 그린 다음 로고와 정렬을 맞춰 배치합니다. 옵션바에서 Fill을 'No Color', Stroke 를 C를 '10%', M을 '6%', Y를 '6%', K를 '0%', Stroke Width를 '1px'로 설정한 다음 'Align Edges'를 체크 표 시합니다.

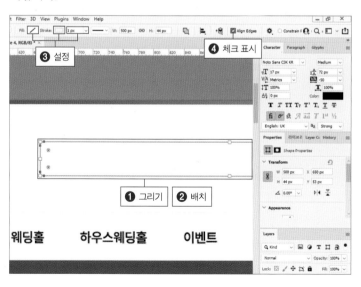

7   검색창에 웨딩홀 웹 사이트를 찾는 사람들이 가장 많은 관심을 갖을 만한 검색어를 입력합니다. 글꼴을 'Noto Sans CJK KR', 글꼴 크기를 '16px', 자간을 '-50', 앤티앨리어싱을 'Strong', 색상을 '연회색'으로 지정한 다음 전체 균형을 체크하며 검색창의 위치를 조절합니다.

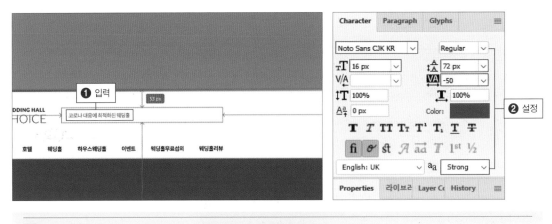

TIP
사용자가 직접 입력할 때 나타날 검색어와 구분하기 위해 색상은 '연회색'으로 지정하였습니다.

8   오른쪽 상단에 유틸리티(Utilities) 영역을 추가하기 위해 텍스트를 입력한 다음 Character 패널에서 다음과 같이 글자의 속성 값을 지정합니다. 메뉴명 사이의 구분자(|)를 흰 배경과 비슷한 회색으로 지정하면 클릭 영역을 구분해 줄 뿐 아니라 메뉴 사이에 여백을 줄 수 있습니다.

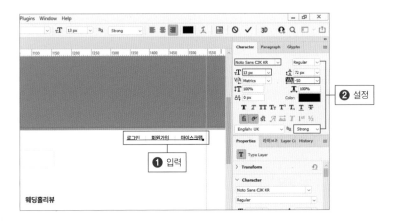

디자이너's 노하우
여기에서 글자 크기의 계층(Hierarchy) 구조를 살펴보세요.
내비게이션의 글자는 크고 굵으며 메뉴 간의 충분한 여백으로 또렷한 느낌을 주고, 유틸리티 메뉴는 상대적으로 작고 얇습니다. 검은색을 유지해 크기가 작아도 메뉴를 인지하는 데 무리가 없습니다. 이에 반해 검색창 제시어의 크기는 내비게이션보다는 약간 작고, 유틸리티보다는 커서 인지하기 좋으나 회색의 색상을 사용해 비활성화(Disable)된 느낌을 함께 주고 있습니다.
웹 사이트의 구조를 이루는 내비게이션은 중요도에 맞춰 당당한 느낌을 전달하지만, 사용자에게 전달하고자 하는 주요 메시지가 더욱 큰 목소리를 낼 수 있도록 여지를 남겨 두고 있습니다.

9 '빠른 웨딩홀 상담요청' 텍스트를 입력한 다음 Character 패널에서 다음과 같이 글자의 속성 값을 지정합니다. 원형 도구(◎)로 Width와 Height가 '40px'인 원을 그립니다. 옵션바에서 Fill을 'No Color', Stroke를 C를 '14%', M을 '10%', Y를 '11%', K를 '0%', Stroke Width를 '1px'로 설정한 다음 그림과 같이 배치합니다.

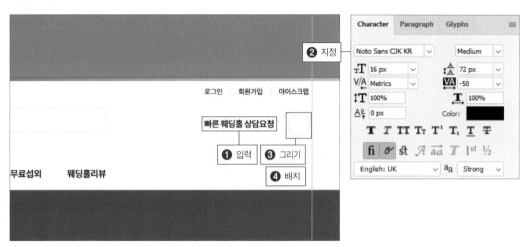

10 Layers 패널에서 'Rectangle 1' 레이어를 선택하고 Gradient Editor 대화상자를 표시하여 앞서 만든 그레이디언트를 선택하고 〈New〉 버튼을 클릭하여 Presets에 등록합니다.

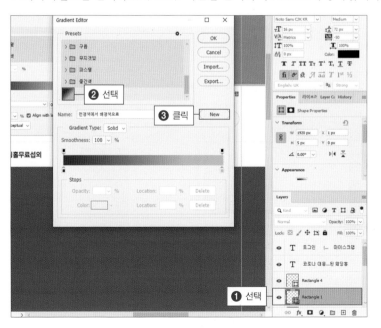

11 '빠른 웨딩홀 상담요청' 레이어를 선택하고 마우스 오른쪽 버튼을 클릭한 다음 Blending Options를 실행합니다. Layer Style 대화상자가 표시되면 'Gradient Overlay'를 선택하고 그러데이션을 클릭하여 등록한 그레이디언트를 지정합니다. 나머지 옵션은 그림과 같이 설정한 다음 〈OK〉 버튼을 클릭합니다.

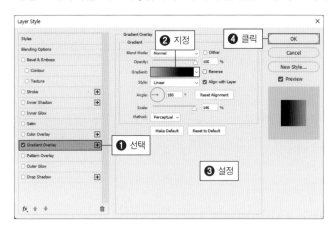

12 문자 도구(T)로 클릭하여 문자 입력 상태로 만든 다음, 웹 아이콘 폰트를 적용하기 위해 글꼴을 'Entypo'로 지정합니다. 메뉴에서 (Window) → Glyphs를 실행하여 Glyphs 패널이 표시되면 그림과 같은 아이콘을 더블클릭하여 적용합니다. 글꼴 크기를 '36px', 색상을 C를 '60%', M을 '11%', Y를 '11%', K를 '0%'로 지정합니다.

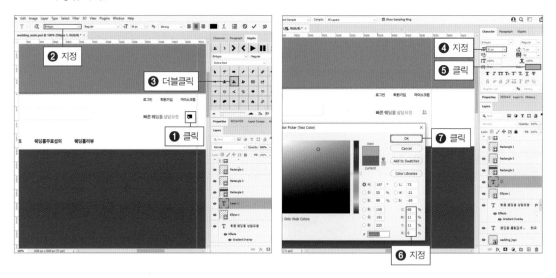

13 '현금쿠폰몰'을 입력한 다음 글자의 속성 값을 지정합니다. Glyphs 패널에서 별 모양의 아이콘을 더블클릭하여 적용한 다음 글꼴을 'Entypo', 글꼴 크기를 '34px', 자간을 '-50', 색상을 C를 '60%', M을 '11%', Y를 '11%', K를 '0%', 기준선 설정을 '-2px'로 지정합니다.

14 Layers 패널에서 사용한 레이어는 모두 선택하고, 'Create a new group' 아이콘(□)을 클릭하여 그룹으로 지정한 다음 더블클릭하여 이름을 'GNB'로 변경합니다. 13번 과정을 참고하여 Glphys 패널에서 돋보기 모양의 아이콘을 적용한 다음 검색창의 오른쪽에 배치하여 검색 버튼으로 사용합니다. 메인 슬라이드 영역을 잡기 위해 제작한 'Rectangle 2' 레이어를 선택하여 'GNB' 그룹 레이어 밖으로 이동합니다. 'GNB' 그룹 레이어의 '∨' 아이콘을 클릭하여 그룹을 잠시 접어 줍니다.

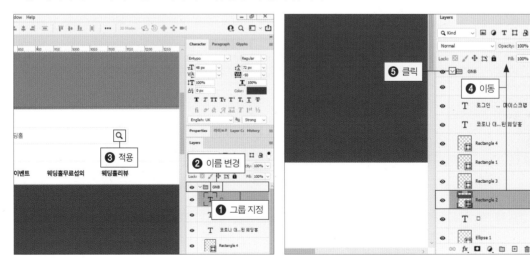

메인 슬라이드 영역 디자인하기

1 Ctrl+O 를 눌러 04 → 서비스 폴더에서 'wedding_img_01.jpg' 파일을 불러옵니다. 'wedding_img_01' 레이어를 'Rectangle 2' 레이어 위로 이동한 다음 Ctrl+Alt+G 를 눌러 클리핑 마스크를 적용합니다. Tools 패널에서 이동 도구(✛)를 선택하고 Alt 를 누른 상태로 'wedding_img_01' 레이어를 위로 드래그하여 복사합니다.

TIP
클리핑 마스크는 모양 안에 있는 영역만 보이도록 이미지에 마스크 모양으로 레이어를 클리핑합니다. Layers 패널에서 클리핑 마스크를 적용하고자 하는 레이어 사이를 Alt 를 누른 상태로 클릭하면 더욱 빠르게 적용할 수 있습니다.

2 Ctrl+T 를 누르고 마우스 오른쪽 버튼을 클릭한 다음 Flip Horizontal을 실행하여 좌우를 반전합니다. 복사한 이미지를 왼쪽의 빈 공간으로 이동합니다. 기존 이미지의 배경 영역과 살짝 겹치게, 인물은 캔버스 밖으로 안 보이게 배치합니다.

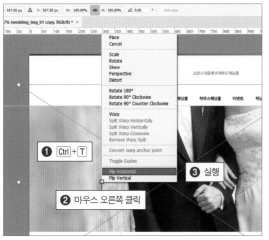 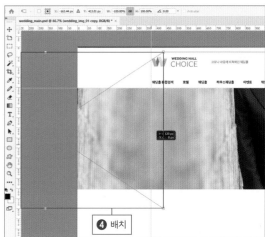

3 Enter를 눌러 적용하고, Layers 패널에서 'Add layer mask' 아이콘(▣)을 클릭하여 마스크를 적용합니다. Tools 패널에서 전경색을 '검은색'으로 지정하고, 그레이디언트 도구(▣)를 선택합니다. 옵션바에서 그러 데이션을 클릭하여 Basics → 'Foreground to Transparent'를 지정한 다음, 캔버스의 오른쪽에서 왼쪽으로 드래그하여 배경 이미지의 확장 영역을 자연스럽게 처리합니다.

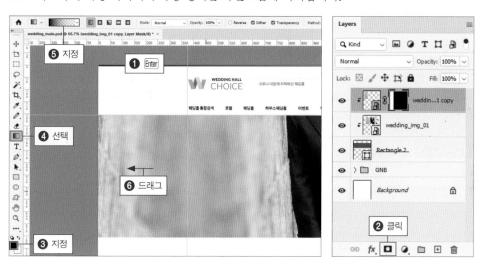

4 'wedding_img_01 copy' 레이어를 선택하고, Ctrl+J를 눌러 복사한 다음 캔버스 오른쪽 끝으로 이동합니다. Ctrl+T를 누르고 마우스 오른쪽 버튼을 클릭한 다음 Flip Horizontal을 실행합니다.

TIP
Tab을 누르면 화면의 모든 패널이 사라지고, 작업 영역만 집중하여 볼 수 있는 환경으로 변경됩니다. 다시 Tab을 눌러 기존 작업 영역으로 돌아올 수 있습니다.

5 'wedding_img_01 copy 2' 레이어를 선택하고, 그림과 같이 오른쪽의 여백을 자연스럽게 채우도록 이동합니다. 'wedding_img_01' 레이어를 선택하고, 인물을 자연스럽게 배치합니다. 사용한 레이어는 모두 선택하여 그룹으로 지정한 다음 더블클릭하여 이름을 'MAIN SLIDES'로 변경합니다.

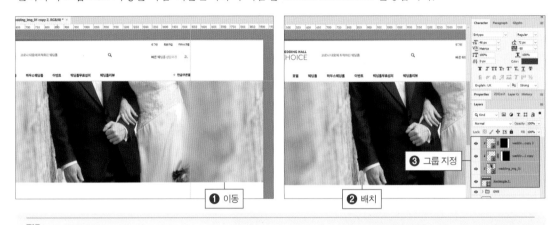

TIP
사진 속 여성 모델의 팔이 끝까지 촬영된 이미지가 아니기 때문에 이 부분을 자연스럽게 살리기 위해 배경으로 사라지도록 편집하였습니다. 극도로 아웃포커싱된 사진이기에 부자연스럽지는 않습니다.

6 'Rectangle 2' 레이어를 마우스 오른쪽 버튼으로 클릭한 다음 **Blending Options**를 실행합니다. Layer Style 대화상자가 표시되면 'Pattern Overlay'를 선택하여 Blend Mode를 'Multiply', Opacity를 '100%', Angle을 '0°', Scale을 '100%'로 설정합니다. Pattern에서 '설정' 아이콘(⚙)을 클릭하고 **Import Patterns**를 실행하여 04 → 서비스 폴더에서 'dot.pat' 파일을 불러와 dot → '패턴 1'로 지정한 다음 ⟨OK⟩ 버튼을 클릭합니다.

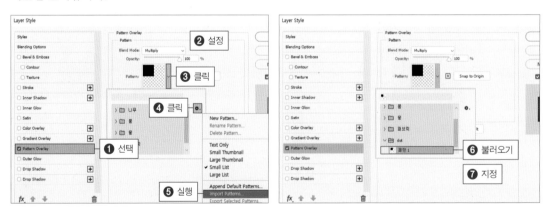

디자이너's 노하우
작은 사이즈의 도트(Dot) 패턴은 자세히 들여다 봐야만 인식이 되며, 멀리서 봤을 때 이미지의 형상을 알아보는 데 지장을 주지 않습니다. 또한 이미지의 1/4을 검은색으로 덮기 때문에 이미지 용량도 확 줄여 주는 효과가 있습니다.

7 문자 도구(T.)로 'How to 웨딩&혼수 EXPO'를 입력한 다음 Character 패널에서 다음과 같이 글자의
속성 값을 지정합니다.

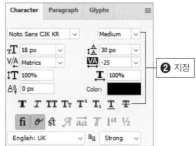

8 배경 이미지와 시각적으로 분리하기 위해 Layer Style 대화상자를 표시하고 'Drop Shadow'를 선택하
여 그림과 같이 설정합니다. Drop Shadow 옆에 '+' 아이콘(⊞)을 클릭하여 그림자를 추가하고 그림과 같이
설정한 다음 〈OK〉 버튼을 클릭합니다. 진한 그림자와 넓게 퍼지는 그림자를 이중으로 표현하였습니다.

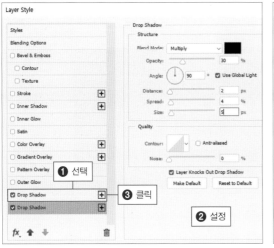

9 메인 카피 아래에 그림과 같이 텍스트를 입력한 다음 Character 패널에서 다음과 같이 글자의 속성 값을 지정합니다.

10 문자 레이어를 잠시 비활성화합니다. 올가미 도구(☑️)로 드래그하여 그림과 같이 선택한 다음 메뉴에서 [Edit] → Copy Merged를 실행하여 복사합니다. Ctrl + V 를 눌러 제자리에 붙여 넣은 다음 Ctrl + Alt + G 를 눌러 클리핑 마스크를 적용합니다.

TIP

복사(Copy) vs 병합하여 복사(Copy Merged)

Ctrl + C 를 눌러 복사하면 선택한 레이어에 해당하는 선택 영역을 복사합니다. 반면 Shift + Ctrl + C 를 눌러 병합 복사를 하는 경우 모든 레이어에 걸쳐 선택된 영역을 보이는 그대로 복사하게 됩니다.

11 　메뉴에서 (Filter) → Blur → Gaussian Blur를 실행하여 Gaussian Blur 대화상자가 표시되면 Radius를 '18 Pixels'로 설정한 다음 〈OK〉 버튼을 클릭합니다.

메뉴에서 (Image) → Adjustments → Levels를 실행하여 Levels 대화상자가 표시되면 Input Levels를 차례대로 '0', '1.97', '152'로 설정한 다음 〈OK〉 버튼을 클릭합니다.

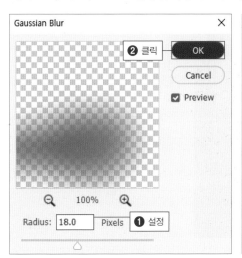
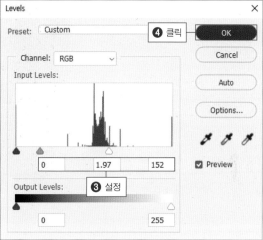

12 　사각형 도구(回)로 Width가 '226px', Height가 '45px', Radii가 모두 '5px'인 둥근 사각형을 그린 다음, 색상을 C를 '42%', M을 '0%', Y를 '10%', K를 '0%'로 지정합니다.

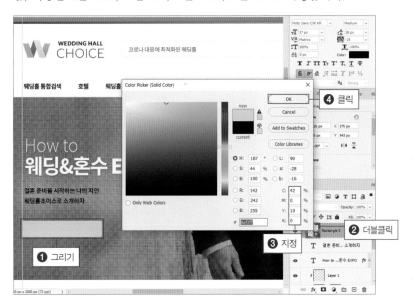

13 메인 슬라이드 영역에는 일반적으로 '자세히 보기' 버튼으로 이루어지지만, 예제에서는 EXPO를 소개하는데 행사 일정 정보가 제일 중요하기 때문에, 버튼에 그림과 같이 일정을 입력한 다음 버튼 아래에 운영시간도 입력합니다.

14 Ctrl+O를 눌러 04 → 서비스 폴더에서 'wedding_icons_svg.psd' 파일을 불러온 다음 'prev' 레이어와 'next' 레이어를 가져와 크기를 조절합니다. 옵션바에서 H를 '50px'로 설정하여 정확한 크기로 조절할 수도 있습니다. 'prer' 버튼은 왼쪽 가이드 밖으로 'next' 버튼은 오른쪽 가이드라인 밖으로 배치합니다.

디자이너's 노하우

이전(Prev) 버튼과 다음(Next) 버튼을 가이드라인 밖으로 이동해도 브라우저에서 보는 데 문제가 없습니다. 해상도 1280px을 기준으로 최적화하기 위해 콘텐츠 영역을 1170px로 잡아 브라우저에는 양쪽 합쳐 110px의 여백이 생겨 있는 상태이기 때문입니다. 이 여백에 노출되기 때문에 가려지지 않고 버튼은 잘 보입니다.

퀵 서치 영역 디자인하기

1 메인 슬라이드 영역 아래에는 퀵 서치(Quick Search)와 퀵 메뉴(Quick Menu)를 배치해 사용자의 편리성을 높여 줍니다. 문자 도구(T.)로 퀵 서치의 제목을 입력합니다.

TIP
이전 작업 과정을 거치지 않고 곧바로 현재 과정을 작업하려면 04 폴더에서 '서비스 웹_01.psd' 파일을 불러와 이어서 작업합니다.

2 제목 아래 필드명을 입력한 다음 Alt 를 누른 상태로 오른쪽으로 드래그하여 인풋(Input) 박스의 문자를 만듭니다. 사각형 도구(▣)로 Width가 '120px', Height가 '35px', Radii가 모두 '5px'인 인풋 박스를 그립니다. 옵션바에서 Fill을 'No Color', Stroke를 C를 '10%', M을 '6%', Y를 '6%', K를 '0%', Stroke Width를 '1px'로 설정합니다.

패스 선택 도구(▶.)로 Alt 를 누른 상태에서 드래그하여 인풋 박스를 복사한 다음 Ctrl + T 를 눌러 인풋 박스의 가로 크기를 조절합니다. 인풋 박스를 그림과 같이 여러 개 복사한 다음 배치하여 크기를 조절해 줍니다.

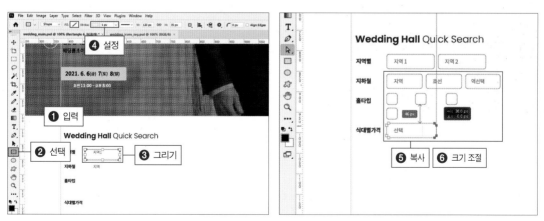

TIP
포토샵 CC 이전 버전을 사용한다면 크기가 다른 둥근 사각형을 작업할 때 사각형 도구로 새로 생성해야 합니다.

3　그림과 같이 각 필드명을 입력합니다. 드롭다운 콤보 박스를 표현하기 위해 Glyphs 패널에서 화살표 아이콘을 더블클릭하여 적용합니다.

4　아이콘을 복사하여 다른 필드에도 배치합니다. 체크 박스의 디자인 샘플도 만들기 위해 Glyphs 패널 에서 그림과 같은 체크 아이콘을 더블클릭하여 적용합니다. 사용한 레이어는 모두 선택하여 그룹으로 지정 한 다음 이름을 'Quick Search'로 변경합니다.

사각형 도구(▢)로 Width가 '170px', Height가 '42px', Radii가 모두 '5px'인 사각형을 그린 다음 색상을 C 를 '81%', M을 '77%', Y를 '6%', K를 '0%'로 지정합니다. 문자 도구(Ｔ)로 '웨딩홀 검색하기'를 입력하여 버튼 을 완성합니다.

퀵 메뉴 영역 디자인하기

1 원형 도구(◎)로 Width와 Height가 '100px'인 원을 그립니다. 옵션바에서 Fill을 'No Color', Stroke를 C를 '47%', M을 '75%', Y를 '0%', K를 '0%', Stroke Width를 '1px'로 설정한 다음 퀵 서치 영역 오른쪽에 배치합니다. 'wedding_icons_svg.psd' 작업 창에서 'dress' 레이어를 가져옵니다. 'Ellipse 2' 레이어와 'dress' 레이어를 선택하여 그룹으로 지정한 다음 더블클릭하여 이름을 'Quick Menus'로 변경합니다.

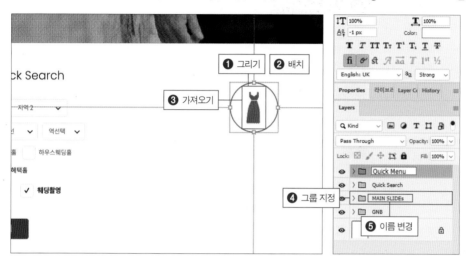

2 그림과 같이 퀵 메뉴의 제목과 설명을 입력합니다. '웨딩홀 무료섭외' 텍스트를 선택하고 Paragraph 패널에서 Add space after paragraph를 '15px'로 설정합니다.

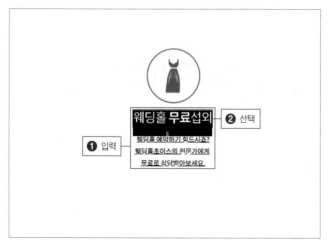

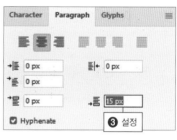

TIP
입력할 텍스트는 04 → 서비스 폴더의 '내용.txt' 파일을 참고하세요.

3   '웨딩홀 검색하기' 버튼을 복사하여 '자세히 보기'로 텍스트를 변경한 다음, 색상을 C를 '47%', M을 '75%', Y를 '0%', K를 '0%'로 지정합니다. Ctrl+T를 눌러 버튼의 폭을 '135px'로 조절합니다. 사용한 레이어는 모두 선택하여 그룹으로 지정한 다음 더블클릭하여 이름을 'Q1'로 변경합니다.

4   Tools 패널에서 이동 도구(⊕)를 선택하고, Alt 를 누른 상태로 그림과 같은 부분을 오른쪽으로 드래그하여 복사한 다음 그룹 레이어의 이름을 'Q2'로 변경합니다.
드레스 아이콘을 지우고 'wedding_icons_svg.psd' 작업 창에서 'phone' 레이어를 가져온 다음 그림과 같이 배치합니다. 두 번째 퀵 메뉴의 내용을 변경한 다음 문자 색상과 도형의 테두리 등 포인트 색상을 C를 '82%', M을 '82%', Y를 '0%', K를 '0%'로 지정합니다.

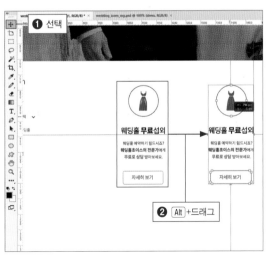

풀 배너 영역 디자인하기

1 Tools 패널에서 사각형 도구(▭)를 선택하고, Width가 '1920px', Height가 '140px', Radii가 모두 '0px'인 사각형을 그린 다음, 옵션바에서 Fill을 C를 '68%', M을 '61%', Y를 '60%', K를 '49%'로 지정합니다. 문자 도구(T)로 배너의 제목과 설명을 입력한 다음 텍스트를 수정합니다.

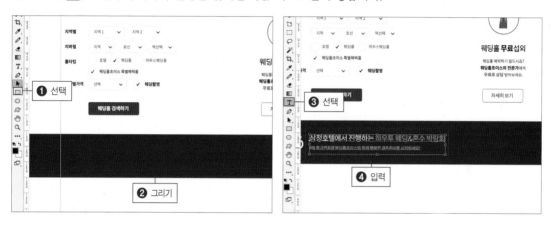

2 Ctrl+O를 눌러 04 → 서비스 폴더에서 'wedding_icons_svg_2.psd' 파일을 불러와 'ring' 레이어를 가져온 다음 배너 왼쪽으로 배치합니다. 'ring' 아이콘의 색상을 '흰색'으로 지정합니다. 사용한 레이어는 모두 선택하여 그룹으로 지정한 다음 더블클릭하여 이름을 'full banner'로 변경합니다.

사각형 도구(▭)로 Width가 '367px', Height가 '45px', Radii가 모두 '5px'인 사각형을 그린 다음, 옵션바에서 Fill을 'No Color', Stroke를 C를 '53%', M을 '44%', Y를 '42%', K를 '0%', Stroke Width를 '1px'로 설정합니다. 그림과 같이 버튼에 텍스트를 입력한 다음 글자의 속성 값을 수정합니다.

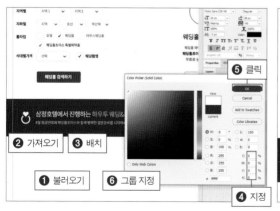

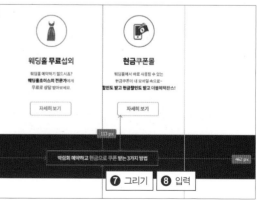

스페셜 이벤트 영역 디자인하기

1 왼쪽 눈금자를 드래그하여 960px의 정중앙 위치에 가이드라인을 만듭니다. 문자 도구(**T**)로 스페셜 이벤트 코너의 제목과 내용을 입력한 다음 옵션바에서 'Center text' 아이콘(**≡**)을 클릭합니다.

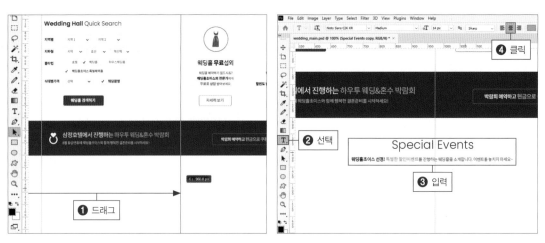

> **TIP**
> 이전 작업 과정을 거치지 않고 곧바로 현재 과정을 작업하려면 04 폴더에서 '서비스 웹_02.psd' 파일을 불러와 이어서 작업합니다.

2 사각형 도구(**□**)로 Width가 '370px', Height가 '250px', Radii가 모두 '5px'인 사각형을 그린 다음, 옵션바에서 Fill을 '검은색'으로 지정합니다. 이동 도구(**⊕**)로 Alt를 누른 상태에서 오른쪽으로 드래그하여 사각형을 2개 복사합니다.

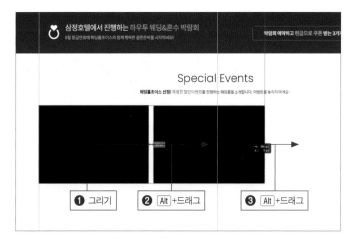

3 세 번째 사각형을 오른쪽의 가이드라인에 맞춰 배치한 다음, 옵션바에서 'Distribute horizontally' 아이콘(▥)을 클릭하여 같은 간격으로 배치합니다. 사용한 레이어는 모두 선택하여 그룹으로 지정한 다음 더블클릭하여 이름을 'Special Events'로 변경합니다.

[Ctrl]+[O]를 눌러 04 → 서비스 폴더에서 'wedding_img_11.jpg' ~ 'wedding_img_13.jpg' 파일을 불러와 사각형에 배치한 다음 [Ctrl]+[Alt]+[G]를 눌러 클리핑 마스크를 적용합니다.

4 문자 도구(T)로 웨딩홀 정보 및 이벤트 정보를 입력한 다음 글자의 속성 값을 수정합니다. 웨딩홀의 상태를 나타내는 이벤트 배지와 문의 버튼, 쿠폰 버튼을 꾸며 줍니다. 문자 도구(T)로 그림과 같이 버튼의 라벨을 입력하고 사각형 도구(▢)로 도형을 그려 줍니다.

디자이너's 노하우

웨딩홀을 소개하는 정보가 많습니다. 너무 복잡해지지 않도록 최대한 항목을 단순화하고 각 모듈의 개성을 나타낼 수 있는 다양성을 갖추면서 동시에 전체적인 통일성을 유지할 수 있도록 디자인합니다.

5 웨딩홀 정보를 모두 선택한 다음 Alt 를 누른 상태로 오른쪽으로 드래그하여 복사합니다. 콘텐츠가 풍부해 보이도록 웨딩홀 정보를 조금씩 변경해 줍니다.

6 스페셜 이벤트 코너가 슬라이드로 구성됨을 나타낼 수 있는 이전, 다음 버튼을 추가하기 위해 'wedding_icons_svg.psd' 작업 창에서 'prev' 레이어와 'next' 레이어를 가져온 다음, 색상을 C를 '23%', M을 '17%', Y를 '17%', K를 '0%'로 지정합니다. 코너 좌우의 가이드라인 밖에 버튼을 배치합니다.

작업 영역을 넓히기 위해 메뉴에서 (Image) → Canvas Size를 실행합니다. Canves Size 대화상자가 표시되면 Anchor를 위쪽 가운데로 지정하고 Height를 '4230 Pixels'로 설정한 다음 〈OK〉 버튼을 클릭합니다.

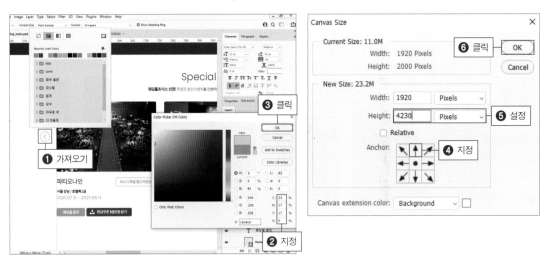

TIP
메인 슬라이드 영역에 배치한 이동 버튼과 그리드를 맞춰 깔끔하게 정리합니다.

숫자로 보는 웨딩홀 영역 디자인하기

1 사각형 도구(▣)로 Width가 '1920px', Height가 '376px', Radii가 모두 '0px'인 사각형을 그립니다.
[Ctrl]+[O]를 눌러 04 → 서비스 폴더에서 'wedding_img_21.jpg' 파일을 불러와 [Ctrl]+[Alt]+[G]를 눌러 클
리핑 마스크를 적용합니다.

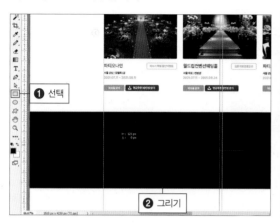

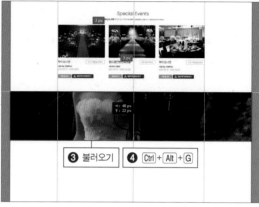

TIP

'wedding_img_21.jpg' 파일을 불러오면 이미지가 작은 크기로 들어와 크기를 늘렸습니다. 작은 크기의 이미지는 강제로 늘릴 경우 깨지게
되어 디자인 파일로 사용이 적합하지 않은데 말입니다. 이는 불러온 이미지의 해상도가 300의 고해상도이고, 작업 파일은 웹용으로 72의
저해상도이기 때문에 실제 이미지는 큰 사이즈로 크기를 강제로 늘려도 이미지가 깨지지 않고 표현됨을 확인할 수 있습니다.

2 'wedding_img_21' 레이어를 더블클릭하여 Layer Style 대화상자가 표시되면 'Pattern Overlay'를
선택합니다. Blend Mode를 'Multiply', Opacity를 '100%', Pattern을 앞서 불러온 '패턴 1', Angle을 '0°',
Scale을 '100%'로 설정한 다음 <OK> 버튼을 클릭합니다.

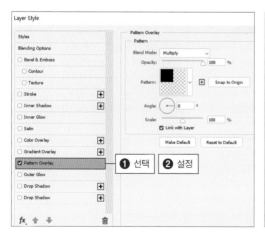

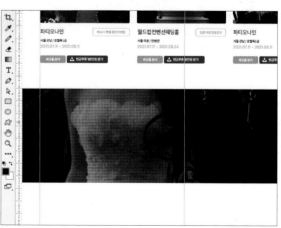

3 그림과 같이 배너의 제목과 설명을 입력한 합니다.

4 그림과 같이 숫자와 내용을 입력하고, 복사하여 총 4개의 컬럼으로 구성합니다. 사용한 레이어는 모두 선택하여 그룹으로 지정한 다음 더블클릭하여 이름을 '숫자로 보는 웨딩홀'로 변경합니다.

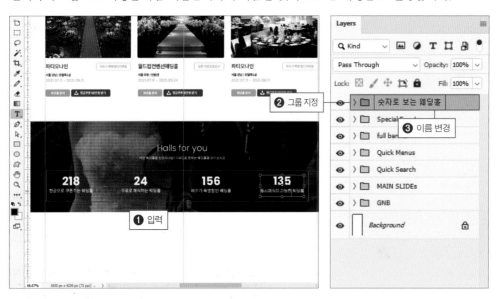

디자이너's 노하우

숫자를 통해 직관적으로 정보를 보여 주면 웹 사이트의 실적(Performance)을 사용자가 쉽게 이해할 수 있습니다.

말풍선 레이아웃의 리뷰 영역 디자인하기

1 리뷰 영역의 배경을 그리기 위해 사각형 도구(□)로 Width가 '1920px', Height가 '470px'인 사각형을 그린 다음, Fill을 C를 '2%', M을 '1%', Y를 '1%', K를 '0%'로 지정합니다. 'Special Events'의 제목을 복사한 다음 그림과 같이 'Just Married'와 'Review' 코너의 제목과 설명으로 변경합니다.

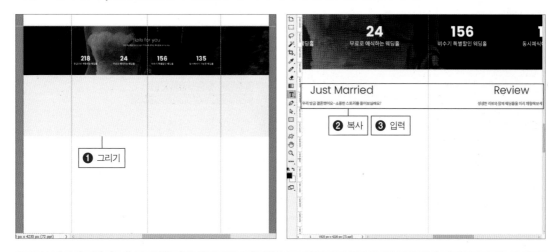

TIP
이전 작업 과정을 거치지 않고 곧바로 현재 과정을 작업하려면 04 폴더에서 '서비스 웹_03.psd' 파일을 불러와 이어서 작업합니다.

---

2 말풍선을 그리기 위해 사각형 도구(□)로 Width가 '570px', Height가 '170px', Radii가 모두 '5px'인 사각형을 그린 다음, Fill을 C를 '9%', M을 '5%', Y를 '5%', K를 '0%'로 지정합니다. Tools 패널에서 기준점 추가 도구(⬧)를 선택한 다음 패스선을 클릭하여 그림과 같이 3개의 점을 추가합니다.

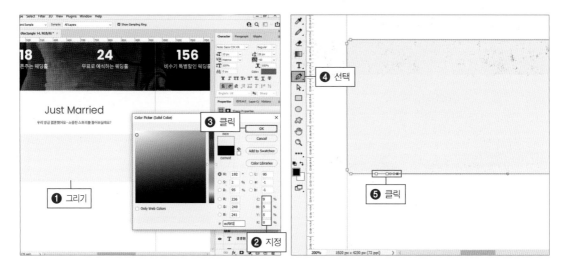

3 뾰족한 말풍선을 만들기 위해 핸들을 삭제합니다. 기준점 변환 도구(⊾)를 선택하고 추가한 3개의 점을 한 번씩 클릭합니다. 직접 선택 도구(↖)로 3개의 기준점 중 가운데에 있는 기준점을 선택하여 아래로 드래그합니다. 말풍선 모양의 도형이 완성되었으면 웨딩 플래너 후기를 입력합니다.

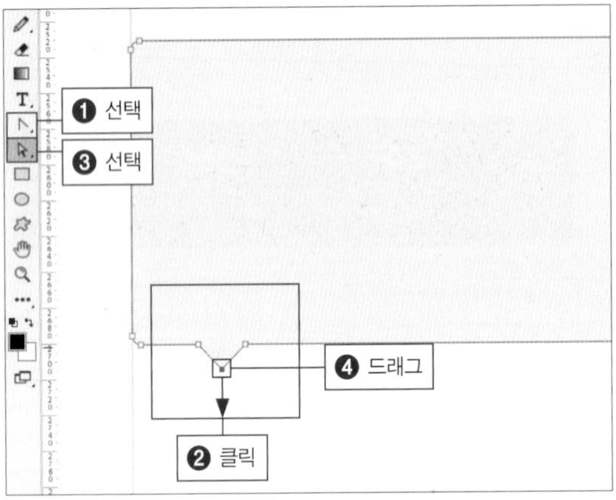

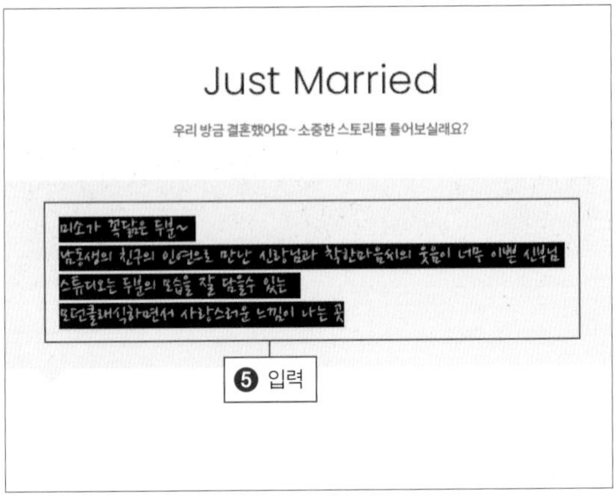

TIP

실제 작업 시 화면상에서는 큰 변화가 없어 보이지만, 자세히 들여다 보면 핸들을 표시하는 아이콘인 원(⊖)이 사라졌음을 확인할 수 있습니다.

디자이너's 노하우

디자인 시안 작업 시 나중에 웹 퍼블리싱할 때를 고려해야 합니다. 웹 폰트를 적용할 수 있도록 구글 웹 폰트(fonts.google.com)에서 제공하는 서체를 사용하는 것도 좋습니다.

4 Glyphs 패널에서 따옴표 모양의 아이콘을 더블클릭하여 적용한 다음 말풍선 오른쪽 하단에 배치합니다. 따옴표를 복사하여 말풍선 왼쪽 상단으로 이동하고, Ctrl+T를 눌러 마우스 오른쪽 버튼을 클릭한 다음 Rotate 180°를 실행하여 회전합니다.

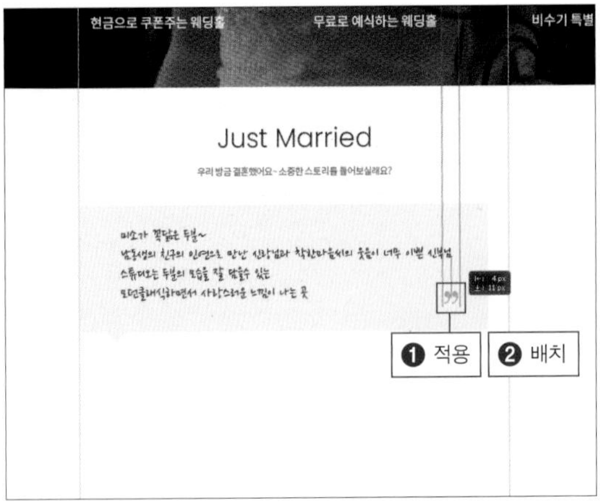

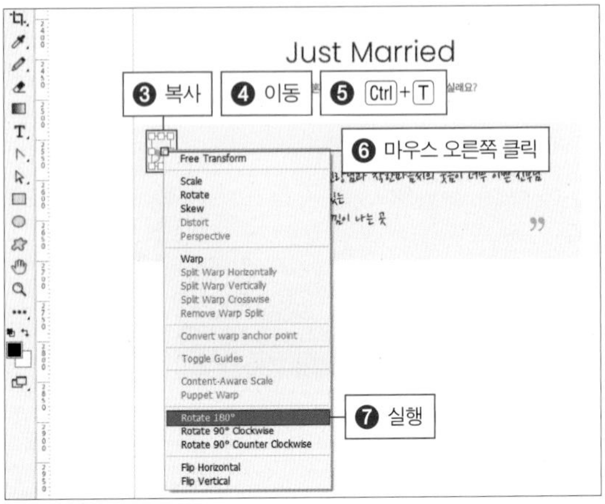

5 Glyphs 패널에서 별 모양의 아이콘을 더블클릭하여 적용한 다음, 후기의 마지막 문장에 이어서 배치합니다. 사용한 레이어는 모두 선택하여 그룹으로 지정한 다음 이름을 'Review'로 변경합니다. 레이어 관리가 편리하도록 'title', 'title 2', 'talk'으로 세부 그룹을 정리하였습니다.

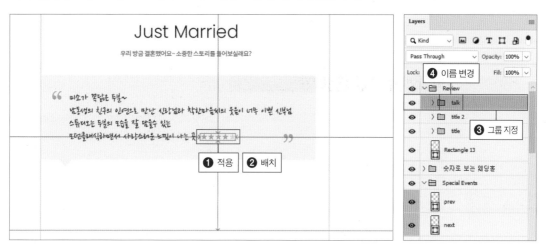

6 원형 도구(◎)로 Width와 Height가 '70px'인 원을 그립니다. 옵션바에서 Fill을 '검은색', Stroke를 'No Color'로 지정한 다음 말풍선 아래에 배치합니다.

Ctrl+O를 눌러 04 → 서비스 폴더에서 'wedding_img_31.jpg' 파일을 불러와 배치한 다음 Ctrl+Alt+G를 눌러 클리핑 마스크를 적용합니다. 그림과 같이 아이디와 신랑, 신부의 이니셜을 입력하여 프로필 영역을 구성합니다. 'wedding_icons_svg.psd' 작업 창에서 'prev' 레이어와 'next' 레이어를 가져온 다음 색상을 각각 '회색'과 '하늘색'으로 지정합니다. 말풍선 오른쪽 하단에 배치하여 다른 후기를 볼 수 있도록 구성합니다.

리뷰 목록 영역 디자인하기

1 사각형 도구(▢)로 Width가 '170px', Height가 '100px', Radii가 모두 '5px'인 사각형을 그린 다음, 색상을 '흰색'으로 지정합니다. 사각형을 복사하여 그림과 같이 3단으로 배치합니다.

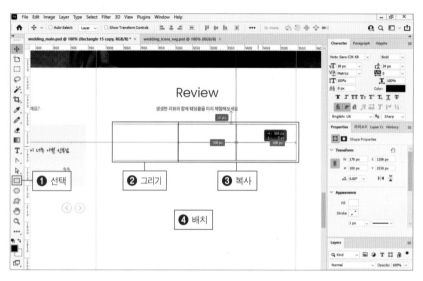

2 3개의 도형을 같은 간격으로 배치하기 위해 옵션바에서 'Distribute horizontally' 아이콘(▮)을 클릭합니다. 이동 도구(✛)로 Alt 를 누른 상태에서 아래로 드래그하여 3개의 사각형을 복사합니다.

Ctrl + O 를 눌러 04 → 서비스 폴더에서 'wedding_img_32.jpg' ~ 'wedding_img_37.jpg' 파일을 불러와 각각 사각형에 배치한 다음 Ctrl + Alt + G 를 눌러 클리핑 마스크를 적용합니다.

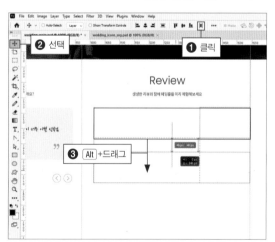

3 리뷰 목록의 슬라이드 위치 확인 버튼을 만들기 위해 원형 도구(◯)로 Width와 Height가 '12px'인 원을 그린 다음, Fill을 'No Color', Stroke를 C를 '26%', M을 '18%', Y를 '17%', K를 '0%', Stroke Width를 '1px'로 설정합니다.

4 Alt 를 누른 상태로 오른쪽으로 드 래그하여 원을 2개 복사한 다음, 가운 데 원의 Fill을 C를 '66%', M을 '8%', Y를 '16%', K를 '0%', Stroke를 'No Color'로 지정합니다.

5 Just Married 코너에서 만든 슬라이 드 이동 버튼인 'prev' 레이어와 'next' 레 이어를 복사하여 Review 코너의 오른쪽 하단에 배치합니다. 마우스 하버의 색상 표현은 1개로 충분하기 때문에 색상을 모두 '회색'으로 변경합니다.

탭 메뉴 영역 디자인하기

1 탭 메뉴를 구성하기 위해 문자 도구(T)로 그림과 같이 라벨을 입력한 다음 가운데 정렬합니다.

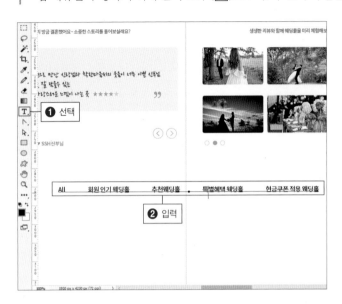

TIP
이전 작업 과정을 거치지 않고 곧바로 현재 과정
을 작업하려면 04 폴더에서 '서비스 웹_04.psd'
파일을 불러와 이어서 작업합니다.

2 사각형 도구(▢)로 Wdth가 '100px', Height가 '44px', Radii의 왼쪽 상단과 왼쪽 하단이 '5px', 오른
쪽 상단과 오른쪽 하단이 '0px'의 도형을 그립니다. 옵션바에서 Fill을 'No Color', Stroke를 C를 '27%', M을
'16%', Y를 '27%', K를 '0%', Stroke Width를 '1px'로 설정한 다음 'Align Edges'를 체크 표시합니다.

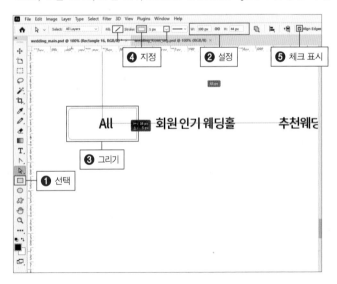

디자이너's 노하우
웹 페이지의 상단에서 사용자를 사로잡을 수 있
는 콘텐츠를 구성하고, 하단으로 내려오면 주요
콘텐츠를 키워드별로 일목요연하게 정렬하여 볼
수 있는 목록을 구성합니다.

3 이동 도구(✛)로 Alt 를 누른 상태에서 오른쪽으로 드래그하여 도형을 복사합니다. Properties 패널에서 Radii의 왼쪽 상단과 왼쪽 하단을 '0px'로 설정합니다. Ctrl + T 를 눌러 문자 크기에 맞게 도형을 늘려줍니다.

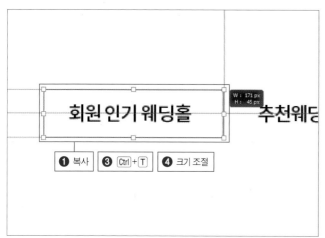

도형의 크기를 길게 늘리기 위해 오른쪽으로 드래그할 때 같은 비율로 높이까지 커진다면 옵션바에서 W와 H 사이의 'Maintain aspect ratio' 아이콘(🔗)이 설정되어 있는지 확인해 보세요. 'Maintain aspect ratio' 아이콘을 클릭하면 같은 비율로 이미지 크기를 변형하게 됩니다. 비율을 자유롭게 변형하기 위해서는 ① 'Maintain aspect ratio' 아이콘을 해제하거나 ② Shift 를 누른 상태로 드래그하여 크기를 변형할 수 있습니다.

4 나머지 텍스트 부분에도 도형을 복사하여 배치한 다음, 마지막 도형은 Properties 패널에서 Radii의 왼쪽 상단과 왼쪽 하단을 '0px', 오른쪽 상단과 오른쪽 하단을 '5px'로 설정하여 탭 디자인을 완성합니다.

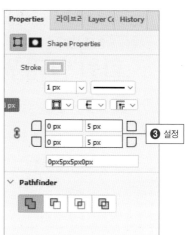

5 탭의 활성화된 디자인을 표현하기 위해 'All' 텍스트의 도형을 복사한 다음 레이어 이름을 더블클릭하여 'hover'로 변경합니다. 옵션바에서 Fill을 C를 '64%', M을 '3%', Y를 '9%', K를 '0%', Stroke를 'No Color'로 지정한 다음 'All' 텍스트의 색상을 '흰색'으로 지정합니다.

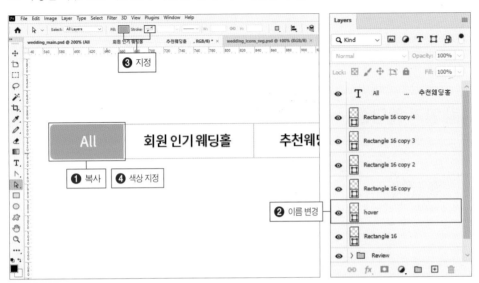

6 테두리의 어긋난 1픽셀을 맞추기 위해 'hover' 레이어를 제외한 탭 레이어의 도형을 모두 선택한 다음, 옵션바에서 Stroke Options의 Align을 'Inside'로 지정하여 깔끔하게 정리합니다.

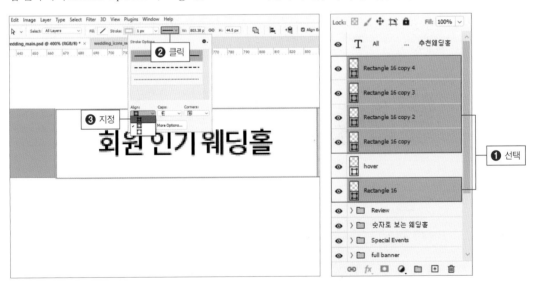

7 사각형 도구(▢)로 Width가 '270px', Height가 '155px', Radii가 모두 '5px'인 사각형을 그립니다. Ctrl+O를 눌러 04 → 서비스 폴더에서 'wedding_img_12.jpg' 파일을 불러온 후, Ctrl+Alt+G를 눌러 클리핑 마스크를 적용합니다.

그림과 같이 웨딩홀 정보를 입력합니다. 사용한 레이어는 'List' 그룹 레이어 안에 'item' 그룹 레이어와 'tab' 그룹 레이어를 만들어 정리합니다.

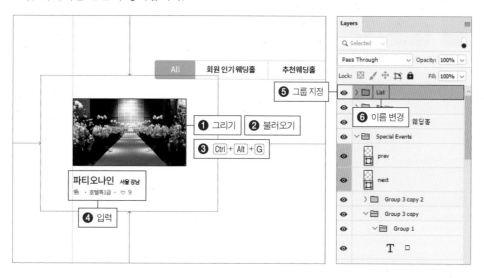

8 디자인한 모듈을 복사하여 4×3의 레이아웃으로 구성합니다. Layers 패널에서 'item' 그룹 레이어를 선택하고 Alt 를 누른 상태에서 오른쪽으로 드래그하여 3개 복사합니다. 4개의 그룹을 선택하고 옵션바에서 'Distribute horizontally' 아이콘(▮)을 클릭하여 같은 간격으로 배치합니다.

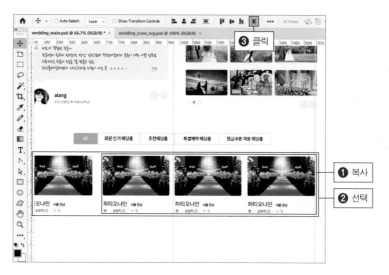

9 콘텐츠가 풍부해 보이도록 두 번째의 웨딩홀 정보를 변경해 줍니다. 4개의 그룹을 선택하고 [Alt]를 누른 상태에서 아래쪽으로 드래그하여 2행을 더 만듭니다.

TIP

두 번째 웨딩홀 정보의 이미지는 04 → 서비스 폴더에서 'wedding_img_11.jpg' 파일을 불러와 삽입합니다.

10 중간에 이미지도 교체하고 텍스트도 변경하여 규칙성이 줄어들면 콘텐츠가 풍부하게 느껴져 완성도가 높아집니다.

사각형 도구(□)로 Width가 '154px', Height가 '42px', Radii가 모두 '5px'인 사각형을 그린 다음, Fill을 'No Color', Stroke를 C를 '26%', M을 '17%', Y를 '16%', K를 '0%', Stroke Width를 '1px'로 설정합니다.

'웨딩홀 더보기' 텍스트를 입력하여 버튼을 완성합니다.

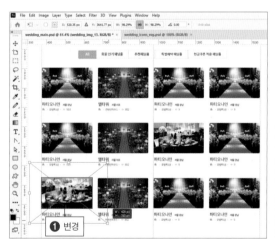

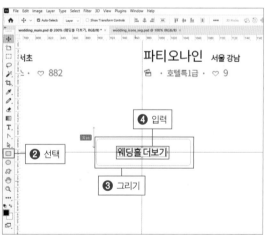

Footer 영역 디자인하기

1 Footer 영역은 Ctrl+O를 눌러 04 → 서비스 폴더에서 'footer.psd' 파일을 불러와 참고합니다. 'FOOTER' 그룹 레이어를 선택하고, 마우스 오른쪽 버튼을 클릭한 다음 Duplicate Group을 실행합니다. Duplicate Group 대화상자가 표시되면 Document를 작업하던 파일로 지정한 다음 〈OK〉 버튼을 클릭합니다.

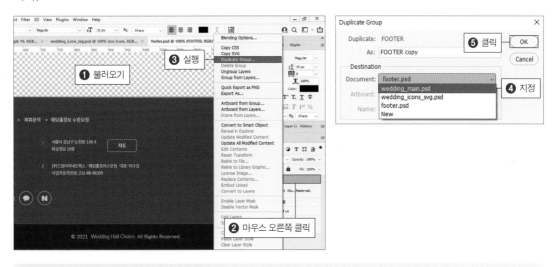

TIP
레이어를 드래그하여 다른 파일로 가져올 수 있지만, Duplicate Layer 또는 Duplicate Group을 통해 복사하면 다른 파일의 작업 영역에서 같은 곳으로 위치하게 되어 편리합니다.

2 Footer 영역의 콘텐츠를 배치하였습니다. Footer 영역에서도 사용자의 경험을 높이기 위해 다양한 아이콘 사용으로 정보를 쉽게 찾을 수 있게 유도하고 '빠른 상담 요청' 코너를 구성해 마무리하였습니다.